Pensamiento y acción Sufi

Libros de Idries Shah

Estudios Sufis y literatura de Medio Oriente
Los Sufis
Caravana de sueños
El camino del Sufi
Cuentos de los derviches: *Cuentos-enseñantes milenarios*
Pensamiento y acción Sufi

**Psicología tradicional,
encuentros enseñantes y narrativas**
Pensadores de Oriente: *Estudios en empirismo*
La sabiduría de los idiotas
La exploración dérmica
Aprender cómo aprender: *Psicología y
espiritualidad en la vía Sufi*
Saber cómo saber
El monasterio mágico: *Filosofía analógica y práctica*
El buscador de la verdad
Observaciones
Noches con Idries Shah
El yo dominante

Disertaciones universitarias
Un escorpión perfumado (Instituto para el estudio
del conocimiento humano – ISHK – y la universidad
de California)
Problemas especiales en el estudio
de ideas Sufis (Universidad de Sussex)
El elefante en la oscuridad: *Cristianismo,
Islam y los Sufis* (Universidad de Ginebra)
Aspectos negligidos del estudio Sufi: *Empezando a
empezar* (The New School for Social Research)
Cartas y disertaciones de Idries Shah

Ideas actuales y tradicionales
Reflexiones
El libro del libro
Una gacela velada: *Viendo cómo ver*
Iluminación especial: *El uso Sufi del humor*

Corpus del Mulá Nasrudín
Las ocurrencias del increíble Mulá Nasrudín
Las sutilezas del inimitable Mulá Nasrudín
Las hazañas del incomparable Mulá Nasrudín
El mundo de Nasrudín

Viajes y exploraciones
Destino: la Meca

Estudios sobre creencias minoritarias
El conocimiento secreto de la magia
Magia oriental

Cuentos selectos y sus trasfondos
Cuentos del mundo

Una novela
Kara Kush

Trabajos sociológicos
La Inglaterra tenebrosa
Los nativos están inquietos
El manual de los ingleses

Traducidos por Idries Shah
Los cien cuentos de la sabiduría (El *Munaqib* de Aflaki)

Pensamiento y acción Sufi

material reunido por
Idries Shah

ISF PUBLISHING

Copyright © The Estate of Idries Shah

El derecho de los herederos de Idries Shah a ser identificados como los dueños de este trabajo ha sido reivindicado según la ley 1988 de copyright, diseños y patentes (Reino Unido).

Todos los derechos reservados
Copyright mundial

No está permitida la reproducción total ni parcial de este libro, ni la recopilación en un sistema informático, ni la transmisión por medios electrónicos, mecánicos, por fotocopias, por registro o por otros métodos – salvo de breves extractos a efectos de reseña – sin la autorización previa y por escrito del editor o del propietario del copyright.

Las solicitudes de permisos para reimprimir, editar, reproducir, etc., deben ser dirigidas a:
The Permissions Department
ISF Publishing
The Idries Shah Foundation
P.O. Box 71911
London NW2 9QA
United Kingdom
permissions@isf-publishing.org

ISBN 978-1-78479-853-6

Primera publicación: 1968
Edición actual: 2020
En asociación con The Idries Shah Foundation

Índice

1. Rituales espirituales y creencias Sufís 1
   por *Idries Shah*

2. Principios Sufís y métodos de aprendizaje 45
   Siete documentos
   por *Humayaun Abbas y otros*
   Confianza - *Humayun Abbas* 47
   Actividad Sufi - *Emir Ali Khan* 54
   Métodos de aprendizaje Sufi - *Benjamin Ellis Fourd* 61
   Los Sufís acerca de los eruditos - *Mohandis el Alouite* 73
   El lugar de reunión Sufi -
    Ferrucio Amadeo (Faruq Ahmad) 78
   Evitando a imitadores - *Gashim Mirzoeff* 83
   El buscador occidental visto a través de ojos orientales -
    Alirida Ghulam Sarwar 87

3. Actividad Sufi actual: trabajo, literatura, grupos y técnicas 93
   por *Chawan Thurlnas*
    Sus empresas de trabajo 95
    El uso Sufi de la literatura 97
    Controlándose a uno mismo 99
    Desalentando a miembros potenciales: "Desviación" 100
    La idea de empresas orgánicas 103
    Entrar en un grupo Sufi 109
    Los Sufís como culto 112
    Religión, evolución e intervención 117
    Escritos representativos de la tradición y potencialidad Sufi 121

4. Ritual, iniciación y secretos en círculos Sufis   123
   por *Franz Heidelberger y otros*
   Una temporada entre los Sufis - *Franz Heidelberger*   125
       Sacerdote, mago y Sufi   127
       Los puntos de vista del aprendiz y del maestro   130
   Órdenes Sufis - *Rosalie Marsham*   136
   Observaciones de una escuela Sufi - *Hoda Azizian*   149
       Sistema de aprendizaje Sufi   152
   Otras obras   167

5. Teorias, prácticas y sistemas de adiestramiento de una escuela Sufi   169
   por *Canon W.H.T. Gairdner*

6. Conceptos fundamentales en la comprensión Sufi   201
   editado por el *Profesor Hafiz Jamal*
   Esos asombrosos Sufis   203
   Los principios generales del Sufismo - *Sirdar Ikbal Ali Shah*   216
   El Sufismo y las filosofías indias - *Sirdar Ikbal Ali Shah*   233

7. Visitas a centros Sufis: algunos artículos recientes de investigación acerca de los Sufis y el Sufismo   243
   por *Djaleddin Ansari y otros*
   Enseñanzas básicas de los Sufis - *Djaleddin Ansari*   245
   La reunión de sobremesa y otros asuntos -
       Abdul-Wahab T.Tiryaqi   254
   Encontrándole sentido a la literatura Sufi, expertos, paradojas - *Andrew C.C.Ellis*   258
   Aforismos de un Maestro Sufi - *Hilmi Abbas Jamil*   265
   Tres formas de conocimiento de acuerdo a la escuela
       Naqshbandi - *Gustav Schneck*   271

8.	**Los Sufis actuales**	275
	por *Seyyed F. Hossain*	
	Sumario	277
	Los Sufis de hoy	280
	Reseñas y comentarios acerca de temas Sufis procedentes de una variedad de países y medios de comunicación	295
9.	**En un monasterio Sufi y otros documentos**	299
	En un monasterio Sufi... - *Najib Siddiqi*	301
	Vanidad e imitación - *Fares de Logres*	304
	Sufis a lo largo de dos siglos - *Valentino de Mezquita*	307
	Lo que los Sufis no quieren que sepamos - *Edwin Clitheroe*	309
	Dos disertaciones Sufis - *Hafiz Jamal*	
	La religión como repetición o experiencia - *Hafiz Jamal*	315
	Actividad y conocimiento interno y externo - *Hafiz Jamal*	320
	Conversación con un Maestro Sufi - *Aziza Al-Akbari*	324

Rituales espirituales y creencias Sufis

OBJETIVO DE LA ENSEÑANZA SUFI:

El objetivo de la enseñanza espiritual Sufi puede ser expresado como: el ayudar a refinar la consciencia del individuo para que pueda alcanzar los Resplandores de la Verdad, de los cuales uno está separado por las actividades ordinarias del mundo. El término utilizado para las iluminaciones o resplandores es *Anwar*.

EL MISTICISMO NO ES MAGIA:

Es una equivocación, como por ejemplo destaca el libro *Zia al Qulub* (entre otros muchos), pensar que un místico desea o puede alcanzar identificación con Dios en el sentido de adquirir atributos o poderes divinos. Tal concepto pertenece al pensamiento mágico, no al místico.

En lenguaje ordinario, así como en las mentes de muchos que ya deberían saberlo, "místico" va emparentado con misterio y perplejidad, con el sentido de algo confuso o difícil de comprender. Estos significados secundarios, por supuesto, se deben solo al "analfabetismo inconsciente".

Para los Sufis es precisa la reducción de los efectos de los "atributos materiales", aquellas cosas que obstaculizan el camino a la comprensión superior. Muchas de las cuestiones que la religión repetitiva o sobresimplificada presenta como espirituales resultan ser, cuando son examinadas, simples aspectos del materialismo. El emocionalismo es un ejemplo.

DISTORSIONES FRECUENTES EN EL PENSAMIENTO RELIGIOSO:

Por muy extendidas y familiares que puedan ser, muchas presentaciones de la religión son versiones abreviadas y distorsionadas de algo cuyo original no es conocido por los actuales practicantes. La mayoría de las veces se pueden discernir los contornos, y luego daremos algunos ejemplos de estos.

Una regresión al pensamiento primitivo y el deseo de orden – nunca muy alejado de la mente humana y a menudo (aunque no siempre) útil – son los principales culpables.

Cuando el sentimiento primitivo se alía con la lógica igualmente primitiva, obtenemos una distorsión familiar: la creencia de que si las cosas materiales son obstáculos, entonces "el destruir o suprimir lo material" debería conducir a la iluminación. Sin embargo esto, lejos de ser útil, es esencialmente pensamiento mágico.

Omar Khayyam ha señalado esta falacia cuando (haciéndose eco de los necios) escribe: "Si el vino es el enemigo de la religión, devoraré al enemigo de la religión." Comprensiblemente, esta frase ha sido malinterpretada debido a la mentalidad estrecha de los literalistas. ¡Han imaginado que el propio Khayyam está ridiculizando la religión! El poeta es un humorista: a menudo, o acaso siempre, los literalistas carecen de esta capacidad.

La automortificación, lejos de producir una liberación de las cosas materiales, muy probablemente ocasione un trastorno mental, espejismos o una predilección masoquista por más sufrimiento; experimentado, por supuesto, como júbilo.

ESCAPE DEL AISLARSE DE LA VERDAD:

"Puliendo el espejo" o "desempolvando", son términos Súficos que se refieren al proceso de liberarse de esos elementos, naturales y adquiridos, con los cuales "el mundo" aísla a la humanidad del contacto con la Verdad superior.

Los Sufis, lejos de poder construir sobre la mentalidad de creencias condicionadas, en general tienen que ayudar a "desintoxicar" la mente de ilusiones, fijaciones o ideas basadas en emociones dañinas, obtusas u otras imaginadamente importantes.

En el Sufismo, el alma humana (*ruh*) es aquello capaz de percibir la realidad objetiva. Materialidad es el término empleado para aquello que lastra al alma.

El alma se concibe como una parte de un único "mar", un "Mar de Paz", en cuya superficie las ondas, las olas y las tormentas constituyen los efectos del materialismo, el apego a los objetos y al pensamiento negativo.

Hablando de la unidad primordial del ser, Rumi, en el primer libro de su *Mathnawi*, dice:

> Éramos vastos y éramos todos una sola substancia
> Sin cabeza ni pie éramos, todos una sola cabeza.
> Éramos todos una sola substancia, como la luz del sol:
> Sin nudos éramos, y claros como el agua.

PENETRACIÓN DEL ORGULLO EN LA RELIGIÓN:

El materialismo, el apego a las cosas del mundo, conlleva orgullo. Muchas personas religiosas sufren de orgullo: obteniendo placer e incluso regodeándose de ser buenas o religiosas. En círculos religiosos ordinarios es tan común que no se haga distinción entre las personas espirituales y las autoengañadas, que una enseñanza como la que el Sufismo ofrece sobre este punto ha sido considerada vital como un recordatorio y correctivo constante. Los más orgullosos aborrecen intensamente este recordatorio. Como consecuencia, siguiendo un patrón común, atacan a los Sufis… no a su propio problema.

Su problema es uno que los psicólogos han reconocido hace mucho; pero, cuando es absorbido por la retórica o la teología, suele escapar al análisis. Sus consecuencias, que oscilan desde el sacárselo de encima hasta la ingeniosísima malevolencia, reducen la posibilidad de que circule la información correcta.

Se puede engendrar una hostilidad considerable de modo experimental para demostrar este padecimiento. Yo mismo, por ejemplo, más de una vez he enervado a "especialistas" contándoles chistes; y he complacido a otros de su tipo al proporcionar una apariencia de lo que en este momento está de moda denominar aplomo.

Todo el mundo está familiarizado con las personas santurronas, que sufren los efectos del materialismo; y también con aquellos que tienen tal orgullo (y que por lo tanto en términos Súficos no son en absoluto personas espirituales) que imaginan que solo ellos están en lo correcto, o que únicamente su forma de creencia es la absolutamente verdadera.

En una aparente paradoja que involucra a intelectuales, el poeta Sufi Mirza Abdul Qadir Bedil insiste en que el conocimiento real es superior al conocimiento mecánico, y que incluso los no regenerados acaso puedan finalmente alcanzarlo… si encuentran el sendero:

> Eres mejor que cualquier cosa que tu intelecto
>   haya comprendido.
> Y eres más elevado que cualquier lugar que tu
>   comprensión haya alcanzado.

El Sufi afirma que percibe la realidad más allá de la forma externa, en contraste con aquellos que meramente se fijan en la forma. La forma es útil, pero es secundaria. Tal como lo expresa el gran exponente Sufi Ibn al Arabi, en su *Intérprete de los deseos*:

> Mi corazón se ha vuelto capaz de asumir
>   cualquier forma:
> Una pradera para las gacelas, un monasterio
>   (cristiano) de monjes
> Una casa de ídolos (de los paganos), la mezquita
>   de La Meca del peregrino (islámico)
> Las tablas de la Torá (judía) y las páginas del
>   Corán
> Sigo la Fe del Amor; adondequiera que apunte su
>   montura, esa es mi religión y fe.

Este pasaje ilustra, muy notablemente, que el místico tiene una religión y fe totalmente diferente a aquella profesada por quienes están aferrados a las apariencias; apariencias que, para el ignorante, son la religión.

El camino Sufi es a través del conocimiento y la práctica, no a través del intelecto y el habla. Como el príncipe Dara Sikoh dice en un poema persa:

> ¿Deseas ser incluido con los Señores de la Visión?
> Pasa (entonces) del discurso a la experiencia.
> Al decir "Unidad" no te transformas en un
>   monoteísta;
> La boca no se vuelve dulce debido a la palabra
>   "azúcar".

Hay quienes creen que la consecución de la percepción de la Verdad se puede lograr por medio de un esfuerzo solitario. Imaginan que mediante la inquebrantable dedicación a ciertas prácticas, la adhesión a reglas que son establecidas por experimentadores o que realmente son apenas fragmentarias, puede uno completar – o avanzar en – el Viaje del Alma.

Pero puede que uno diga algo y sin embargo no sea capaz de hacerlo. Intenta, por ejemplo, levantar la silla en la cual estás sentado.

Estudiar partes apropiadas de cierta literatura puede proporcionar una base: puede ser un prerrequisito esencial, una preparación. Más allá de cierto punto, sin embargo, como en cualquier otra especialización, alguien debe diagnosticar, alguien debe prescribir, y la prescripción debe llevarse a cabo adecuadamente.

De hecho, se han generado algunos pensamientos que contrarrestan la actitud "mágica". Si hay procedimientos mágicos, ¿por qué tal variedad de formulaciones? Si el sendero ha sido establecido, ¿por qué la aparición sucesiva de diferentes maestros? ¿Por qué alguien reinventaría la rueda, si todo fuese tan acogedor y secuencial como el anhelo primitivo nos convence tan fácilmente?

La reformulación constante, que repetidamente devuelve la enseñanza a su centro de gravedad, es un patrón tan consistente que aquellos que han superado suficientemente la codicia y el narcisismo han aprendido que esto es central a partir de la existencia del patrón.

Resulta revelador de la mentalidad de muchos aspirantes a metafísicos que, cuando se enfrentan con esta declaración, tan a menudo clamen por la etapa posterior a la lectura o al estudio formal, en vez de dirigirse a un Sufi para descubrir si ya son aptos para un desarrollo más avanzado; y si su estudio se ha desenvuelto sobre la línea correcta, o si la lectura y familiarización con ciertos conceptos ha sido la adecuada.

Jalaluddin Rumi habla en su *Mathnawi* de la "línea" *hacia* la Verdad, que conduce al "punto" que es la Verdad.

> El Conocimiento de la Verdad es un punto y la sabiduría del Sufi una línea.
> El ser de una línea surge de la existencia del punto.

LA CONFUSIÓN, TANTO DE LOS ERUDITOS COMO DE LOS DIVULGADORES:

Tanto los eruditos como los divulgadores, fiándose de la observación o de los registros de procedimientos Sufis específicos (e intentando evaluar el "sistema" de desarrollo Sufi), los han mezclado indiscriminadamente e imaginan que son constantes; pero este enfoque es ineficaz. Convierte en inútiles los materiales tanto narrativos como académicos. Los eruditos y otros observadores externos no distinguen entre procedimientos reales y los deteriorados, entre prácticas y conceptos esenciales y locales o centrados en el tiempo. Tampoco pueden ver el elemento personal: cómo puede que el estudiante varíe, de vez en cuando, en potencial o actitud.

Es fácil ver cómo se ha originado esta incomprensión. La mentalidad y los métodos del escolasticismo y pensamiento lineal han sido empleados para abordar algo que es de una naturaleza completamente diferente.

EL GUÍA SUFI:

El aspirante tiene que ser guiado por un mentor. La etapa en la cual esta orientación pueda suceder es raramente, y acaso nunca lo sea, perceptible para el principiante. Aquellos que dicen "estoy listo para aprender" o "no estoy listo para aprender", a menudo están tan equivocados como acertados en sus conjeturas. Mas el aspirante debe intentarlo, sin pensar que es insignificante ni "intentando sentarse en un trono". He encontrado este pareado en el texto persa de las *Cartas* de Rumi:

> Si no puedes sentarte en un trono como un rey
> Sujeta, como el instalador de carpas, la cuerda de
>   la tienda real.

Los Sufis afirman unánimemente que un guía (*Sheikh*) es absolutamente esencial, aunque nunca disponible bajo demanda: "Los Sufis no son mercaderes". Muchos Sufis no son guías. Como sucede con cualquier otra especialización, el enseñar es una vocación, solo abierta a aquellos que son verdaderamente capaces de cumplir con sus funciones.

Acaso un Sufi esté llevando a cabo funciones "en el mundo" que no son perceptibles para otros. Él (o ella) pueden ser de rango superior a un maestro y sin embargo no tener una misión de enseñanza.

El concepto mismo de que el maestro es la etapa más alta del ser humano está tomado de cualquier lugar menos del Sufismo. Los Sufis no existen solo para conducir a otros a la iluminación; cuando tienen una función jerárquica, ello es para fines distintos a la enseñanza. ¿Acaso sea el nunca lejano sentimiento humano de autoimportancia que asume que el Maestro Sufi es el ser humano máximo? Si la suposición es que el individuo es la cosa más importante que hay, y que no existe ninguna otra función que su bienestar, entonces podemos comprender esta suposición infundada.

Algunos sostienen que el camino Sufi no es diferente que aquel del Islam, pero que sigue el significado esotérico del Corán, cuyo significado exotérico se encuentra en el texto manifiesto. De ahí que Ghazali o Abu Hanifa (el fundador de una de las principales escuelas ortodoxas islámicas) podían ser musulmanes y Sufis al mismo tiempo.

Algunos escritores Sufis llaman la atención sobre la naturaleza atemporal del Sufismo (antes de que el hombre fuese, éramos") y ninguno considera que el pensamiento Sufi esté ausente de cualquier marco religioso legítimo.

Hay muchos pasajes místicos en el libro sagrado de los musulmanes, así como en las tradiciones del Profeta. Uno es: "Estamos más cerca de él (el hombre) que su vena yugular"; otro: "Él está contigo donde quiera que estés"; y: "Él está en sus propias almas: ustedes no Lo perciben".

Estas son declaraciones generales; pero los exponentes Sufis ponen énfasis en la sura XVIII (verso 65 y siguientes), que ofrece una estrecha analogía con la enseñanza y los Maestros Sufis. En este capítulo, un maestro con conocimiento especial (a quien muchos llaman Khidr, el guía errante) se encuentra con Moisés y le enseña que en la vida hay significados más allá de las apariencias: una clásica afirmación Sufi.

Moisés pide que le enseñe la verdad, pero el hombre responde, "¡No serás capaz de tener paciencia conmigo!" Moisés, sin embargo, persiste y se compromete a obedecer al forastero en todo.

Comienzan un viaje, del mismo modo que los Sufis denominan "un viaje" a seguir el Sendero, con el pacto de obediencia y paciencia, y que Moisés no hará preguntas.

Primero se topan con una barcaza, que el maestro barrena. Moisés pregunta por qué lo hizo, ya que podría ahogar a quienes estaban en ella: "¡Realmente, has hecho algo extraño!"

El guía responde, "¿Acaso no te dije que eras incapaz de tener paciencia conmigo?"

El texto continúa:

Moisés dijo, "No me reprendas por olvidar, ni me aflijas creándome dificultades".

Prosiguieron su camino hasta que, al encontrarse con un joven, el guía lo asesinó. Moisés dijo, "¿Has asesinado a un inocente que no hubo asesinado a nadie? ¡Sin duda has cometido un acto repugnante!"

El maestro respondió, "¿Acaso no te dije que eras incapaz de tener paciencia conmigo?"

Moisés acordó nuevamente permanecer en silencio, añadiendo que si en el futuro pusiese en duda cualquiera de los actos de su mentor, este podría apartarlo de su compañía.

Entonces prosiguieron, hasta que se toparon con los habitantes de un pueblo; les pidieron comida, pero ellos les negaron la hospitalidad. Allí encontraron un muro a punto de derrumbarse, pero el guía lo enderezó. Moisés le reprochó a su maestro que ayudase a aquellos que no habían sido muy amables, pues fue incapaz de contenerse.

El maestro misterioso dijo: "Aquí es donde tú y yo nos separaremos. Ahora te diré la interpretación de aquello sobre lo que has sido incapaz de tener paciencia".

Explicó que la barca pertenecía a gente pobre. Al hacerla inservible, hundiéndola bajo el agua, se había asegurado de que un rey usurpador que se estaba apoderando de todas las barcas no la encontrase. Cuando el tirano hubiese desaparecido, los pobres serían capaces de rescatar el bote y ganarse la vida con él.

El joven, de haberle perdonado la vida, habría crecido y se habría convertido en un peligro para otros. "En cuanto al muro, pertenecía a dos jóvenes huérfanos del pueblo. Había, allí debajo, un tesoro enterrado sobre el cual tenían derecho. Su padre había sido un hombre virtuoso. De modo que el Señor deseaba que alcanzasen la edad adulta y que desenterraran su tesoro. No lo hice por mi propia voluntad. Tal es la interpretación de aquello sobre lo que fuiste incapaz de tener paciencia".

Esta metáfora transmite precisamente el modo en el cual el Maestro Sufi lleva a cabo su función en la vida. Nótese que el discípulo, si es incapaz de seguirle el ritmo a su maestro, tendrá que ser despedido. Por mucho que lo intente, permanecerá en su propio nivel.

Acaso los teólogos argumenten que Moisés tiene que ser un iluminado para poder desempeñar una función profética y transmitir mandamientos divinos relacionados con prácticas espirituales y comportamiento mundano, la esencia de la religión conocida. Pero ellos serían solo aquellos que aceptan el misticismo. Para muchos teólogos ortodoxos de la mayoría de las religiones, el misticismo es anatema. Como lo dice el *Akhlaq-i-Mohsini*:

> El pájaro que no tiene conocimiento del agua pura
> Tiene su pico en agua salada todo el año.

Agua pura es un término técnico, con un significado específico entre los Sufis.

Cuando escuchan o leen esta historia, algunos siempre se preguntarán – internamente o de otra forma – por qué deberían confiar hasta tal punto en un maestro. Otros incluso cuestionarán si realmente han de confiar en absoluto. La respuesta Sufi a esto es que, simplemente, sin semejante confianza no es posible el aprendizaje. Husain Waiz Kashifi, en *Luces de Canopus*, dice:

La persona que no ha visto el rostro de la
confianza... no ha visto nada.
La persona que no ha encontrado satisfacción...
no ha encontrado nada.

Algunos escritores lo han explicado aún más detalladamente. El ser humano, se dé cuenta o no, está confiando en alguien o algo a cada momento del día. Confía en que el entarimado no colapsará, que el tren no chocará, que el cirujano no matará, y así consecutivamente.

Pero, uno podría decir, confiamos en esta gente y cosas porque tenemos razones para creer que no nos defraudarán. Pero esa, dicen los partidarios del Sufi, es exactamente la situación en el Sufismo. Solo los irreflexivos y descuidados son incapaces de observarlo.

Tradicionalmente los Sufis moran entre aquellos a quienes enseñan, viviendo buenas vidas como gente proba, actuando de acuerdo con su palabra, cumpliendo sus compromisos: hasta que, como el entarimado, el tren o el cirujano, han obtenido un grado suficiente de confianza de aquellos con quienes entran en contacto. De acuerdo a la naturaleza de los individuos entre los cuales la suerte ha determinado que viva, variará el tiempo que invierta cada Sufi. Ninguno de ellos protesta si se mide en décadas; aunque los aspirantes a discípulo puede que protesten. Estos últimos, como a Moisés, acaso carezcan de paciencia: cuando esto es lo único que los ayudará a vencer su suspicacia. Si el maestro no los despide, efectivamente se despiden a sí mismos. Uno no puede aprender de alguien de quien desconfía. Y sin embargo son muchos, quizá nuevamente debido a la autocomplacencia, los que "siguen" a aquellos en quienes no confían del todo. Para el Sufi, puede que tales personas sean seguidores: en tal condición no pueden ser discípulos.

NECESIDAD DEL ESTUDIANTE DE APRENDER CÓMO APRENDER:

Los Sufis tienen llamativas alegorías diseñadas para indicar tanto el Sendero como la situación de la humanidad cuando ignora el Sendero. Por ejemplo, ¿cómo ve el Sufi al individuo ordinario que intenta abrirse camino en la vida?

Una de las sagas que aborda esta "visión desde otro mundo" se encuentra en una sucesión de cuentos cortos acerca del Mulá Nasrudin, quien representa el rol del ser humano que interpreta el mundo – como hacemos todos nosotros – mientras que la realidad es muy diferente:

Nasrudin es un joven necio y su madre lo envía al mercado para vender un rollo de tela que ella ha tejido. De camino a la ciudad, Nasrudín se topa con otro viajero y pronto están enfrascados en conversación. Las palabras del joven son tan disparatadas que el otro hombre se da cuenta de que puede engañarlo.

"Dame esa tela; tú no la necesitas, ¿verdad?", dice el viajero.

Nasrudin se cree inteligente. "No tan deprisa, amigo. Mi madre me dijo que la vendiese, pues necesita el dinero. Somos gente pobre, sabes. El regalarla no sería un acto muy responsable."

"Muy bien", dice el hombre, "te daré veinte monedas de plata por ella. No tengo el dinero encima, pero puedo dártelo la próxima vez que nos encontremos."

¡Veinte monedas de plata! Esta parece una gran oportunidad para Nasrudin, ya que su madre le había dicho que tres monedas de plata sería lo máximo que podría obtener.

"Puedes quedarte con ella", dice Nasrudin; añadiendo con gran sagacidad, "aunque me estoy robando a mí mismo" … algo que ha escuchado decir a los comerciantes cuando cierran un trato.

"Entonces me voy", dice el otro hombre.

"¡Alto!", dice Nasrudin, pues se le ocurrió otra idea. "Para poder encontrarte otra vez, tengo que saber tu nombre."

"Esto es fácil", dice el otro, "yo soy yo, este es quien soy…"

Nasrudin, contento con su día de trabajo, va a casa y le cuenta a su madre lo que ha ocurrido.

"Todo lo que tengo que hacer es encontrar a Yo y él me pagará…"

"¡Estúpido!", dice su madre. "Todo el mundo se llama 'yo'. Tú eres 'yo' para ti, yo soy 'yo' para mí, y ese hombre también es 'yo' para él."

"Eso es demasiado complicado para mí", le dice a ella Nasrudin. "Pero mañana saldré y encontraré a Yo y él me pagará."

Al día siguiente, Nasrudin se pone nuevamente en marcha y a mitad de camino rumbo al mercado se topa con un hombre sentado a la sombra de un árbol. Ahora bien, al ser bastante tonto, Nasrudin ha olvidado el aspecto del hombre que se había llevado su tela. Este hombre, él cree, podría tranquilamente ser el sujeto en cuestión y entonces decide probarlo para asegurarse.

"¿Quién eres?", le pregunta.

Al otro hombre no le gusta este acercamiento directo, y con su mano lo rechazó. "No es de tu incumbencia. ¡Sigue tu camino!"

Nasrudin, entrenado por su madre, cree que siempre debe darse una respuesta cortés a una pregunta. El hombre está comportándose mal. Nasrudin agarra una gran piedra y amenaza con tirársela al viajero. "¿Quién eres? ¡Yo creo que eres Yo!"

"Está bien", responde nerviosamente el hombre, "si así lo quieres, ¡soy yo!"

"Me pareció que lo eras. Entonces, dame las veinte monedas de plata."

Convencido de que Nasrudin es un lunático peligroso, el hombre tira rápidamente veinte monedas de plata al suelo y sale corriendo, contento de escapar con vida.

Cabe destacar que generalmente Nasrudin es ignorado o deplorado por eruditos, y profundamente aborrecido por parte de los clérigos pomposos que carecen de sentido del humor.

En este cuento, sin embargo, el lector perspicaz es capaz de saborear algo de la visión general de la vida, el pensamiento y comportamiento del Sufi, al experimentar lo absurdo de las suposiciones en acción.

Una palabra usada frecuentemente para describir al aspirante es Buscador (salik). Aquellos que – aunque practiquen ejercicios Súficos o se involucren en asuntos Súficos – no se encuentran al final del Sendero, no pueden autodenominarse Sufis. "Sufi" es el nombre para el Ser Humano Realizado. Según la frase Súfica: "Aquel que se autodenomina Sufi, no lo es". Sin embargo, el mundo rebosa de personas que se autoproclaman Sufis. Han sido numerosos desde hace siglos.

LAS CUATRO CONDICIONES PRINCIPALES DE LA HUMANIDAD:

Según los Sufis, hay cuatro condiciones principales del ser humano. Estas etapas tienen nombres diversos, pero los siguientes son representativos:

> HUMANIDAD (el estado ordinario)
> DISCIPULADO (estar en el Sendero)
> CAPACIDAD REAL (cuando comienza el progreso)
> ARMONIZACION CON LO DIVINO (la condición final)

Estas condiciones también han sido alegorizadas como:

TIERRA
AGUA
AIRE
FUEGO

La etapa de la Humanidad es aquella del humano ordinario que carece de flexibilidad, proclive al comportamiento "mundano" y sujetado por hábito o adiestramiento a ciertas creencias. Ergo su símbolo, TIERRA: una condición estática. También se conoce como la condición de la Ley, en la cual la gente actúa de acuerdo a reglas casi ineludibles. Puede que estas reglas sean vistas como la interacción de la heredada susceptibilidad al concepto de adiestramiento y también al adiestramiento mismo. Esta es la etapa de la mayoría de la gente, caracterizada por su relativa inmovilidad como "mineral". Incluye a muchas de las personas, si no a todas, que imaginan tener una mentalidad espiritual: los pesadamente condicionados.

AGUA es la etapa en la cual el individuo es introducido al Sendero, y puede ejercitar algunas capacidades hacia la autorrealización. Es también la etapa de potencialidad. Dado que en esta etapa se produce cierto crecimiento y movimiento, los Sufis también la denominan "la etapa vegetal": así como un vegetal, moviéndose, crece desde la tierra.

AIRE es la condición en la cual se desarrolla la capacidad real. La capacidad real difiere del simple movimiento como un animal difiere de un vegetal. De ahí que su símbolo sea "animal".

Más allá del "animal" llega el "hombre". La Cuarta Etapa, por lo tanto, se denomina "humana" y su analogía es FUEGO.

Hay quienes dicen que esta antiquísima formulación, aún utilizada por los Sufis, figura en el Nuevo Testamento con los conceptos de Agua, Espíritu y Fuego. Su comprensión de las categorías es muy diferente de la interpretación que por lo general manejan – sin examinarla – los teóricos y eruditos cristianos. Para ellos, el bautismo es la ceremonia que testifica su potencialidad para la primera experiencia ("Agua"). Se dice que una reliquia de este rito se conserva – mas de forma abreviada – en las palabras de Juan el Bautista: "Te bautizo con agua..."

En el mismo pasaje, Juan continúa con: "... pero aquel que viene detrás de mí habrá de bautizarlos con *pneuma* (aire, el Espíritu Santo) *y con fuego*..."

El hecho de que las experiencias ocurren en una sucesión necesaria, está testificado en Juan (iii, 5): "Respondió Jesús: 'De cierto, de cierto te digo, que el que no naciere de agua y del Espíritu, no puede entrar en el reino de Dios'. Entonces la oración, en términos Sufis, da los nombres y orden en el cual acontecen las sucesivas iniciaciones que corresponden a percepciones cada vez más agudizadas: agua (purificación del "mundo"), aire/Espíritu Santo (comprensión), y fuego, "Reino de Dios" (consciencia superior, concienciación de la Verdad).

En jerga Sufi, las cuatro Etapas se conciben como:

1. Estar en contacto con, y participar de la naturaleza y comportamiento de la humanidad ordinaria.
2. Estar en armonía con un Maestro enseñante.
3. Estar en contacto con el Fundador de la Enseñanza.
4. Estar en armonía con la Verdad Absoluta.

Es posiblemente debido a la correspondencia entre las ideas Sufis y esta concepción del significado del cristianismo que los Sufis han sido acusados tan a menudo de ser "cristianos secretos"; y acaso también porque tienen a Jesús en alta estima y lo consideran un Maestro del Camino. Mas los

Sufis no aceptan que haya una correlación al nivel inferior de ritual, ideas aproximadas y formulación externa.

El Sufismo, dicen, es aquello que le permite a uno comprender la religión, independientemente de su forma externa actual.

Los místicos hindúes y judíos también afirman que han encontrado una "dimensión interna" similar – en sus propias religiones – que se corresponde con la Súfica. Esta es la razón por la cual, en la Edad Media y posteriormente, la gente criada en estas tradiciones han adoptado formulaciones Súficas en sus escritos.

La mentalidad característica y secuencial del erudito profesional ha provocado que tantas buenas personas pasen mucho tiempo tratando de descifrar las "influencias Sufis" en varios pensadores del pasado, asumiendo un arrastre cultural o influencias literarias familiares. Han tenido mayor éxito describiendo su propio modo de pensar que iluminando sus tesis.

CUATRO NIVELES DE PERCEPCIÓN:

Los cuatro niveles de percepción que corresponden a las ya mencionadas Cuatro Etapas son, según la formulación Sufi: CONCENTRACION, RENUNCIACIÓN, PERCEPCIÓN y CONOCIMIENTO ABSOLUTO. La descripción del aspirante cambia según asciende la "Escalera de los Cuatro Peldaños": primero es un *Abid* (un adorador), luego un *Zahid* (renunciante), después es un *Arif* (conocedor) y finalmente un *Muhibb* (amante). AMOR es la palabra usada para la más alta etapa de desarrollo.

COMPRENSIÓN E INCOMPRENSIÓN DEL "AMOR":

El uso de la palabra "Amor" por parte de los Sufis y otros ha despistado tanto a literalistas verbales como a emocionalistas, haciéndoles imaginar que – al usar el término – los Sufis se refieren a un estado abrumador similar al amor romántico o al "estar enamorado".

Puede que el uso del término técnico "amor" en la religión formal sea, de acuerdo a los Sufis, parte de una "prueba". Esta prueba puede volverse aparente cuando uno examina el mandato "Amarás a tu Dios..." Pronto se hace evidente (incluso sin pensarlo mucho) que nadie puede realmente amar *como resultado de una orden*. Por ello se dice que aquí "amor" significa algo más que una orden. Se cree que significa que el objetivo es "amor".

Una "prueba" similar está contenida en el mandamiento "Ama a tu prójimo como a ti mismo". Dado que amarse a uno mismo no es algo particularmente respetable, la frase no puede significar lo que sus palabras nos dicen abiertamente... a menos que estén dirigidas a un caso desesperado.

Asimismo, "hacerle a otros lo que uno quisiera que le hiciesen a uno mismo" es otro ejemplo de este tipo de enfoque. Como la experiencia de cualquiera lo muestra – nadie puede estar seguro de que lo que desea será lo mejor –, naturalmente el mandato debe de tener un significado diferente. Y suponiendo que alguien desease morir: ¿sería correcto deseárselo a otro?

DETERIORO DE LA COMPRENSIÓN DE LOS TEXTOS SAGRADOS:

Los textos sagrados abundan en lo que antiguamente eran materiales instructivos cuyo propósito era inspirar reflexión. Se han deteriorado hasta convertirse en meros lemas que atraen la aprobación piadosa y la perplejidad, según quién los encuentre. Uno de tales es el Juicio de Salomón, esta vez procedente de la sabiduría del Antiguo Testamento. A pesar de que esta historia se toma literalmente, un momento de reflexión le mostrará a cualquiera (especialmente a las mujeres) que tal acontecimiento nunca pudo haber tenido lugar. ¿Existe o ha existido alguien en este mundo, sobre todo mujer, que pondría su falda para recibir la mitad de un bebé desmembrado? Si fuese así, la ocasión – ofrecida como universal – no sería más que un incidente aislado, pertinente a la psicología morbosa. Cuando uno piensa sobre ello, es obvio que el significado pasa a ser otro.

Estos ejemplos podrían multiplicarse, pero se ofrecen aquí solo como una ilustración de cuán fácil uno puede ser adoctrinado con los conceptos más estrambóticos y suspender cualquier tipo de pensamiento acerca de ellos... aceptándolos como significativos cuando, si se examinan, son absurdos.

Un texto Sufi aclaratorio, *The Meaning of the Path* de Qalimi, aborda esta área del siguiente modo:

> El Camino de iniciación, en el cual el individuo puede alcanzar – si su deseo es puro – la condición posible para él, ha sido denominado *Idkhal*, el Causante de la Entrada (en el Camino).
>
> El Camino tiene tres partes. Debe comenzar con un individuo que ya ha realizado el Camino. Este individuo debe entrar en contacto con aquellos que se encuentran en la etapa inferior, para conducirlos a la superior. Él explica las absurdidades de antiguas y respetadas fórmulas. La etapa inferior se denomina "Tierra", denotando el grado de pasividad e inmovilidad de los participantes. Las otras etapas se conocen sucesivamente como:

Agua
Aire y
Fuego

Estos términos son en parte escogidos porque representan elementos consecutivos en un grado de refinamiento creciente o densidad decreciente. El uso de estos por parte de los alquimistas espirituales es demasiado obvio para necesitar comentario.

En la etapa de "Tierra", la gente está aún en contacto con las substancias densas de la materialidad, del pensamiento y el acto, así como con la tosquedad mutua de un modo que excluye gran parte de la comprensión. Entre estas están los eruditos convencionales y otros propensos a emociones mezquinas como la envidia y otros sentimientos subjetivos que los Sufis deploran (por esto y no solo por razones sociales o piadosas).

La etapa de "Agua", que también simboliza la purificación en algunas tradiciones, tiene lugar cuando el Maestro está en situación de amalgamar el elemento acuoso (es decir, lo móvil y purificado) en el postulante con "agua" en otro sentido. Esta "agua" es una substancia más sutil de tipo espiritual, que comparte la naturaleza de una energía. Cuando esto es posible, puede ocurrir cierto tipo de "movilidad". En términos de procedimiento, significa la etapa donde los elementos superiores de la mente e individualidad son conectados a través de la mediación del maestro. Esto es lo que se intenta en religiones que poseen un sacerdocio; aunque la sabiduría iniciática de este procedimiento está ahora universalmente perdida entre religiones organizadas.

La etapa de "Aire" se alcanza después de completar el grado del Agua, *daraja*. En ella, la consciencia del individuo (o del grupo, si hay uno) asciende a una percepción de la verdadera Realidad, superior a la que es posible en la etapa del "Agua". En otras palabras, las experiencias serán tales que cancelarán, suplantarán, harán insignificantes, a las anteriores.

En todos los grados, los candidatos no podrán dirigirse de un rango de percepciones al siguiente hasta que estén "preparados". La aptitud es una marca de valía, y no depende de criterios menores tales como el tiempo empleado o la antigüedad del individuo.

Al mismo tiempo, los Sufis seleccionan discípulos de tal modo que posibilite que uno afecte al otro y haga el proceso más efectivo. Por ende los grupos de estudio... cuando es lo indicado. La "corriente" Súfica también puede ser transmitida entre miembros de un grupo que no se reúne formalmente.

El "Agua" no puede realmente purificar sin el esfuerzo deliberado de la persona a ser depurada. Con el transcurso de los grados, el esfuerzo se vuelve mayor. Aunque el esfuerzo parezca continuo o no, la verdadera armonización que tiene lugar en cada etapa requiere la correcta armonización de todos los miembros participantes de un grupo (*taifa, halqa*).

Los individuos inmaduros (*kham*), sufriendo aún los efectos de demasiado pensamiento materialista, puede que se sientan agobiados por el hecho de que tienen que esperar a que otros hagan cierto tipo de progreso antes de que puedan beneficiarse de ello.

No se han dado cuenta de que también otros están esperando que ellos progresen.

Después de "Aire", donde la conciencia ha sido transferida por el Maestro desde sí mismo – como si fuese el conductor – hacia todas las sustancias del nivel de "Aire", de todos los maestros y santos, el proceso continúa a la etapa "Fuego". Esta suprema consciencia – gnosis – está representada en palabras ordinarias como un contacto con la Divinidad. Esta es también la etapa conocida como la "Muerte antes de la muerte". A menos que el maestro haya atravesado esta "muerte", por decirlo de alguna manera, en nombre de sus discípulos – para así estar capacitado para brindarles sus posibilidades –, él no podrá guiarlos hacia ella.

Aunque ellos no lo sepan, el maestro debe realizar el mayor esfuerzo y sacrificio para soportar esta "muerte" en su nombre.

Shabistari, en su *El jardín secreto*, dice:

> Es el Hombre Completo quien, desde su completez y con su Maestría, lleva a cabo el trabajo de un esclavo.

EL COMPROMISO DEL DISCIPULADO:

La aceptación de un buscador, en círculos Sufis tradicionales, comienza con la declaración del compromiso, el *Bayat*. El buscador coloca sus manos entre las manos del guía. Este es el comienzo del Compromiso Mutuo: el buscador, por su parte, se compromete a aceptar al guía; y este último acuerda aceptar al buscador como su discípulo.

Mucha gente tiene un concepto superficial o sentimental del Compromiso. No es una mera formalidad, no es algo que se aborde a la ligera, de modo emocional o por deseo propio. Acaso el aspirante se dirija a un guía para que lo acepte: pero el guía, por su parte, no puede aceptar al buscador hasta que esté seguro de que el buscador se encuentre en condiciones de llevar a cabo su compromiso.

Puede que este estado tarde mucho en llegar; o quizá no se desarrolle en absoluto. El buscador quizá esté convencido de ser capaz de llevar a cabo cualquier instrucción del guía; pero es el guía quien tiene la responsabilidad de asegurarse de que esto sea posible. Si cualquiera de las dos partes no es competente para cumplir los compromisos respectivos, no hay contrato. Sería incorrecto que el guía aceptase al buscador bajo cualquier otra condición. Peor aún, demostraría la incompetencia del supuesto guía.

Ergo, el estado *previo* a la aceptación es sumamente importante y acaso sea la parte más larga del noviciado. El guía puede estar de acuerdo en proporcionar al aspirante a buscador oportunidades de convertirse en discípulo. Puede que le pida a él (o ella) que lea, que lleve a cabo ejercicios, que haga viajes, que realice diversos tipos de trabajo, que exprese por escrito u oralmente reacciones a ciertos materiales de enseñanza. A diferencia del propósito de otros sistemas, esta no es una forma de entrenamiento. Es un modo de ejercitar una flexibilidad que casi todo el mundo ha perdido debido al doble efecto de la naturaleza y el condicionamiento: el efecto del "mundo", a veces llamado Enfermedad Terrestre.

Es durante este período inicial que mucha gente abandona – o pierde interés –, para seguir ideas más seductoras. Las personas que han establecido cultos propios generalmente pertenecen a esta categoría. Desprovistos de nutrición para su vanidad, privados de un sentido de importancia para inflar su yo secundario, sin el margen para dominar o ser dominados:

la mayoría ansía una o más de estas cosas en mayor o menor grado.

Sistemas, supuestamente Súficos, que sumergen al aspirante directamente en ejercicios, o bien son falsos o imitativos. No son Sufísticos, aunque sean tan numerosos y extendidos que hayan originado la creencia (tanto entre eruditos orientales como occidentales) de que representan el Sufismo. La literatura orientalista e histórica está repleta de relatos acerca de ellos. Aunque su origen es sospechoso o incluso obvio, hasta los "especialistas" los toman seriamente; quizá debido a que su carácter intelectual o emocional atrae a la mente pedante de modo subconsciente.

El Sufi posee el conocimiento de los estados, y tiene que ayudar al aspirante a armonizar con la realidad objetiva, estabilizando estos estados. Al Muqri, citado por Hujwiri (en *La revelación de lo velado*), dice por consiguiente:

> El Sufismo es el mantenimiento de los Estados en relación con la Verdad Objetiva.

No existe una serie de prácticas estandarizadas entre los Sufis. La razón para esto es que el maestro prescribirá ejercicios (o no prescribirá) de acuerdo al estado y naturaleza de su discípulo y el carácter y condición de su "trabajo".

EXCITACIÓN RELIGIOSA NO SUFÍSTICA:

Las congregaciones de presuntos Sufis que simplemente realizan prácticas espirituales en grupo, no son genuinamente Súficas; aunque puede que estén practicando excitación religiosa. En Oriente a menudo se los denomina derviches. Dado que está muy extendida la creencia (en varios credos) de que este tipo de actividad es suficiente, uno no puede negarles el nombre "religioso". La palabra latina *religare* ("unir") – si este es, como creen algunas autoridades, el origen de "religión" – describe eficazmente el sentido no-súfico de "estar condicionado o ligado a una creencia". Tal forma de religión es por sí misma incompatible con la flexibilidad del Sufismo, que se abre camino a través de "la atadura", o "nudo", tal como se lo denomina en terminología Sufi.

Donde el condicionamiento, la fuerza de la atadura, está activo, algo más está ocluido. Haji Bektash de Jorasán notó el siguiente problema; ¿y quién de nosotros no lo ha visto en muchas ocasiones donde asuntos de mucha menor importancia que el Sufismo están implicados?:

> Para quien entiende, una señal es suficiente
> Para el necio, sin embargo, mil exposiciones no
>   son suficientes.

INICIACIÓN:

El Compromiso o Aceptación no debe considerarse como una iniciación. La iniciación tiene lugar cuando el guía percibe que el aspirante está preparado para ello.

El maestro es llamado *Sheikh* en árabe, *Pir* en persa, cuyo sentido en ambos casos se aproxima a "Anciano". Otros títulos son: *Shah* (Rey, especialmente si el Sufi es un Sayed, descendiente del Profeta), *Murshid* (Guía) o *Hazrat* (Presencia).

Cuando llega el momento de la iniciación, el guía lleva al discípulo a la *Hujra*, una sala reservada para ejercicios privados; normalmente un apartamento aislado en una *Khanqah* (monasterio) o en algún otro lugar. Solo al maestro se le permite entrar en esta sala sin permiso. Es habitual que el lugar esté vigilado por discípulos apostados en el exterior o en una antesala.

En algunas formulaciones, es habitual que la iniciación ocurra un jueves por la mañana o un viernes antes del mediodía. El discípulo, pronto a ser aceptado, habrá llevado a cabo las instrucciones y preparaciones que se le han dado, las cuales incluyen tomar un baño y liberar su mente – tanto como pueda – de preocupaciones mundanas, señalando, a sí mismo y a otros, su intención (*Niyat*).

La persona se sienta frente al maestro y toma sus manos. El maestro recita entonces un texto sagrado, y los dos repiten al unísono una invocación que incluye su compromiso e intención.

Inmediatamente después de la ceremonia, el discípulo ayuna durante tres días: sin tomar alimento ni líquidos desde el alba hasta el ocaso. Repite cinco oraciones diarias y se concentra sobre los significados de los textos que le ha dado el maestro.

Después del tercer día, el discípulo se presenta ante su maestro, en una postura similar, para recibir el Tawajjuh (la proyección de poderes espirituales en su mente). Esto puede tomar la forma de una recitación audible o silenciosa.

El proceso puede repetirse día por medio.

La etapa siguiente es la prescripción por parte del maestro de una recitación del *Zikr* que efectuará el discípulo, la repetición de YA HAI, YA QAYUM. Estas palabras significan "¡Oh Viviente! ¡Oh Eterno!" Esto se lleva a cabo en una pequeña sala, con el discípulo en soledad, donde se sienta con sus rodillas dobladas, sus manos sobre las rodillas y los dedos en una postura especial. El índice y el pulgar de cada mano unidos en un círculo, con los otros dedos extendidos.

El maestro estipula el número de veces de esta repetición, y otros asuntos, de acuerdo con su percepción de las necesidades del discípulo.

Este proceso puede ocupar cualquier período de tiempo. De vez en cuando el maestro evaluará el progreso del discípulo y quizá prescriba ayuno y otras prácticas.

Puede que estas acciones tengan efectos sobre la actividad mental del discípulo; como dice la frase Sufi: "El oro necesita del salvado para bruñirlo". Sin embargo, se alude a la adopción arbitraria de ejercicios sin "medida específica" de este modo:

Quien se convierta en salvado será comido por las vacas.

Lo secundario nunca debe confundirse con lo primario. Rumi dice respecto a un imitador servil: "Él vio la montaña: no ha visto la mina dentro de ella."

Durante este período, el discípulo aún no ve la mina que existe dentro de la montaña. Puede que experimente lo que él piensa que son estados espirituales, "iluminación", todo tipo de pensamientos, sentimientos, experiencias. Estas, sin embargo, son ilusorias. Lo que está ocurriendo es el "desgaste" de la falsa imaginación.

Lo espiritual no puede actuar eficazmente sobre lo no-espiritual. Como Saadi dice: "El polvo no se hace más valioso por ascender a los cielos."

Tales estados a menudo ocurren en gente que, al carecer de guía adecuada, creen que están teniendo experiencias espirituales. Estas ilusiones pueden ocurrirles incluso a personas que no son parte del discipulado, y explican los numerosos testimonios de experiencias supuestamente "superiores" por parte de aquellos que no tienen un conocimiento especializado de estos asuntos y que aún están "inmaduros". De hecho, tales experiencias son relativamente comunes entre los "inmaduros", y raras entre aquellos que ya están en el Sendero.

Este estado es equivalente al de los "buscadores casuales", que a menudo acosan a gente verdaderamente espiritual con relatos de sus "experiencias espirituales". Los Sufís consideran que tales personas hacen principalmente alarde de vanidad: les gusta sentir que han vivenciado una experiencia oculta o mística.

EXPERIENCIAS FALSAS:

Shabistari, entre muchos otros, advierte acerca de la falsa experiencia que va acompañada de signos físicos que el sujeto imagina como significativos:

> No todos conocen los secretos de la Verdad
> Los estados de la Verdad no son evidentes.

ACTIVACIÓN DE LAS SUTILEZAS:

La Segunda Etapa, a la que se puede ingresar solamente después de que el discípulo haya mostrado que ha "agotado" las experiencias imaginarias y que ya no las tiene, concierne la activación de las *Lata' if* (Sutilezas), los Órganos Especiales de Percepción.

Antes de considerar estos, examinaremos dos prácticas de desarrollo que pueden usarse antes de la Segunda Etapa, a juicio del guía; dado que llevar a cabo ejercicios sin estar en la condición correspondiente para beneficiarse de ellos es peor que inútil.

CONCENTRACIÓN:

Muraqiba es un ejercicio que puede denominarse Concentración. También significa "agachar la cabeza, sumido en pensamiento intenso". La cabeza se mantiene en dicha posición y el individuo intenta desterrar de la mente todo pensamiento que no sea acerca de Dios.

REPETICIÓN:

Zikr (que significa literalmente "repetición") consiste en que el buscador repita, tantas veces como le haya prescrito el guía, una palabra que encarna un concepto. También llamada *Wird*, es algo a lo cual uno no debería entregarse aleatoriamente, de lo contrario el resultado simplemente será obsesión con ese concepto. En Oriente a menudo te topas con derviches, faquires y otros – como experimentadores al azar – que están atrapados en esa etapa. Puede que repitan constantemente una sola palabra, y no pueden hacer mucho más. De hecho, la mayoría de los que imaginan ser Sufis solo enseñan esta obsesión.

Según los Sufis, la razón por la cual la gente se obsesiona con ideas fijas (invirtiendo así la intención del Zikr) se debe a que la palabra que actúa en la mente preparada inadecuadamente trabajará en el nivel superficial (emocional-intelectual), causando obsesiones o implantando un enfoque monotemático.

La mente tiene que estar en condiciones para beneficiarse de un ejercicio Sufi. Adnan Wakhani dice:

> Nunca pondrías néctar puro en un vaso sucio.
> Pero intentarás poner una cosa sagrada en tu cabeza.

El resultado es que te vuelves más extraño de lo
   que eras antes.
Tus imaginaciones empeoran.
Crees que has estado en contacto con lo Divino.
Me dices "¡Qué! ¿Puede la realización de un acto
   piadoso, un buen intento,
traer el mal como resultado?"
¡Crédulo! La bondad real, la piedad y la verdadera
   fe jamás se te acercan.

Más sucintamente, otro Sufi dice: "Las prácticas Sufis pueden conducir a cualquiera al paraíso. Pero tal persona ya debería ser inocente. Cuando alguien que es aún indigno intenta una práctica espiritual Sufi, ese individuo sufrirá. La razón es que tal persona no puede realmente practicar tales cosas. Lo que se intenta no es lo que una persona sincera puede practicar."

La *Latifa* se concibe como "un punto sensible que puede iluminarse o activarse." También se conoce como Órgano de Percepción Espiritual, y su plural es Lata'if. Esto es concebido (solo con fines prácticos) como una ubicación física en el cuerpo del buscador. No se considera que tenga una auténtica ubicación corporal, pero la experiencia ha mostrado que el acto de dirigir la atención a ciertas partes del cuerpo en circunstancias apropiadas, ayuda a alcanzar estados de la mente que se denominan "Iluminación" (*Tajalli*).

La activación de uno o más de los Lata'if (hay cinco) se considera una consciencia de uno de los Atributos de Dios, algunas veces llamados los Noventa y Nueve Nombres, aunque no se considera que haya un número aritmético, limitado, de tales atributos. Una vez más, las cifras son un concepto que permite a la mente acercarse a la realidad.

Algunos Sufis han sido acusados de apostasía, aduciendo que han prohibido a sus discípulos el uso del nombre de

Dios desde el comienzo de su noviciado. La razón para esta estrictez, sin embargo, es clara y evidente para aquellos que se acercan al asunto con suficiente reflexión. Mucha gente tiene una actitud tan totemística, primitiva, supersticiosa para con la divinidad que, cuando se menciona la palabra, de inmediato entran en un marco psicológico que es inferior, no superior, al ordinario. Para ellos, Dios es una especie de ídolo y un concepto que significa algo a lo que hay que propiciar alguien a quien rogarle favores.

Por esta razón Bayazid Bistami ha dicho: "Quienquiera que conozca a Dios (ya) no dice 'Dios'".

Otro Sufi ha dicho: "El idólatra también se encuentra entre aquellos que exclaman '¡No adoro a ningún ídolo!'"

Hay una historia de un venerado Sufi que fue arrestado por decir "¡Su dios está bajo mi pie!"

Cuando fue enjuiciado, el maestro mostró que tenía una moneda en cada una de sus sandalias. El "dios" de la gente del pueblo que estaba visitando era sin duda Mammón, y allí los jueces tuvieron la sensatez de absolverlo, admitiendo que por sobre todas las cosas la gente era materialista.

La idea de Dios se había convertido en totémica para ellos, una barrera a la comprensión, y el Sufi abordó el problema mediante tácticas de choque, a la manera del *Diván de Shamsi Tabriz*, donde se dice:

> Aunque la Kaaba (edificio) y el Zamzam (pozo en
> La Meca) existan;
> y aunque el paraíso y (el celestial río de) Kauzar
> existan: dado que esto se ha convertido
> en un velo para el corazón, debe abrirse
> repentinamente.

El término "corazón" (*qalb*) representa un sitio teórico en el cuerpo cuya localización se concibe cinco centímetros por debajo del pezón izquierdo. Puede que se sienta una pulsación en ese punto.

La activación de las Lata' if conduce a la Santidad Mayor (*walayat kubra*), en la cual el Sufi no ha abandonado el mundo pero ha adquirido las cualidades que lo capacitan para desapegarse de él y operar en dimensiones superiores. Se dice que es en esta etapa cuando obtiene poderes espirituales, capacidades que están más allá del alcance o comprensión del individuo ordinario.

Se comenta que estos poderes incluyen el control de ciertos fenómenos físicos. El Sufi, conocido como Santo Perfecto (*wali kamil*), puede curar enfermedades, influenciar a individuos y grupos, trasladar su consciencia de un lugar a otro y demás. Los observadores externos consideran estos actos como sobrenaturales. Lo son, en el sentido de que no se pueden juzgar mediante lógica convencional o leyes físicas. Pero los verdaderos Sufis no los consideran esenciales.

MILAGROS Y SANTIDAD:

Para el Sufi los milagros no son evidenciales: son instrumentales.

Cuando la gran mujer Sufi Rabia no tenía nada con lo que hacer sopa, de repente varias cebollas cayeron desde el cielo en su cocina. La gente se sorprendió ante este "milagro de Dios". Rabia, sin embargo, los reprendió diciendo: "¡Mi Señor no es un almacenero!"

Este ejemplo muestra claramente la diferencia entre el pensamiento Sufi y las actitudes simplistas, de esperanza y temor, de la religiosidad superficial; donde los niveles inferiores son aceptados como superiores. Otro relato, también de Rabia, ilumina la diferencia entre el pensamiento Súfico y el "religioso". Ella rezó: "¡Oh Señor, si te adoro por deseo del Paraíso, niégame el Paraíso; si te adoro por temor al Infierno, arrójame al Infierno!"

Una prueba importante para la idoneidad de un discípulo Súfico, es si cuando él realiza "milagros", o cuando tales cosas le ocurren, las esconde completamente y no le afectan.

La naturaleza sublime de esta concepción – que el deseo y el temor, la excitación y la publicidad existen solo en un nivel bajo, emocional, no en uno perceptivamente espiritual – es el sello distintivo del trabajo Sufi. Como mucho, la esperanza y el temor actúan en el ser humano como un preludio, una preparación. Sin embargo, muchas personas supuestamente espirituales consideran a la esperanza y al temor como los auténticos medios para alcanzar la salvación.

Algunas comunidades supuestamente Sufis ponen gran énfasis en los festivales y lugares de entierro de ciertos santos. Se trata de una distorsión de la comprensión, y es útil reconocer su origen. Inicialmente, se observó que la concentración sobre el "ser" de un santo podía conducir hacia la percepción de su naturaleza. Sin embargo, esta práctica necesitaba ser combinada con cierto grado de preparación. Cuando esta práctica fue copiada por aquellos que no tenían la capacidad o preparación necesarias, "el mundo tomó el volante" y alguna gente comenzó a adorar tumbas. De hecho, algo más primitivo – imaginado como algo que no era tan así – había acontecido. Tales personas no dejaron de ser Sufis: nunca lo fueron. El nombre Sufi para ellos es "Sufistas", aquellos que intentan ser Sufis. Muchos de estos jurarán que no están adorando, sino simplemente mostrando respeto. La realidad es que son totemistas, independientemente de lo que imaginen.

Esto puede tomarse como una ilustración de la actuación del "yo secundario", el que convertirá obstinadamente la verdadera religión en idolatría. Lejos de ser un camino a la iluminación, provoca una recaída en la superstición.

Con respecto a los supuestos milagros, tanto si están asociados a los santos vivos o a los muertos hace mucho tiempo, muy a menudo estos son subrayados por fuentes secundarias o aficionados indoctos. De hecho, uno de los principios Sufis relacionado con el discipulado, es "que el discípulo debe ocultar los milagros de su maestro". ¡Cuán diferente a lo que se toma como religión incluso entre algunos de los más respetados religionistas!

Los pensadores superficiales se han preguntado cómo se puede reconciliar la espiritualidad Sufi con la religión como la conocen. Ciertamente, algunos teóricos cristianos, judíos e islámicos han afirmado – y algunos aún lo hacen – que tal reconciliación es imposible.

Ignoran la historia y han desatendido la lectura de los trabajos de sus antecesores: pues la batalla fue librada y ganada hace siglos, cuando inquisidores y otros acosaron a los Sufis por ser heréticos, idólatras o librepensadores.

Grandes Sufis, como Ibn el-Arabi de Andalucía, fueron denominados apóstatas del islam. Esta acusación fue discutida extensivamente cuando el-Arabi fue llevado ante una inquisición y probó fácilmente, incluso para satisfacción de sus críticos, que sus escritos eran alegóricos y que los clérigos habían sido demasiado superficiales para comprenderlos.

La batalla con los literalistas teólogos musulmanes fue ganada cuando, a pesar de que los Sufis fueran denominados heréticos, el gran teólogo islámico iraní al-Ghazali fue reconocido como un gran reformador y autoridad del islam, obteniendo el título de "La Prueba del Islam" hace mas de mil años.

La aceptación de los Sufis entre los cristianos se garantizó cuando, por ejemplo, una miríada de cristianos siguió al sabio afgano Jalaluddin Rumi; cuando se descubrió que los teólogos medievales cristianos habían adoptados ideas y métodos de Ghazali; y cuando se observó que los místicos cristianos habían sido estimulados por varias fuentes Sufis. Y hace mucho tiempo que también los hebreos determinaron que las ideas de algunos de sus pensadores místicos tenían un origen Súfico. Estos hechos, y muchos otros, están bien documentados en la literatura secular y académica.

El hecho de que para los Sufis fuese necesario defenderse en el campo religioso de los expertos que no podían comprender el contenido espiritual de sus obras hasta que fuese delineado por ellos en los términos que podrían entender, dice mucho acerca de los Sufis.... Y bastante acerca de la calidad de pensamiento de sus detractores.

Hoy en día, felizmente, la imagen se está aclarando. La acumulación de conocimiento acerca de los Sufis es mayor, y tienen numerosos admiradores entre gentes de todas las religiones, muchos de los cuales han escrito minuciosamente al respecto; aunque siempre con sus propios prejuicios y sobresimplificaciones. La herencia Sufi, en particular en la religión monoteísta, es ampliamente apreciada. La antigua contribución Sufi al conocimiento del condicionamiento, de la sociología y psicología (que apenas ahora comienza a ser recuperada en Occidente), ha hecho posible que miembros de muchas religiones vean qué aspectos de sus creencias y prácticas son superficiales y no-esenciales, y cómo pueden ser manipulados al estimularse sus reflejos condicionados mediante superficialidades externas. Como dice Khayyam:

> El repiqueteo de las campanas es la melodía de la esclavitud
> El hilo sagrado y la iglesia, y el rosario y la cruz:
> En verdad, todo eso es señal de servidumbre.

Aún falta incorporar la perspectiva Sufi en las religiones no islámicas, y que también actúe sobre (y penetre en) la superficialidad de muchos entusiastas y clérigos musulmanes.

Asimismo, falta expulsar a los fanáticos y autoengañados que operan o pertenecen a cultos imitativos que son erróneamente llamados Súficos. En una sociedad libre, con la actual rapidez de comunicaciones, ambos desarrollos no solo son posibles: son indudablemente inevitables.

La adecuada consideración para con la humanidad es esencial, pero vagas preocupaciones por la felicidad de los engañados o superficiales, en Sufismo como en cualquier otra cosa, no será de ninguna utilidad. Como dice el dicho Sufi: "Demasiada amabilidad para con el zorro acaso signifique la perdición del conejo".

Añado esto, pues en una reciente conferencia un entusiasta bien intencionado pero insustancial exclamó ante mí: "¡No dispare al pianista... está haciendo su mejor esfuerzo!" Por supuesto que no se había propuesto ningún asesinato. Ni tampoco parecía preocuparle a mi crítico la necesidad que tenía el pianista de ser instruido, lo cual seguramente habría mostrado cierta preocupación por su bienestar...

En otras palabras, ¡deja una situación inaceptable tal como está!

Pero uno se acostumbra al hábito del "yo dominante" de buscar falsas analogías para proteger una casa vacía de los ladrones, según la frase Súfica.

Así como los Sufis siempre han sostenido que su sendero es reconciliable con toda religión verdadera, también afirman que no es temporal, habiendo estado representado en la humanidad desde los primeros tiempos. Como lo expresa Ibn al-Farid:

> Continuamente, en conmemoración del Amigo
> Bebimos vino, aun antes de la creación de la vid.

Así como la enseñanza acaso varíe en su aspecto externo de acuerdo a las diferencias culturales, también permanece esencialmente la misma en su interioridad: "Puede que los ropajes varíen, pero la persona es la misma".

Este concepto es útil para distinguir entre los imitadores Súficos y lo verdadero. Los cultos deteriorados o repetitivos que pretenden ser Sufis tienden a usar técnicas obsoletas o irrelevantes, insignias, incluso ropas y lenguajes, cuando van a la deriva – o son importados – de una época o cultura a otra. Esta misma tendencia explica las muchas formas diferentes de práctica (y teoría) Súficas que persisten hasta la actualidad, mucho después de que su aplicabilidad haya cesado.

Una de las señales del Sufi es que viste los atuendos del país en el que vive. El discípulo no debería suponer que los harapos son signo de humildad. Saadi dice en su *Jardín de rosas*: "Sé un verdadero renunciador (*zahid*), y (hasta) podrás lucir satén". El aspirante no debería atraer atención sobre sí mismo mediante ropajes extraños, aunque su "nutrición" sea distinta a la de otros. Ergo el lema, uno de los muchos acerca de este tema, común entre los Maestros Sufis:

Come lo que desees, pero vístete como los demás.

Los accesorios exóticos de estos cultos normalmente garantizan su atractivo y un copioso reclutamiento, en especial entre los crédulos de Occidente. También ilustra, para otros, su esterilidad. Además, la renuencia del erudito a creer que algo del pasado lejano pudo haber sido alguna vez fructífero pero que ha sido sustituido, ayuda en el proceso. Está en un estado de confusión a causa del prejuicio tácito del arqueólogo o historiador: "cuanto más viejo, mejor". Acaso también haya un elemento de chauvinismo cultural.

Es por ello que el erudito contemporáneo ayuda inadvertidamente a los cultos y no a la realidad; a lo falso en vez de lo verdadero. Los académicos imaginan, en la práctica sino en la teoría, que el Sufismo es una reliquia exótica circunscrita a una cultura y no (como los Sufís siempre lo han sabido) una entidad viva, capaz de operar dentro de cualquier cultura, en cualquier idioma, en cualquier época.

De hecho, la función de desarrollo del Sufí y su camino dependen de su aplicabilidad en todas las épocas y circunstancias. Este enfoque difiere mucho del intento de convertir a los razonablemente buenos occidentales actuales en orientales de segunda de la Edad Media.

¿Por qué de segunda? Porque, incluso si la repetición de materiales de hace siglos fuese capaz de causar algún efecto en los estudiantes, ese efecto tendría solo éxito en producir discernimiento si fuese puesto en marcha por místicos genuinos. Y ningún místico genuino emplearía tales materiales fuera de tiempo y lugar, del modo propugnado por los imitadores. El tiempo, y sus requerimientos, son fundamentales para la capacidad Sufí. Como dice el antiguo maestro Amr ibn Usman al Makki:

> Un Sufí conoce el valor del tiempo, y se entrega, en todo momento, a lo que ese momento exige.

No es necesario afirmar que los imitadores contemporáneos son impostores. Pero el humano más sincero sobre la Tierra será bastante inútil si sustituye al conocimiento y a la armonización con la realidad suprema mediante la mecanicidad.

Entonces, en los estudios espirituales Sufís los prerrequisitos esenciales son fundamentales y deben observarse; incluso si el aspirante es tan ansioso como lo fue Moisés; y acaso especialmente si es así de ansioso.

Sobre todo, el candidato espiritual debe comenzar con la conducta adecuada. Hafiz, en uno de sus pasajes más hermosos, brinda esta guía:

Ruzi ki az madar tu uryan
Khalqan hama khandan -tu budi giryan
Dar ruzi wafatat ki jan bisipari:
Khalqan hama giryan -tu bashi khandan.

Traducido felizmente por Sir William Jones, el poema clásico persa dice:

> Sobre rodillas paternas, un recién nacido desnudo
> Llorando estabas sentado, cuando todos a tu
>   alrededor sonreían;
> Vive así, para que hundiéndote en tu último largo
>   sueño
> Sereno puedas sonreír, cuando todos a tu
>   alrededor lloren.

Pero, ¿qué es "conducta adecuada"? Las convenciones sociales y culturales en todas las sociedades permiten que prevalezca una delincuencia encubierta en el área de las "tretas mentales". La intelectualidad absoluta, el participar de juegos que pretenden ser pensamiento sincero, pronto puede degenerar en deshonestidad.

Una vez estuve presente cuando un Sufi describía el cuento del mono y la cereza a cierto gurú. Un mono, dijo, vio una botella con una cereza en su interior. Metiendo su mano en la botella agarró la cereza: pero al intentar retirar el puño se dio cuenta de que este era demasiado grande. Entonces el mono tenía la cereza pero no la tenía. Esta, continuó el Sufi, era la condición de aquellos que tienen el exterior de las cosas y no pueden escapar de la trampa de la codicia e ignorancia que ellos mismos han establecido.

Esta era, por supuesto, una descripción perfecta del propio gurú.

Pero la invencible vanidad del gurú intervino. "Ah", dijo, "pero ¿qué ocurre si yo soy la cereza y tú eres la botella, impidiendo que sea extraído y disfrutado?"

Esta me parece una buena ilustración de porqué la humildad debe preceder a la enseñanza...

El gurú estaba, en realidad, moviéndose entre las dos primeras etapas de aprendizaje espiritual, denominadas por los Sufis INSTINTO y RITUALISMO. Prácticamente todos los religiosos convencionales se encuentran aún en esas etapas.

Las cuatro etapas que constituyen el rango completo son las siguientes:

1. INSTINTO, acción automática emocional o mental
2. RITUAL, donde las creencias se sistematizan y brindan estímulo emocional a las personas de acuerdo a un plan
3. PREPARACIÓN, la primera etapa Súfica, cuando la perspectiva se vuelve flexible. Ahora la persona puede beneficiarse realmente de la lectura e interacción con el maestro
4. EJERCICIOS, nunca se utilizan con gente sin desarrollo.

Estos son los pasos que conducen a la "iluminación".

El problema para los aspirantes a Sufis es que a la mayoría de la gente se le ha enseñado a actuar solo en las etapas 1 y 2. De hecho, imaginan que esto es todo lo que hay en lo referido a la actividad religiosa.

Para otros, lo atractivo que le resulta a su vanidad imaginar que la etapa 4 – ejercicios – puede operar sin conocimiento o preparación, es una barrera total para el aprendizaje.

RESUMEN:

Los Sufis aspiran a refinar la conciencia humana. Este es el misticismo Sufi: ni perplejidad ni magia, sino un sendero específico.

Gran parte de la enseñanza religiosa en el mundo es en realidad una forma confusa o deteriorada, muy diferente de sus raíces.

La herencia y la cultura oscurecen las capacidades superiores de las personas. Técnicas bienintencionadas, tales como la mortificación arbitraria, son inútiles.

Los Sufis (el nombre del individuo realizado, no del aprendiz o seguidor) se han reunificado con la Unidad y Realidad objetiva.

Teólogos, eruditos y fanáticos religiosos consienten emociones subjetivas o ideologías en sus vidas y pensamientos. Es por ello que su religión no es perceptiva sino autoindulgente. Además carecen de humor.

La percepción de la realidad más allá de la forma externa les resulta esencialmente ajena a los autocomplacientes.

Esta realidad es la esencia más allá de la forma de todas las religiones genuinas.

La familiarización con la presentación Súfica contemporánea es una preparación esencial para el estudiante, pero al llegar a cierto punto un mentor es absolutamente necesario.

El estudio Sufi es instrumental, no informativo o manipulativo. Es por ello que tanto los académicos como los divulgadores (a menudo denominados Sufis o especialistas Sufis) sean inútiles como guías... incluso para transmitir qué es el Sufismo.

Características del Sufi. Sufismo e Islam; folclore: Nasrudin; otras formulaciones: tierra, agua, aire y fuego; cristianismo y el Nuevo Testamento; místicos hindúes y judíos.

Cuatro niveles de percepción: concentración, renunciación, percepción y conocimiento.

    La comprensión Sufi del "Amor".
    Deterioro de los textos sagrados.
    Compromiso y discipulado.
    Irrelevancia de ciertos ejercicios.
    Excitación religiosa; la iniciación (forma tradicional).
    Experiencias falsas; activación de las Sutilezas.
    Milagros, santidad y el "Yo Secundario".
    Sufis falsos e imaginarios.
    Las Cuatro Etapas a la luz de lo precedente.

PRINCIPIOS SUFIS, ACCIÓN, MÉTODOS DE APRENDIZAJE, IMITADORES, LUGARES DE REUNIÓN Y EL BUSCADOR OCCIDENTAL

por

Humayun Abbas y otros

Confianza

Humayun Abbas

La confianza no es algo que se induzca, es algo que se desarrolla. Es decir, cuando aquello denominado "confianza" es enseñado lentamente a los animales por los hombres que los domestican, no es confianza sino dependencia. La verdadera confianza es diferente.

Tampoco la confianza en Dios es algo que Dios les enseñe a los seres humanos. Al contrario, Dios da a la humanidad tantas razones para carecer de confianza (calamidades, incertidumbres, pérdida de esperanza) que de hecho se podría decir que Dios ilustra que la confianza en algo o alguien benéfico no ha de ser erigida solamente sobre la felicidad o las buenas experiencias.

De modo similar, el Maestro Sufi no se hace pasar como alguien digno de confianza tal como hacen los clérigos y otros para asegurarse de que su apariencia y conducta inspiren la confianza que en efecto es dependencia. Este último tipo de confianza solo se puede considerar loable si ha sido probada. Por esta razón los Sufis han preguntado: "¿Cuántos amigos tendrías si fueses de uno en uno pidiéndoles que escondiesen un cadáver?"

La confianza es algo que el postulante Sufi debe encontrar en sí mismo, a pesar de lo que aparentemente indiquen las superficialidades. Esta es una de las razones por las cuales los Maestros Sufis han llegado incluso a mostrarse ridículos o como indignos de confianza ante aspirantes a discípulos.

Fue nada menos que el Sheikh Shibli (1), cuando se le acercó alguien que quería ser aceptado como estudiante, quien dijo: "Repite: '¡No hay Dios sino Dios, y Shibli es Su Profeta!'" Esto era para probar si su sumisión era servil o no.

Una de las manifestaciones más comunes de falta de confianza en un maestro, constantemente enfatizada por los mentores Sufis, es cuando el discípulo espera atención e instrucciones sin que haya hecho lo que debe hacer como requisito previo a estas cosas. El Sheikh Ajal Shirazi, sirviendo como apenas un ejemplo de este importante aspecto del Sufismo, le habló así a un postulante que vino en búsqueda de *Zikr* (letanías):

"No permitas para otros lo que no permitirías para ti mismo. Desea para otros lo que deseas para ti mismo."

Algún tiempo más tarde, este mismo hombre llegó a la puerta del maestro con el pedido de que se le diesen recitaciones, diciendo que – después de todo – era discípulo del Sheikh.

"¿Cómo puedo darte la segunda lección, si no has observado la primera?", replicó el maestro. (2)

Uno de los aspectos más importantes del concepto de "confianza" es que este término técnico implica una actividad y una postura que, a su vez, desarrolla una capacidad en el individuo. Monjes y otros, incluyendo reclusos espirituales, han gastado vidas enteras obsesionados por el concepto de confianza, y por ende han sido incapaces de pasar a una etapa posterior.

En las enseñanzas citadas por Hujwiri (*Kashf al-Mahjub*), este problema es ilustrado por el relato de Hallaj instruyendo al eminente Ibrahim Khawwas.

Cuando Hallaj fue a Kufa, recibió la visita de Khawwas. Hallaj preguntó a Khawwas:

"Oh Ibrahim, ¿qué has obtenido de tus dos décadas de estudio de los Sufis?"

Khawwas respondió:

"Me he concentrado en la doctrina de la Confianza."

Hallaj dijo:

"Has desperdiciado tu tiempo cultivando lo espiritual; ¿dónde está el Aniquilamiento en la Unificación?"

Hujwiri explica que confianza significa una actitud y una seguridad. "Si un hombre pasa toda su vida remediando su naturaleza espiritual, necesitará otra vida para remediar su naturaleza material, y su vida se perderá antes de que haya encontrado un rastro o vestigio de Dios." (3)

La historia del Sheikh Shirazi, expuesta anteriormente, también subraya otra característica de la confianza que es enfatizada por los Maestros Sufis: las personas que no pueden confiar, no son confiables; y por lo tanto no se les puede confiar cosas importantes. El aspirante a discípulo de Shirazi no confiaba en que se ocuparía de las necesidades del discípulo cuando se manifestasen. A su vez, no se podía confiar en que el aspirante a discípulo ejerciese las actitudes que le fueron prescritas en el primer encuentro.

El discípulo que le pidió a Shirazi más orientación no estaba ejercitando la confianza, como hemos visto; pero puede que haya creído que le estaba pidiendo al Maestro que le otorgase confianza, al no haber percibido que se le había dado la primera lección antes de que pudiese obtener la segunda.

De hecho, la confianza es solo la cuarta etapa en una versión del viaje Sufi. La primera es contrición (*Taubat*) debido a actos censurables. La segunda es *Inabat* (volviendo a la rectitud). La tercera es renunciamiento (*Zuhd*); y luego viene la confianza. La evaluación que el maestro hace del aspirante, expresada en términos de "no permitas para otros lo que no permitirías para ti mismo. Desea para otros lo que deseas para ti mismo", abarca claramente las prácticas que constituyen estas tres primeras etapas. (4)

Las instrucciones que el maestro da a un estudiante constituyen la práctica o prácticas necesarias para que él complete la "estación" (*Maqam*), en la cual ha de "permanecer firme". Por ende, en palabras de Hujwiri, el discípulo debe atenerse a esta etapa "y cumplir con las obligaciones que atañen a esta estación, manteniéndose en ella hasta que comprenda su perfección en la medida en que sea posible para el humano. No está permitido que abandone su 'estación' sin cumplir con sus obligaciones pertinentes."

Aunque el aspirante a Sufi tendrá que "confiar" en su mentor lo suficiente para aceptar sus instrucciones respecto a las tres estaciones que le preceden, no será capaz de verdadera confianza hasta que haya completado la cuarta. Sin embargo, hay suficiente capacidad en los estudiantes para ejercitar esta confianza limitada.

La confianza en sí, como la ha definido Al-Ghazali, (5) está compuesta de conocimiento, estado y trabajo (*Ilm, Hal* y *Aml* según los términos técnicos Sufis). Estos tres elementos constituyen la armonización del discípulo con aquello que tiene que aprenderse. Cuando un Maestro Sufi está preparando discípulos, sea mediante palabras, signos o acciones, los está preparando para aplicar la actitud que se compone de estos elementos.

La preparación de los discípulos para alejarlos de las apariencias, del automatismo y de la dependencia del literalismo, tiene una larga historia entre los Sufis; y puede considerarse un requisito fundamental. En efecto, la certeza de la persona ordinaria de "ver para creer" tiene que ser reemplazada – para el Sufi – por una mayor flexibilidad de comprensión antes de que puedan abrirse dimensiones adicionales de la mente.

Sir Richard Burton (6) cuenta la historia del gran Maestro Sufi Bayazid y la cortesana. Los discípulos de Bayazid lo reverenciaban tanto, en detrimento de lo que estaba enseñando, que decidió que este condicionamiento tendría que romperse. "Los hombres", según el dicho Sufi, "no deberían ser respetados en detrimento de lo que representan". Un día, Bayazid estaba rodeado por un grupo de seguidores entusiastas que creían firmemente que la piedad era inseparable de la apariencia. Bayazid envió un mensaje a una mujer de dudosa reputación para que "le trajese algunas de sus ropas que había dejado con ella; y que le remitiese una cuenta del dinero que le debía". Similarmente, Shamsuddin de Tabriz, maestro de Rumi, le pidió una vez a un discípulo – como prueba – que le prestase a su esposa.

Esta técnica necesaria ha provocado que los imitadores declaren ser Maestros Sufis, y los ha alentado a engañar y defraudar a otros; mas el argumento que se ha presentado en algunos círculos de que tal práctica no debería permitirse es inválido, al menos por dos razones. La primera es que, a lo largo de los siglos, no se ha observado que los efectos perniciosos de supuestos Sufis hayan causado estragos intolerables, no más que el engaño de otros granujas. La segunda dice que invocar este principio (en palabras de un maestro contemporáneo) es "como prohibir la libertad de expresión porque los villanos podrían abusar de ella".

Un examen de las palabras y actos de Maestros Sufis como los que hemos citado previamente, así como la estancia entre Sufis contemporáneos, muestra claramente que:

1. La confianza no es servilismo; la gente suele malinterpretar "confianza".
2. Se necesita confianza antes de que se puedan aprender lecciones.
3. El maestro estimula el tipo de confianza que se necesita.
4. El maestro puede que estimule esto mediante palabras, acciones o escritos.

5. Antes de esta etapa hay otras etapas, estimuladas similarmente.
6. Muchas personas imaginan que buscan conocimiento, cuando en realidad solo buscan atención o cualquier cosa que tengan en lo recóndito de sus mentes.
7. El Sufi, conociendo a su aspirante a discípulo o discípula, le da instrucciones que lo preparan y también le permiten ver si el proceso está funcionando, en primer lugar ayudándolo a revelar la verdadera naturaleza de las actitudes del estudiante.
8. El alumno llega a apreciar que el Sufi está rechazando cierto tipo de acercamientos y alentando a otros, para ayudar a que la naturaleza espiritual – no egoísta – del discípulo accione sobre el problema del progreso.

En palabras de Rumi, el maestro no permitirá que la vanidad del discípulo actúe: porque si así lo hiciere, este quedaría impregnado en las manos del maestro como el perfume de un jabón barato.

El Maestro Sufi, debido a que puede dar la impresión de que "toca la suciedad y sin embargo no se mancilla" (Anwari), puede darse el lujo de comportarse de un modo que la sociedad no permite fácilmente a otros. Abu-Turab al-Nakhshabi (7) dijo: "Nada puede mancillar al Sufi, y de hecho él todo lo purifica."

Entre los modernos exponentes del Camino que han hecho posible las primeras etapas mediante conferencias y publicaciones, se encuentra el adepto afgano Idries Shah, cuyas obras son apreciadas en Oriente y Occidente.

En el pasado, escritores tales como Ghazali (siglos X-XI) o Hujwiri (siglo XI) y Rumi (siglo XIII) usaron el método de cuentos, argumentos y discursos para proporcionar al alumno los pasos preliminares, capacitándolo para acercarse a la etapa de derviche (uno que está en el Sendero). Sufis posteriores, mientras continuaban este proceso, a menudo han permitido visitas privadas, asistencia a conferencias e instrucción personal para ayudar a que el estudio avanzase.

La gran expansión de publicaciones y lectura en los últimos siglos, que ha hecho posible una amplia difusión de los antiguos clásicos, no ha conseguido del todo enseñarles a los postulantes que deberían prepararse para lo que el maestro en persona puede transmitir mediante un estudio cuidadoso de su obra escrita. Por lo tanto, todavía es muy común que la gente se comporte del mismo modo que el aspirante a discípulo del maestro Shirazi: buscando la segunda lección antes de absorber la primera.

Las "órdenes" Sufistas que surgieron en la Edad Media fueron uno de los medios adoptados para estratificar los pasos para la admisión y el progreso en una sucesión gradual. Desafortunadamente, con el paso del tiempo, estas siempre se han concentrado en una interpretación reduccionista del Camino, en vez de una personal y flexible, que es característica de la institucionalización. El declive de las "órdenes" como canales efectivos de formación no ha abolido, sin embargo, la función de enseñanza: apenas la ha transferido nuevamente de las "órdenes" a los maestros tradicionales.

NOTAS

1 Citado en Siyar al-Awliyya (Vidas de los Santos) de Mir Khurd Kirmani, Delhi 1302= 1884/5 d.c
2 Siyar al-Awliyya. (en lengua persa)
3 El Kashf al-Mahjub por Hujwiri, trad. R. A. Nicholson, Londres 1911, pág. 205
4 Hujwiri.
5 Ghazali: Revivificación de las ciencias de la religión. Libro Cuarto (Tauhid y Tawakkul).
6. History of Sind, 206.
7. Murió en el 859.

Actividad Sufi

Emir Ali Khan

"EN EL MUNDO, NO DE ÉL"

Los miembros de todas las comunidades, incluyendo naciones y civilizaciones enteras, están imbuidos de las ideologías prevalecientes en esas comunidades. Estas, a su vez, crean actitudes mentales que incluyen ciertas capacidades e igualmente excluyen otras.

Las ideologías pueden ser tan antiguas, tan arraigadas o sutiles que la mayoría de la gente no las identifica como tales. En este caso se pueden discernir solo a través del desafiarlas, haciendo preguntas respecto a ellas o comparándolas con otras comunidades.

Tal desafío, descripción o cuestionamiento – a menudo el examen de las suposiciones – es lo que frecuentemente permite que una cultura o cierto número de personas de esa cultura piensen en modos que han estado vedados para la mayoría de sus contemporáneos.

Tradicionalmente, los Sufis han adoptado el método de "desafío y respuesta" para ayudar a la gente a ampliar su desarrollo e incrementar sus percepciones. Naturalmente, el desafío no es aleatorio (no es un desafío por el desafío en sí mismo, ni un interrogatorio con propósitos destructivos, o incluso una descripción para añadir a la suma total de información) sino que está específicamente calculado para conducir a un avance en el nivel de conocimiento individual y comunitario.

"QUEMA ESA BARRERA": PROFUNDIDAD Y NATURALEZA DEL POTENCIAL SUFI

Así como la mera adopción de elementos externos Sufis no ayuda en ningún desarrollo superior, el único camino para este desarrollo es a través de la experiencia efectiva de sensaciones que no se parecen a ninguna otra en la experiencia humana ordinaria. Podría añadirse que la corriente Súfica no puede "mezclarse" con ninguna otra. Aquellos que intentan hacer esto están solo intentando lograr una "mezcla" a nivel emocional, lo cual está contraindicado en el trabajo Sufi.

Es muy común que aquellos que no han estado en contacto con una escuela Sufi legítima intenten amalgamar ideas, técnicas y otras cuestiones Sufis con otros pensamientos y patrones de comportamiento. Este intento en sí mismo es evidencia de un bajo nivel de comprensión que debe trascenderse antes de que la Escuela se pueda comunicar eficazmente con tal individuo.

La principal barrera para conectar con la experiencia Sufi es el sobredesarrollo o sobreutilización de la imaginación. Como dice el Maestro Sufi Rumi:

> "La imaginación te bloquea como el pasador de
> una puerta.
> Quema esa barrera."

El siguiente obstáculo en la armonización de los Sufis con aquellos que podrían participar en su experiencia yace en la caótica situación que existe en todas las sociedades donde la ideología prevalente (tanto académica, religiosa u otra) ha eliminado las distinciones entre los tres tipos principales de conocimiento: general, especializado y perceptivo, tal como se aplican al desarrollo humano. Es siempre signo de su legitimidad cuando una escuela Sufi intenta restaurar estos tres niveles en el estudio; así como es signo de una tradición deteriorada cuando los niveles no son plenamente reconocidos por una comunidad.

"LOS TRES TIPOS DE CONOCIMIENTO"

Una de las declaraciones más específicas acerca de estos tres niveles fue realizada por Al-Ghazali. Todo el mundo, enseñaba él, se encuentra en realidad en una de las tres categorías respecto al conocimiento. Primero, la persona comparte el acervo general de conocimiento y aquello que la comunidad en la que vive denomina conocimiento: el amplio mundo social de su familia, tribu, nación, civilización. Segundo, acaso ingrese en las filas de aquellos que comprenden más, que se especializan. Tercero, puede formar parte del círculo de aquellos que tienen una comprensión del entendimiento a través de la experiencia directa.

Estos tres niveles se encuentran, por ejemplo, en la idea general de (digamos) ser un herrero; luego, en aprender cómo convertirse en herrero; y finalmente, en la experiencia de realmente ser un herrero. En los niveles reconocidos en la tradición filosófica-espiritual islámica, los tres círculos corresponden con la Ley (*Shariat*), el Sendero (*Tarikat*) y el Conocimiento (*Ma'arifat*).

"MUERE ANTES DE MORIR"

La enseñanza Sufi está diseñada para aceptar al aprendiz en el nivel I y ayudarlo (a él o ella), mediante el trabajo del nivel II, a alcanzar el nivel III.

El nivel III es aquello que se concibe como algo que está más allá del "sueño" (Hakim Sanai y otros) que es la vida ordinaria. Es la existencia en la cual la fase humana del ser es solo una parte y que puede verse como una interrupción o etapa, así como el sueño puede verse como una interrupción de la vigilia.

Ergo el lema *Muere antes de morir*, lo cual significa que la Etapa III es la experiencia, antes del fin de la vida (humana) ordinaria, de la existencia perenne que sigue a la muerte física.

¿NECESITAS UN HORNO O UNA LÁMPARA?

Al igual que cualquier otra enseñanza legítima, el camino Sufi ofrece al estudiante no lo que él o ella pudieren desear, sino lo que está indicado como útil para permitir que tenga lugar el paso de la Etapa I a la Etapa III. Esta concentración sobre las singularidades del progreso es lo que distingue a los Sufis de un culto o de cualquier otra forma de autocomplacencia que pretenda ser un "camino".

"Busca un horno, pero te quemará" (dice Rumi), y continúa, "apenas necesitas la llama de una lámpara". En cultos y otras actividades diseñadas para el placer más que para el progreso, lo que se busca es la sensación: y cuanto más intensa mejor. La Escuela, sin embargo, busca iluminación y no intensidad. Saadi se dirige al individuo y al grupo que han decidido buscar algo a través de una ambición tan burda e ignorante cuando dice: "Temo que nunca alcanzarás La Meca, ¡Oh nómada! Pues estás en el camino al Turkestán..."

Hafiz, otro maestro importante, define así la aparición común de cultos que imitan algunas técnicas Sufis y que permanecen en la Etapa I mientras piensan que se están acercando a la tercera etapa: "Un hombre debe ser un Salomón antes de que su anillo mágico funcione".

ORGANIZACIÓN

El método Sufi de organización tiene un patrón discernible por lo que respecta a los estudios. Es el siguiente:

El Maestro Sufi preside sobre su propio Círculo (la *Halqa*). Luego viene el Grupo (la *Taifa*). Este lo preside el delegado. Finalmente ocurre la pertenencia individual, en la cual cada individuo está vinculado a la Enseñanza a través de la Oficina (*Daira*). La totalidad de los miembros constituye la *Tariqa*, el sendero (Escuela), a menudo llamado erróneamente – imitando a las organizaciones occidentales – "la Orden".

El punto importante para recordar, en relación con las diferentes formas de membresía, es que todas se consideran igualmente importantes. En las escuelas degeneradas e imitativas, conformadas por gente que no comprende el funcionamiento de una escuela, se considera "mejor" pertenecer al círculo del maestro que ser un "mero miembro individual". Tales figuraciones están inspiradas por el área de Primer Nivel de la organización humana primitiva, y no tienen cabida en una Escuela.

El maestro (o la sociedad, *Jamiyyat*, autorizada por él) acopla a estudiantes y otros miembros, según una evaluación experta, a una u otra forma de relación (individual, círculo, grupo) que puede variar periódicamente, para suministrar los impulsos de aprendizaje necesarios.

Dado que generalmente los novatos solo tienen el nivel de la Etapa I como su instrumento formador-de-opinión, es habitual que algunos de ellos exijan entrar en grupos o círculos, o ser miembros individuales, o no serlo. Se considera que las personas que adoptan tal actitud valoran más sus suposiciones que la experiencia de la Sociedad y en general son descartados por la organización; la cual, en terminología Sufi, "no se siente capacitada para tratar con ellos".

TERMINOLOGÍA

En una escuela Sufi, los únicos Sufis son los plenamente integrados, fruto de un proceso. El Sufi, según la definición clásica y legítima, es el iluminado. Por lo tanto, autodenominarse "un Sufi" es incorrecto. Las personas que lo hacen no son Sufis; quienes no, puede que sean o no Sufis.

Los miembros, si son parte de grupos autoorganizados, o autoproclamados "buscadores", se conocen como *Derviches* (los "pobres"); y algunas veces forman grupos de estudio o círculos de lectura en espera de la aceptación por parte de una escuela activa. En algunos casos, tal conjunto de estudiantes no obtiene reconocimiento y sus "escuelas" de aficionados pueden continuar existiendo incluso durante siglos: siendo en realidad cultos u organismos de entretenimiento, aunque no sean detectados como tales en la comunidad en general (que habitualmente es solo consciente de la actividad de nivel I). Tales organizaciones son incluso consideradas organismos "Sufis", y tanto eruditos como otros las estudian regularmente, con la creencia errónea de que constituyen una parte del "fenómeno Sufi".

Estas agrupaciones suelen ser identificables debido a su afición por los nombres emotivos para sí mismos, por sus ideas espectaculares acerca de la verdad o la iluminación, su apego a los símbolos y otros elementos externos, y la excitabilidad de sus miembros. Tienden a ser lo opuesto al grupo Sufi medido y efectivo en todos los sentidos.

Sin embargo, un individuo o grupo derviche puede unirse provechosamente a una escuela, pero en general se necesita de una organización de amplio espectro que perturbe los placeres de los miembros; y por ende la probabilidad de tal desarrollo no es fuerte. Al referirse a ellos, Rumi es directo: "Dejemos esos burros a sus pastos".

Una valoración de los métodos de enseñanza Sufi

Benjamin Ellis Fourd

EL CLIMA ACTUAL de investigación e interés en los sistemas tradicionales de vida y aprendizaje favorece en gran medida el estudio de aquellos que han sido preservados durante siglos por los Sufis, un conjunto de personas comúnmente denominadas "místicos islámicos", pero cuyas enseñanzas, según ellos mismos y muchos – si no todos – de sus comentaristas, se remontan al pasado humano más allá de los registros escritos.

Los materiales sobre los Sufis figuran en los libros que sus exponentes han escrito, y en relatos de viajeros y residentes en el Oriente Medio (donde se han ubicado principalmente), los cuales abarcan aproximadamente un período de 1200 años bajo el nombre *Sufi*.

Los materiales son tan diversos y desconcertantes para muchos que, a pesar de varios esfuerzos intensivos, nunca ha sido posible proporcionar una explicación de qué hacen los Sufis, por qué y de qué modo, que abarque todos los materiales legítimos disponibles. No se trata de que haya poco material, sino demasiado. Como ha dicho un comentarista: "Si se nos hubiese transmitido un poco acerca de los Sufis, habríamos sido capaces de efectuar una 'reconstrucción' plausible de sus ideas y prácticas que acaso no fuese exacta, pero que ciertamente habría satisfecho nuestro deseo de orden y habría permitido 'cerrar un capítulo'. Desafortunadamente no podemos hacerlo, pues los materiales son demasiado abundantes".

Dejando a un lado este triste comentario acerca de nuestros métodos de conducir la profesión académica, pronto se vuelve evidente que algunas veces se puede incluso encontrar el sentido de una manifestación tan compleja como la de los Sufis, al buscar información e interpretación de... los propios Sufis.

Este proceso, que el presente autor ha seguido tan lejos como es humanamente posible, revela que *grosso modo* hay dos formas de observar las manifestaciones Sufis (y – quién sabe – acaso muchas otras formas más):

1 Desde el punto de vista de suposiciones fijas que el investigador ha traído consigo al dilema; y
2 De acuerdo con lo que los propios Sufis tienen que decir acerca de su actividad.

Lo que sigue es en gran medida la recopilación de interpretaciones sobre los Sufis y el Sufismo que se originaron en numerosos viajes y encuestas, armadas con cuestionarios que se derivan de los libros disponibles acerca de los Sufis que han sido escritos por expertos. No es exagerado afirmar que los Sufis se han sorprendido considerablemente ante la falta de información y mentalidad mediocre del investigador corriente.

La primera cuestión obvia de interés está contenida en la pregunta (y su respuesta): "¿Para qué *sirven* los Sufis, por qué existen y qué están intentando hacer?". En esto, afortunadamente, parece no haber confusión por parte de los Sufis, cualesquiera que sean los motivos, historia u objetivos que los especialistas quieran atribuirles.

Los Sufis, de acuerdo a declaraciones que son dignas de la aceptación de sus propias autoridades, saben cómo disipar aquellas cosas que se interponen entre el ser humano y su percepción del origen y destino humanos, dejando a un lado – por ser irrelevante para ese "viaje" – la división entre la vida antes de nacer, durante la vida como la conocemos, y después de la muerte.

La afirmación Sufi es que la humanidad fue creada con un propósito, que sabía cuál era ese propósito antes de asumir lo que se caracteriza como la apariencia humana, lo olvidó al momento de nacer, comienza a recordarlo bajo los estímulos apropiados, y continúa existiendo después de la muerte física de un modo que ha sido modificado por la fase terrestre. Aunque esta formulación pueda sonar a los oídos contemporáneos como algo sacado de la ciencia ficción, estaba bien establecida y ampliamente reconocida en esta forma muchos siglos antes de la invención del género de ciencia ficción, con todo lo que ello implica.

Los Sufis niegan la realidad absoluta del tiempo, del espacio y de la forma física. Estas cuestiones, dicen ellos, son tanto relativas como locales. Solo parecen ser absolutos.

Esta es, entonces, la aseveración Sufi. ¿Qué sucede con la aplicación de métodos para alentar el "despertar" (frase Sufi) "del durmiente" (su palabra para el humano)?

La respuesta Sufi a esto difiere tan radicalmente de todas las demás concepciones místico-religiosas que quizá no sea sorprendente que algunas personas de hecho no puedan captarla. Y sin embargo no parece, una vez asimilada, ser incompatible con la veracidad del argumento básico. En resumen, los Sufis dicen que cuando un Maestro Sufi experimenta el conocimiento de cómo están conectados el pasado, presente y futuro, pasa a tener la habilidad para idear los métodos. Además, tales métodos no solo son irregulares, *tienen* que serlo. ("Hay tantos senderos a la Verdad como almas humanas" -frase Sufi).

Los Sufis, por lo tanto, consideran como mecánicos y degenerados a los sistemas que tratan a todos por igual. Tampoco niegan que muchas entidades supuestamente Sufis se hayan simplificado hasta tal punto, tras caer en manos de imitadores, que han perdido el poder para hacer algo distinto a automatizar a sus seguidores. Esto, de hecho, lo consideran como una consecuencia inevitable de los efectos del tiempo en sí. En otras palabras, nuestro deseo de orden y nuestra prisa por organizar conduce a una demanda de simplificación excesiva que ocasiona que la enseñanza se convierta en adoctrinamiento, y que la actividad originalmente significativa se convierta en ritual. Es difícil revertir este proceso y recuperar la flexibilidad debido a que la demanda de orden es tan poderosa – como muchas otras aspiraciones inferiores – que se apodera de sus víctimas como una enfermedad.

El Sufi aborda su tarea desde cualquier punto que sea capaz. La primera consideración, en muchos casos, es la observación de que la gente en general está tan acostumbrada a crear hábitos que cualquier cosa que se le presente a un ser humano será deformada por él hasta convertirla en hábito. La respuesta a esto, de acuerdo al Sufi, no es romper hábitos, ya que muchos hábitos son importantes. La solución es guiar al aprendiz a una posición en la cual pueda tanto tener hábitos como ser capaz de funcionar sin ellos. La analogía que usan los Sufis modernos es la de un mecanismo automático que tiene un "modo manual" que permite manejarlo a voluntad.

Esto, a su vez, conduce a uno de los aspectos más desconcertantes de la actividad Sufi: la discontinuidad. El Sufi afirma que, además del ritmo y sus efectos, hay fases dentro del ser humano que se pueden contactar y utilizar para permitirle pensar, trabajar y existir fuera del tiempo familiar y la repetitividad. Los seres humanos, sin embargo, tienen afinidad por la repetición. Las técnicas Sufis exploran la transición de la continuidad a la discontinuidad mediante un gran número de dispositivos, tanto literarios, físicos y mentales. Sin ir más lejos, muchos de los ejercicios Sufis se basan en esta concepción. De esto se deduce que las personas incapaces de trocar la atención de la repetición a la discontinuidad no serán capaces de beneficiarse de tales técnicas, incluso aunque las conozcan. Es por esta razón que siempre se necesita a un Maestro Sufi: el humano no regenerado siempre automatizará los estímulos, y solo alguien que está conscientemente fuera del tiempo – y también dentro de él – puede mantener la línea.

El segundo requisito de instrucción característico entre los Maestros Sufis se basa en la comprensión de la tendencia a aceptar o rechazar. La mayoría de las instituciones humanas están basadas en el estilo binario "uno u otro". Ante casi cualquier situación, el ser humano decidirá automáticamente, lo más rápido posible, si la acepta o la rechaza. Esto, dicen los Sufis, proporciona una herramienta útil para el aprendizaje ordinario y el adoctrinamiento; pero cuando se convierte en el único modo de abordar una situación, realmente separa al individuo de otras percepciones, otras áreas de experiencia donde este modo está ausente. El intento de introducir un camino intermedio (indecisión, evaluación y demás) solo aporta incertidumbre a la situación y no constituye, declaran los Sufis, el establecimiento de una tercera potencialidad específica que ellos sostienen que es esencial.

Los Sufis consideran que la vanidad y autoafirmación, contra las cuales casi todas las religiones han luchado (generalmente uno cree que con poco éxito), son perjudiciales para el proceso de realización. Sin embargo, no ponen énfasis en el premio y castigo como resultado de la excesiva vanidad. Para ellos la vanidad es obstáculo para el aprendizaje. No ser capaz de aprender o progresar es tan letal para el Sufi como "estar condenado" o "cesar de existir" lo es en otros credos.

El entrenamiento inicial – entre los Sufis – que se concentra en la modestia y el arrepentimiento, es considerado por ellos como la base esencial de todo progreso espiritual humano; y para ellos también lo es la enseñanza original de la cual las versiones religiosas, meros chantajes emocionales o sociales, son degeneraciones.

Después de la modestia viene el simbolismo. Una y otra vez he observado que los Sufis genuinos se encuentran casi desconcertados al comprobar que quienes los copian desconocen que las enseñanzas Sufis contienen un estrato tras otro de significados, y que uno no puede pasar a un segundo significado hasta que el primero haya sido absorbido.

La consecuencia de la incapacidad de los imitadores para comprender esto, incluso en teoría, es que para el Sufi ningún investigador externo es capaz de hacer progreso alguno en el verdadero Sufismo, sino que permanece – por decirlo de algún modo – agitando la superficie del agua como una mosca de estanque mientras que al mismo tiempo hace viajes por todo Oriente, enseña a otros debido a sus "experiencias", escribe libros, realiza danzas derviches y, en general, se comporta de un modo que el propio Sufi considera como una evidencia clara de incompetencia y superficialidad.

Una de las razones de la conocida tendencia de los Sufis a desalentar a admiradores o aspirantes al conocimiento es el forzarlos a reexaminar la profundidad real de su conocimiento y sinceridad. "Puede que lleve", me contó un Sufi, "cinco o más acercamientos, abarcando varios años, antes de que hayamos sido capaces de señalar – con la suficiente eficacia – al aspirante que estaríamos encantados de ayudar si solamente modificase sus propios sentimientos de autoimportancia."

¿Qué proporción de los que se desvían realmente regresan esa cantidad de veces?, pregunté.

"Menos de uno de cada diez. Nueve decidirán que somos gente repugnante... Algunos son tan vanidosos que se alejan, totalmente inconscientes de que se les ha reprochado, y comienzan a 'enseñar'."

Pero si las mencionadas características de los Sufis causan alarma o confusión generales, esto no es nada comparado con el grado de incomprensión que se origina en otro rasgo típico de la práctica Sufi.

Me refiero al hecho de que hay muchos "sistemas" de estudio Sufi aparentemente diferentes. No solo se informa de asambleas musicales y rítmicas: hay formulaciones que parecen mostrar que a los Sufis les desagrada la música o que la propician; que practican recitaciones en voz alta (¡o solo silenciosas!); que hay seis, nueve, diez, diecisiete, o cualquier otro número de etapas y estaciones en el camino. Algunas personas dicen que los Sufis trabajan en la activación de puntos sensibles de percepción en la cabeza y en el cuerpo, como los *chakras* de los yoguis. Otros sostienen que los métodos Sufis requieren repeticiones, memorizaciones y casi cualquier clase de práctica espiritual u otra que puedas imaginar.

¿Cómo puede ser esto?

La verdadera respuesta, que no se encuentra en ninguno de los 2250 libros o monografías sobre el tema que he estudiado, lo cual efectivamente incluye la completa bibliografía del Sufismo que el mundo puede ofrecer, es asombrosamente simple. Todo lo que hay que hacer es preguntarle a un Sufi verdadero. Los Sufis, de acuerdo a la respuesta, utilizarán en sus enseñanzas cualquier método que dé resultado. No están atados a ninguna fórmula tradicional. El uso de muchos tipos de métodos diferentes por parte de varios maestros ha dado lugar, entre los imitadores, a la suposición de que tal y tal método es "el verdadero Camino". Entonces, si hoy en día preguntas a uno de los muchos miles de imitadores (o seguidores sinceros pero engañados por los que alguna vez fueron imitadores) respecto a la estandarización de métodos entre los Sufis, ellos te darán una respuesta que no se origina a partir de los Sufis en absoluto, sino de los derviches: personas que han intentado, por lo general sin éxito, convertirse en Sufis.

El hecho de que los Maestros Sufis elijan sus propias técnicas es interesante, precisamente porque el hecho mismo de que esto sea posible tiende a respaldar la afirmación Sufi de que los Sufis realmente conocen "El Camino" por haberlo recorrido. Por contraste, el hecho de que gente en otros sistemas se aferren tan tenazmente a la repetición, tradicionalismo y rutina – imitación y ritual –, podría bien considerarse como la ausencia de la percepción efectiva de lo que realmente funciona. Vale la pena reflexionar sobre este punto.

Acaso puede que la valga, por supuesto: ahora, que se lo haga es otra cuestión. La razón para esta improbabilidad, me parece, es que en la mayoría de las sociedades humanas casi no hay noción de que pueda haber un "Camino" que esté abierto y sea conocido y comprendido por sus patrocinadores. En Occidente, por ejemplo, la reverencia a la autoridad y el apego a formas establecidas debe surgir seguramente de una creencia subconsciente de que hoy no hay acceso a la verdad: solo la repetición de lo que la gente en el pasado ha dicho que uno debería hacer y creer. Del mismo modo, en el Lejano Oriente, el tradicionalismo ciertamente implica una convicción de que aquello que una vez fue hecho y creído sin duda tiene que producir resultados hoy. La existencia de personas que dicen, por ejemplo, "olvida la tradición, sigue la experiencia" debe ser muy limitada, de otro modo de lo contrario no nos resultaría difícil tener en cuenta la posibilidad de que haya personas capaces de hacer algo sin referirse de modo particular, frecuente, o incluso coherente, a las autoridades establecidas.

Las técnicas de enseñanza Sufi, en su forma verdadera, dependen en gran medida de una interrelación entre maestro y discípulo, y entre estos dos y la comunidad de místicos en su totalidad. La "corriente" que fluye entre estos, de acuerdo a los Sufis, es el elemento más importante en su existencia y progreso.

Dada esta declaración, es posible discernir que muchos de los así denominados grupos y Maestros Sufis de hecho no lo son, ya que el elemento de la corriente está ausente. La naturaleza esporádica de la actividad Sufi, cuando acaso haya – en una verdadera escuela Sufi – una conferencia o una serie de ejercicios (puede haber una conferencia o instrucciones precisas, o puede que no las haya), concuerda con esta corriente. La fluctuación de actividad es paralela a la fluctuación de potencialidad y al conocimiento del maestro de un modo que no ha de encontrarse, hasta donde sé, en otros sistemas. Esto no prueba necesariamente que el sistema Sufi sea verdadero o superior, pero implica una marcada distinción que no ha sido resaltada, que yo sepa, en la literatura.

Esta característica de fluctuación conduce naturalmente a otro de los aspectos "extraños" de la organización de enseñanza Sufi. La extrañeza radica en el hecho de que, a diferencia de otros sistemas místicos o filosóficos, los Sufis frecuentemente organizan sus estudios en torno a comunidades y proyectos que no se reconocen instantáneamente como "espirituales". Todo el mundo, por ejemplo, tanto en Oriente como en Occidente, sabe lo que es un monasterio. Como asentamiento o congregación de personas bien puede desarrollar proyectos de tipo económico: agricultura, apicultura, la producción de vinos o licores, diversos oficios. Pero estas actividades son siempre consideradas como elementos que contribuyen al mantenimiento de la fundación. Los Sufis, sin embargo, manejan "singularmente" todo tipo de proyectos. Una escuela Sufi se puede centrar alrededor de una colonia de hojalateros o de una fábrica, tienda, o del manejo de una gran casa y sus campos. Incluso algunas de las agrupaciones repetitivas y formalizadas a veces conservan vestigios de este concepto. Entre los Bektashi, por ejemplo, se encuentran las reliquias de una familia, con ciertos funcionarios conocidos como el cocinero, el lacayo y otros. En Asia Central esta tradición se perpetúa (nominalmente, no en acción) por el uso del término *khanawad*, "familia", para referirse a un grupo Sufi. Un gran número de antiguas organizaciones Sufis han surgido de la caballería, otro formato; con derviches errantes en Irán que aún llevan (sin saber por qué) tabardos y tienen espadas colgando de las paredes de *Tekkias*, lugares de reunión Sufi, en sitios tan alejados como Bosnia y Sinkiang.

La razón para los diferentes formatos, además del hecho de que indican la flexibilidad del maestro para enseñar dentro de cualquier marco de trabajo, es que debe mantenerse el principio de fluctuación dentro de la forma. Es decir, si el maestro tiene que mantener contacto y una relación con sus seguidores mientras espera (por así decirlo) tiempos propicios para llevar a cabo las prácticas que hacen posible la iluminación, debe tener una forma dentro de la cual mantener la coherencia del grupo. En sistemas deteriorados esa forma es plenamente religiosa: las personas visten ropas especiales, y rezan y meditan en los momentos estipulados. De hecho se han automatizado. Con los Sufis, por otro lado, la necesidad primaria es mantener la cubierta despejada para el "momento" en que la enseñanza pueda tener lugar. Esto requiere que la atención se centre en la enseñanza solo cuando es capaz de actuar, y mientras tanto se llevan a cabo otras actividades. Por supuesto que visto desde una perspectiva, todo esto significa que los Sufis están creando un grupo socioeconómico que cumple la función de "estar en el mundo sin ser de él" (lema

Sufi), sin al mismo tiempo agotar la energía espiritual por obsesionarse con los pensamientos emocionales o evocativos (oraciones, letanías, lecturas y demás) que actúan en la gente de modo condicionante.

Debe admitirse que el principio subyacente en esta interesante organización podría llevar a uno a suponer que realmente está operando un conocimiento inusual. El abandono o la ausencia del principio en prácticamente todas las demás sociedades de orientación espiritual no debería enceguecer a la posibilidad de que aquí encontremos un método y un conocimiento que realmente podrían ser casi desconocidos en cualquier otra parte. ¿Es *este* el secreto Sufi?

La existencia de estas organizaciones, por supuesto, depende – según los Sufis – de la existencia de Sufis con el conocimiento necesario para establecer lo que parecen ser organizaciones profanas, pero que sin embargo están sutilmente relacionadas con la enseñanza, los discípulos y el mundo exterior. Desde que la autoridad Sufi Idries Shah expuso hace algunos años la realidad detrás de entidades aparentemente no religiosas, se han hecho algunos intentos de establecer supuestas granjas, campamentos, negocios y demás cuestiones Sufis, casi siempre por parte de personas que estaban meramente imitando. Como se ha observado muchas veces respecto a Sufis en el pasado, la compulsión a imitar no siempre es signo de engaño, aunque casi siempre es signo de inmadurez. Se advierte a los lectores, por lo tanto, que no adopten simplemente cualquier organización "Sufi" porque afirme estar trabajando en la línea de una organización mundana con un contenido interno. Todos los Sufis auténticos están en contacto directo, y en todo momento en el mundo hay una sola entidad Sufi que maneja la totalidad de la actividad Sufi.

La existencia de un instrumento tan sutilmente afinado como la totalidad de la organización Sufi, con sus propios órganos de comunicación y sus propios programas basados en la percepción directa de la verdad más allá de las apariencias, hace que por supuesto casi todos nuestros intentos de estudiar a los Sufis mediante fuentes secundarias sean vanos. Además, ridiculiza el cuidadoso examen de oraciones, ejercicios y métodos Sufis que se examinan de forma aislada. Un Sufi, si está trabajando en armonía con una operación total, nunca será capaz de indicar (más de lo que un observador puede percibir) cuál es la verdadera función de dicho ejercicio o de cualquier otra cosa: ya que carece de función cuando se lo separa del contexto.

Comentarios de los Sufis actuales acerca de los eruditos

Mohandis El Alouite

Los principales canales de información a través de los cuales la gente obtiene sus impresiones acerca de los Sufis, aparte de los pocos que no siendo miembros están familiarizados con Sufis verdaderos (una pequeña minoría), provienen de la palabra escrita.

Los diccionarios y las enciclopedias son en general demasiado confusos o limitados en contenido para ofrecer algún material útil. Luego están los artículos en la prensa popular y especializada (religiosa, filosófica y académica), que se focalizan innecesariamente sobre un solo punto de vista y no se puede decir que proporcionen un trasfondo adecuado. La tercera fuente de material la constituyen dos tipos de libros de circulación masiva. De estos, el primer grupo son las obras populares que confunden al Sufismo con cultos, con ocultismo o con varios sistemas de pensamiento como el Yoga o Zen. Esta clase de material se ha multiplicado muchísimo recientemente debido al creciente interés en la religión experimental y la psicología. Estas obras son de una calidad muy desigual. Además, raramente son el fruto de una investigación profunda, y en su mayor parte los autores se apoyan en la técnica del "refrito" o en la información suministrada por cultos aventurados. La segunda categoría de libros impresos es la de los autoproclamados "especialistas", con frecuencia orientalistas, cuyas obras se consideran de autoridad debido al cargo universitario o similar de los escritores.

Según parece, las opiniones y reacciones de los Sufis genuinos a este material nunca han sido comprobadas; y por ende este escritor remitió preguntas a varios de ellos, de África, Medio y Lejano Oriente, para determinar su posición.

No es un secreto que los Sufis y los eruditos profesionales (o supuestos) eruditos han estado en desacuerdo desde que están disponibles los registros sobre el tema, lo cual significa más de mil años. Los Sufis ejecutados en el pasado a partir de los testimonios de eruditos incluyen al formidable Hallaj, el gran mártir Sufi. El gran maestro Ibn al Arabi (conocido en Oriente como "el Más Grande Maestro, Sheikh al Kabir") fue arrastrado ante una inquisición y tuvo que convencer a los eruditos de que su *Intérprete de los deseos* era mística y no poesía amorosa. Insólitamente los convenció, mostrando así lo que la mayoría de los comentaristas creen: que él era superior en el debate e interpretación, y no que los eruditos fuesen especialmente susceptibles a la justicia. Las actitudes de los escolásticos medievales, sin embargo, persistieron incluso en la mente de un orientalista tan reciente como el aclamado Ignaz Goldziher, quien – a pesar del testimonio casi unánime acerca de la importancia de Arabi – lo llamó "un estafador", lo cual se sintió capaz de hacer sin la necesidad de aportar ninguna evidencia respecto a sus "estafas".

Los Sufis actuales – uno podría imaginar que de modo acertado, según el trasfondo que acabamos de abreviar – miran a los eruditos con bastante recelo.

Hay dos razones principales para las reservas de los Sufis con respecto a los académicos:

1 Los eruditos indudablemente distorsionan, malinterpretan y desinforman; y los Sufis han aducido numerosos ejemplos de esta tendencia, que combate eficazmente las afirmaciones académicas de objetividad en lo referido al manejo de los materiales, por ejemplo.
2 Los eruditos, mediante la autoridad que suponen tener, tienden a hacer que las personas que los leen piensen que sus materiales y conclusiones deben ser autorizados y correctos.

Los principales comentarios de Sufis contemporáneos, confirmados mediante un examen de obras acerca de los Sufis publicadas por eruditos y "especialistas", son estos:

* Muchas de las afirmaciones hechas son contradictorias; como cuando una "autoridad" dice que el Sufismo se deriva del cristianismo, pero en otra página dice que es autogenerado. En la misma línea, otro escritor conocido dice que el Sufismo está limitado solo a los musulmanes y también que todos los cristianos son Sufis.
* Un número sorprendentemente amplio de estudiantes actuales del Sufismo lo confunden con una especie de ocultismo, y recurren a frases e ideas alucinantes que no pueden encontrar apoyo en los materiales clásicos.
* Los eruditos islámicos en Occidente cometen los errores más infantiles en las referencias a los materiales y contextos de los Sufis, lo cual delata una gran ignorancia del Islam y el entorno de los primeros Sufis.
* Varios eruditos en Occidente evidencian un bajo nivel de conocimiento del persa y del árabe: los principales lenguajes usados en los textos clásicos Sufis. Entre estos están los eminentes profesores Arberry y Nicholson.
* Algunos de ellos traducen materiales mientras que al mismo tiempo admiten no entender el sentido que tienen

para los orientales: un ejemplo es Gertrude Bell, en sus traducciones de Hafiz.

* Muchos escritores imaginan, por ejemplo Birge, que el estudio de un culto deteriorado que usa elementos externos Sufis, tales como la fosilizada forma de bektashismo que aún sobrevive en zonas del antiguo imperio turco, son de hecho entidades Sufis.
* Escritores tales como John Subhan imaginan que formulaciones y prácticas reemplazadas, utilizadas en tiempos antiguos con propósitos específicos, son parte integral del Sufismo.
* La mayoría de los orientalistas no logran estudiar los aspectos vivientes, contemporáneos del Sufismo y sus organizaciones; o no llegan a amalgamar en sus estudios los materiales de primera mano (y a menudo excelentes) recopilados por otros, como por ejemplo Burke (*Among the Dervishes*); Lefort (*Los Maestros de Gurdjieff*) y Fatemi en *Sufi Studies: East & West*.

    Existe ahora una considerable bibliografía de materiales de este tipo, prácticamente imperceptibles para los "especialistas".
* Muchos orientalistas (algunos de los cuales son de hecho conversos a uno u otro grupo religioso minoritario en el Islam) intentan presentar el Sufismo como un aspecto del área con la que simpatiza el escritor. Esto es particularmente marcado entre ciertos eruditos occidentales chiíes que intentan probar las raíces chiitas de los Sufis. Este enfoque "tribalista" hace que gran parte de su obra, quizá afortunadamente, sea casi ilegible; y de valor muy escaso o inexistente, excepto como curiosidades de credo.
* Un sorprendente número de estudiantes orientalistas modernos confunden de modo regular a los cultistas

imitadores que dirigen supuestos grupos y movimientos Sufis con el artículo genuino.

Aunque los Sufis genuinos pueden fácilmente plantear un dilema sin respuesta para la relativa incompetencia de los eruditos en el campo de los Sufis, naturalmente esto no establece la autoridad de los Sufis como Sufis. ¡Solamente muestra que los Sufis, en general, son mucho mejores eruditos que los eruditos mismos!

Peculiaridades y uso del lugar de reunión Sufi

Ferrucio Amadeo

La mayoría de los nombres del lugar de reunión Sufi son tradicionalmente tomados del persa y el árabe. Los más conocidos son: Hujra (sala); Zavia (rincón); Tekkia (un lugar de apoyo y reposo); daira (un círculo); dar al baraka (morada de bendición).

El uso más antiguo y legítimo del lugar de reunión es que debe reservarse para ocasiones específicas. Se dice que esto se debe a que la configuración de la sala u otro lugar está diseñada para atraer y concentrar una cierta fuerza sutil (baraka), que se acumula y disemina entre aquellos que asisten a reuniones. Si, según este alegato, demasiadas personas usan las instalaciones muy a menudo, no solo se disipará esta baraka sino que además la "impresión" de las características negativas de los presentes perturbará la atmósfera y puede incluso desembocar en comportamiento cultista o extravagante.

Esta restricción, sin embargo, no se respeta en la mayoría de las comunidades que se autodenominan Sufis; y de ahí que esto pueda usarse como una medida para decidir si – después de todo y no obstante su prestigio – no son realmente apenas remanentes automáticos o fósiles.

También se pueden llevar a cabo reuniones especiales para concentrar energía. Pero el uso del lugar de reunión, que por lo tanto tiende a parecerse a un instrumento ante todo, depende de la presencia de un maestro que conozca cómo los individuos y las actividades concentrarán la energía necesaria.

La relación entre las personalidades de los presentes es extremadamente importante de acuerdo a la sabiduría tradicional. No se puede formar o utilizar un lugar de reunión de este tipo a menos que haya una comunidad de al menos 400 personas. Se dice que esto es así pues hace posible la selección de esos 30 (como mucho) que podrán tomar parte en el proceso y también suministrar la gama de "tipos" que se necesitan para absorber y generar la fuerza sutil necesaria.

Como puede esperarse con tal "instrumento", se considera de importancia fundamental el tamaño, la forma y localización del lugar, junto con los materiales empleados.

Las dimensiones, ubicación, decoración interior y accesorios están sujetos a los arreglos y cálculos más cuidadosos. Por ejemplo, el latón y la madera, junto con las cerámicas y la lana (pieles de cordero), son importantes para recolectar y reflejar la "baraka". El cómo, cuándo y dónde son colocadas – e incluso por quién – es objeto de la más cuidadosa consideración.

Se debe tener en cuenta la actitud de las personas que ingresan a la sala, ya que afecta los procedimientos que se llevan a cabo allí.

Cada individuo, sin embargo, puede pertenecer a más de un "tipo", ya que los Sufis mantienen que todas las personas están compuestas por numerosas personalidades diferentes, más o menos desarrolladas, y que la agrupación de tales personas maximizará o minimizará sus tendencias, para beneficio o detrimento del progreso del grupo y de los individuos que están en búsqueda de la conciencia superior bajo la guía del maestro.

Se observará que gran parte de estas consideraciones han caído en desuso en los grupos Sufis que son generalmente accesibles para la mayoría de los investigadores.

Además, las fotografías de supuestos lugares de reunión Sufi indican que tienden a estar llenos de accesorios de valor meramente tradicional o significado sentimental: algo que la mayor parte de la actividad Sufi tradicional está dedicada a evitar dondequiera que se encuentre.

Cuando el lugar de reunión se denomina *sama-khana* (sala de audición), a menudo se usa en grupos deteriorados para todo tipo de propósitos, tales como reuniones, "danza" y otros ejercicios, lo cual es un signo del deterioro de la Enseñanza de acuerdo a las principales autoridades.

Tradicionalmente, la construcción u organización del lugar de reunión es de suma importancia. Los antiguos relatos del establecimiento de tales lugares parecen coincidir en ciertos principios y prácticas. En primera instancia, el maestro reunirá a cierto número de seguidores; luego proporcionará un lugar de encuentro pequeño e introductorio. Mientras se hacen los preparativos para el último gran lugar de reunión, el existente se usará cada vez menos. Se dice que esto se debe a que se reserva para la acumulación de la baraka que será almacenada y transferida al lugar de reunión final cuanto esté listo.

La recaudación de fondos para el Gran Lugar de Reunión se aborda con considerable cuidado y atención. En primer lugar, no se efectúa una colecta de fondos como tal, ya que se considera una manifestación del accionar de la baraka cuando la gente dona sumas de dinero espontáneamente para tal propósito. Se cree que, sin ninguna sugerencia, los fondos para el lugar de reunión comienzan a aumentar exponencialmente como una bola de nieve a medida que la necesidad del lugar y la impresión de la acumulación de la baraka se filtra directamente (subliminalmente) en las mentes de los discípulos. Tan pronto como esto ocurre, ellos comienzan a acumular fondos; algunas veces, al igual que en otras tradiciones devotas, se desprenden de gran parte de su propiedad y las sumas resultantes se entregan en efectivo, siempre de modo anónimo y en secreto, al Maestro.

Se podría pensar que el incremento del costo de la propiedad en todo el mundo, y más particularmente en Occidente, ha ralentizado este proceso. Pero cuando se entiende que algunos lugares de reunión de los Sufis del pasado fueron construidos y organizados – o reconvertidos a partir de edificios ya existentes – a un costo igual a la mitad del total de las posesiones de los discípulos, es fácil ver que hoy la cantidad equivalente, en estas sociedades occidentales relativamente opulentas, sería colosal... y muy por encima de los costos edilicios actuales.

Del mismo modo que en otras comunidades espirituales, el grado de sacrificio material que los miembros están dispuestos a realizar se considera un indicador de su generosidad: algo que a su vez afecta favorablemente su capacidad para beneficiarse de la Enseñanza.

Mientras puede que tal idea no agrade a aquellos que mantienen reservas acerca de la validez del sistema Sufi o cualquier otro, no puede negarse que los grandes Maestros del Camino siempre se han adherido a esta práctica, incluso aunque fuesen reyes u otros que no tenían necesidad alguna de la sustancia material entregada para el lugar de reunión.

Curiosamente, se dice entre los Sufis que la construcción de las pirámides egipcias se originó de la misma manera. Es decir, cierto número de iniciados donaron las necesarias sumas colosales para producir las "casas de poder", que fue la función de las pirámides de antaño. Por cierto, se considera que estas ya han agotado sus funciones y que ahora son incapaces de atraer y acumular "baraka".

Se cree que la forma octagonal es la más importante para tal edificio, y que el latón o el cobre atraerán la baraka: aunque solo si el conocimiento especializado que tienen los maestros es puesto a disposición del proyecto.

La luz, el sonido, y algo más no especificado, actúan dentro del edificio para proporcionar la sustancia que se supone realiza el "milagro" Sufi de la iluminación.

Las autoridades Sufis señalan el hecho innegable de que personas de todo el mundo han construido edificios colosales y asombrosos como parte de sus actividades religiosas, y añaden que originalmente estos estaban concebidos para actuar como una especie de instrumento científico, trabajando principalmente con el factor baraka.

Como se puede comprender, la información sobre este punto es difícil de obtener. Pero hay evidencias de que estos "concentradores" aún se siguen construyendo y adaptando a partir de otros edificios adecuados.

Evitando a imitadores

Ghashim Mirzoeff

DURANTE LA EDAD Media, los escritos de grandes Sufis como al Ghazali e Ibn al Arabi influenciaron profundamente el pensamiento religioso y científico de Occidente. No es muy descabellado afirmar que el pensamiento filosófico y religioso occidental, así como gran parte de la literatura europea, ciertamente no sería lo que es, en contenido o calidad, sin la influencia Sufi; la cual ha sido documentada por un creciente número y variedad de investigadores en el propio Occidente.

Parece haber pocas dudas sobre el continuo intercambio que ha existido entre los Sufis y Occidente; numerosas investigaciones recientes indican esto. Esta intercomunicación, no obstante, parece haberse "aclimatado" muy pronto: los hombres extraños con raros gorros y turbantes que cantan y giran, mencionados con aprobación por Ramón Lull hace siete siglos, es muy probable que hoy sean hombres y mujeres que se sientan en casa tanto en Occidente como en Oriente. También es factible que sean personas que han adaptado las ideas y prácticas tradicionales ligadas a la cultura de Oriente al entorno de Occidente; que hoy, por supuesto, incluye las Américas y lugares tan alejados como Australia y Sudáfrica.

Pero hay otro estrato de supuesta actividad "Sufi" que ha invadido Occidente, y que se basa claramente en los cultos excitadores (primitivos y chamánicos) de Oriente Medio, o como alternativa en las aventuras de ciertos "maestros" espurios o autoengañados que han invadido Occidente de modo regular desde la época victoriana. Examinemos ahora algunos de ellos.

Los más numerosos emanan del subcontinente indopakistaní. Escasean aquellos con buena formación, aunque muchos poseen lo que parecen ser diplomas impresionantes de las universidades locales. Tienden a preferir atuendos extraños, barbas e incluso turbantes. Realizan viajes a través del mundo, contactando en lo posible tanto indios y pakistaníes locales como también ciertas personas occidentales que han oído hablar acerca del Sufismo; intentando presentarse como maestros legítimos. Suelen ser ignorantes y habitualmente tratan de que la gente local forme grupos de estudio y que recauden dinero. Aunque cuentan historias acerca de sus orígenes y sus importantes maestros espirituales y ancestros, ignoran los materiales más amplios acerca de los Sufis, y son siempre reconocibles si se les hacen preguntas acerca de los fundamentos de los libros clásicos Sufis, de los cuales en general tienen apenas un conocimiento mínimo. Los auténticos "misioneros" Sufis siempre hablan perfectamente la lengua del país en el cual trabajan. Los tonos acentuados de los aventureros los delatan frecuentemente.

El segundo grupo emana habitualmente del Norte de África, en particular de Argelia y algunas veces de Egipto. Claramente han de ser reconocidos como sectarios pues se adhieren a un número limitado de técnicas excitadoras, y dependen mucho de la supuesta santidad de sus "santos", sobre quienes hablan muchísimo. Habiendo originalmente hecho considerables incursiones en ciertos círculos intelectuales franceses, ahora se han extendido a varios otros países. Al igual que con otros cultos secundarios, han tenido éxito en inducir a algunos orientalistas a considerarlos como expresiones genuinas del Sufismo; aunque esto refleja el escaso conocimiento de estos eruditos sobre el fenómeno.

El tercer grupo de supuestos Sufis son aquellos que han quedado fascinados por los así llamados derviches "danzantes" de Turquía. Algunos de ellos emanan incluso de la propia Turquía, pero en general son seguidores de un mero culto, aunque declaren descendencia espiritual del ilustre Jalaluddin Rumi, maestro de Konia. De hecho, como bien se sabe, el propio Rumi prohibió "danzar" excepto en ciertos casos específicos. Además, en todos los círculos Sufis la "danza" y todo este tipo de movimientos está restringido a los trabajadores, ya que el efecto del movimiento y de la música no es para los participantes, sino para los observadores. Es por ello que incluso las salas musicales de los Mevlevi técnicamente se denominan Sama-Khana (Sala de Audición), y no "Sala de Música" (participación) o "Sala de (participación en la) Danza". Los Sufis son notoriamente cuidadosos en el uso de las palabras, y este punto está bien atestiguado a través de la referencia a los maestros clásicos. Lo que ha perpetuado la sed de participación en la música y la danza es nada menos que la aspiración específicamente vedada por los Sufis verdaderos: el deseo de estímulo emocional.

Los "danzadores" abarcan un amplio espectro: desde los autoengañados seguidores y descendientes imaginarios del camino de Rumi hasta los autoproclamados maestros que meramente han asistido a los deteriorados ceremoniales del culto.

Además, les encanta vestirse con gorros altos y túnicas ondeantes.

Irán, en los últimos años, ha dado origen a una serie de sectas igualmente espurias que se autodenominan Sufi. Ninguna de estas es considerada legítima por los Sufis auténticos de Oriente, aunque su número está incrementándose tan rápidamente – con seguidores también en Occidente – que acaso muy pronto sean aceptados como genuinos por los occidentales.

También hay varios árabes errantes, acaso sean o no sinceros, que están llevando a cabo supuestas actividades Sufis en Occidente y Oriente. Alardean de lo que parecen ser credenciales impresionantes y, sin embargo, la mayoría son extremadamente ignorantes acerca de las verdaderas bases y procedimientos de los Sufis. Tienden a amalgamar fragmentos de actividad Sufi de cualquier fuente, especialmente de libros.

Los Sufis auténticos hacen todo lo posible para evitar cruzarse con tal gente, en parte para impedir que ellos pretendan tener su bendición.

La obra y los escritos de Idries Shah en años recientes ha servido para señalar a muchos de los practicantes espurios; dado que los materiales publicados por Shah proporcionan una base a partir de la cual evaluar al menos a algunos de los aventureros.

El buscador occidental visto a través de ojos orientales

Alirida Ghulam Sarwar

La mayor parte del material acerca de los Sufis y otros enfoques espirituales disponibles en la actualidad adopta la forma de relatos de antiguos encuentros entre Sufis y otros; o de evaluaciones occidentales de Sufis y supuestos Sufis en Oriente y su labor en Occidente. Es casi imposible encontrar algún informe de cómo los Sufis de Oriente ven al buscador de Occidente, sus puntos fuertes y debilidades y su modo peculiar de acercamiento.

Por supuesto que aquí "peculiar" se usa en el sentido técnico de "especial" o "característico", ya que por lo general la gente de Occidente, que en su mayoría comparten una cultura común, tenderá a abordar y considerar algo fuera de su formato – así como dentro de él – de un modo condicionado por su propio entorno.

Los Sufis contemporáneos en Oriente tienen una actitud notablemente homogénea para con el buscador occidental. Extensas investigaciones han logrado obtener la siguiente imagen de la personalidad de dichos maestros.

El típico "buscador" occidental está muy condicionando a aceptar nombres, símbolos y etiquetas. Quedará impresionado si algo que ha pensado o sentido parece coincidir con algo con lo cual se topa en Oriente o en escritos orientales; tal es la influencia de las asociaciones sobre él. Esta "tendencia asociativa" lo diferencia del oriental, que querrá saber por qué algo le impresiona tan poderosamenteya que el mero hecho de ser influido por ello no le bastará. El buscador occidental, además, mantiene en su mente una amplia gama de suposiciones e imaginaciones acerca de lo que es espiritual y lo que no lo es. Así como sus antepasados, cuando eran paganos, se escandalizaron porque los antiguos cristianos no rendían honores divinos a los emperadores romanos, sus descendientes se asombran cuando los Sufis no reconocen que ciertas cosas, consideradas sacramentales o espirituales, sean inherentemente importantes en la actividad espiritual. Según los Sufis de hoy, una de las razones por las que una gran cantidad de palabrerío oriental que se ha filtrado hacia Occidente es tan estimada allí se debe a esta tendencia a idealizar e idolatrar cosas que en Oriente se consideran instrumentos o aproximaciones. A estas dos características en la gente de Occidente se une una tercera, aunque algunos Sufis orientales declaran que esta es la característica más prevalente y menos prometedora: este es el hábito de los occidentales a embarcarse en una búsqueda espiritual sin ninguna preparación cuidadosa y autoexamen, así como también su determinación a retener cualquier principio, práctica u opiniones que hayan adquirido a través de toda su búsqueda. En suma, no abordan la enseñanza como una totalidad coherente con algo que ofrecer, sino más bien como algo que al menos debería ser parcialmente amalgamado con sus creencias preexistentes. A menudo las autoridades Sufis se refieren a ellos como "coleccionistas de baratijas", ya que a veces quedan perplejos por esta demanda de enseñanzas que no solo concuerdan con un patrón preestablecido, sino que también incorpora fragmentos al azar de otras enseñanzas que hayan captado el capricho del "buscador".

Los diagnosticadores Sufis afirman que esta tendencia está vinculada con el masivo deseo occidental de mantener el control – o al menos la elección – sobre lo que él o ella hace o cree. Además subrayan que esto es un intento descabellado de proteger o destacar: ya que toda la evidencia muestra que los occidentales son intensa y frecuentemente adoctrinados por sus propios sistemas y también por cualquier número de sistemas orientales.

"La respuesta", como dice un Sufi, "es mostrar a estas personas que al intentar prevalecer o mantener sus propias ideas, no se protegen a sí mismos. Cuando alcancen a ver esto, podrán ver que tan solo nosotros estamos librando la batalla contra el adoctrinamiento en asuntos espirituales. Incluso sus propios sistemas no hacen eso; de hecho, no se andan con rodeos para condicionar fuertemente a la gente. A menudo se refieren a los resultados de este tratamiento como "altamente espiritual", o "realmente dedicado", incapaces de observar que el producto es el resultado de la ingeniería cerebral, no de la fe.

Esta afirmación, si es cierta, sin duda merece cuidadosa atención y remedio.

Surgió una sorpresa cuando se le preguntó a maestros Sufis en Oriente acerca de la diferencia entre los buscadores occidentales que querían someterse a un maestro y aquellos que adoptaban una postura cínica. Sin duda, se les preguntó, estos representan dos tipos totalmente diferentes.

De ningún modo, fue la respuesta. "Ambos tipos son idénticos. El denominador común y determinante es que ambos están obsesionados por la certeza. El primer tipo busca certidumbre, el segundo busca retenerla."

Entonces la siguiente pregunta fue: ¿Cuál debería ser la actitud del aprendiz?

"Establecer condiciones previas, como el deseo o rechazo de la certeza, no es una postura que conduzca al aprendizaje.

Solo podrán aprender aquellos que estén dispuestos a aprender lo que allí hay, no aquellos que quieren aprender a través de un método que ellos traen como su principio imperativo.

Por supuesto, dado que el propio preguntador procede de un contexto de mentalidad occidental, fue un tanto aleccionador observar cómo no había podido distinguir la identidad de las "dos posturas" hasta que esto fue señalado. Puede que este tipo de dificultad yazca en el corazón mismo de las disciplinas inspiradas por Occidente a través de las cuales intentamos comprender otras culturas.

Quien escribe hizo esta pregunta a un importante teórico Sufi en Oriente Medio en un intento de obtener una opinión o guía sobre este punto.

"¿Diría usted que nuestras disciplinas occidentales están tan ligadas a una cultura, que no se pueden utilizar para abordar sistemas no occidentales como el de los Sufis?"

La respuesta fue inesperada.

"Los sistemas Sufis son no-occidentales solo en el sentido que de no están muy desarrollados en Occidente. No hay nada intrínsecamente 'oriental' en los métodos Sufis; como tampoco hay algo intrínsecamente 'occidental' respecto a la tecnología por el mero hecho de que se haya desarrollado en Occidente; también ha existido en Oriente previamente, tal como lo muestra la historia de la ciencia.

"Si deseas adoptar métodos occidentales puedes hacerlo, siempre que no te limites a abordajes demasiado estrechos. El más llamativo es pensar que algo que es espiritual debe encajar en tus propias categorías."

Dado que los Sufis sienten un fuerte rechazo por la imposición de hábitos, fue necesario preguntar a sus autoridades cómo esperaban descondicionar o, específicamente, tener un humano que no hubiese sido condicionado.

La respuesta, de nuevo, indica cuán superficialmente uno había leído los clásicos Sufis, ya que estaba contenida en los trabajos de, por ejemplo, Rumi y Ghazali, escritos hace siete a diez siglos:

"Lo que hoy en día se llama condicionamiento es lo que solía llamarse patrones de hábito basados en objetivos inferiores. El método Sufi nunca ha sido interferir con estos patrones, sino más bien suministrar o hacer posible el desarrollo de una conciencia superior que sería capaz de percibir el hábito y regular su validez. Una vez que una persona puede experimentar realmente el valor o no, la relevancia o no, de una forma condicionada de comportamiento o pensamiento, inevitablemente la modificará. Esto es lo que denominamos 'pulir el espejo' en uno de sus aspectos. Si tienes el ceño fruncido y esto se ha convertido en un hábito, y no sabes que el ceño está así, o sabes que lo está e ignoras cómo librarte de ello, estarás en un estado diferente cuando lo puedas ver en un espejo. Instantáneamente, o poco a poco, el reflejo hará su labor: junto con las otras cosas que 'ves en el espejo', ya que en él se encuentra la visión de cómo podrías ser, percibido de manera interior: no, como sucede con ustedes los occidentales, mediante la imitación de otra gente."

Y así una vez más el investigador descubre que el Sufi considera al aspirante a iluminado como alguien que no solo necesita iluminación, sino alguien de quien hay que eliminar una gran cantidad de conceptos erróneos. También se dice que esto es una parte de la progresión mediante la cual "los velos desaparecen". Los "velos" en el camino de la realización Sufi, entonces, a menudo pueden ser ni más ni menos que hábitos que no se pueden abordar, como a menudo intentamos en Occidente, reemplazándolos por otros hábitos.

El último comentario de un Maestro Sufi acerca de este punto parece arrojar más luz sobre el problema:

"La persona occidental tiene actitudes de aspiración loables y censurables. LO ENCOMIABLE ES CUANDO ÉL O ELLA INTENTAN INICIAR EL SENDERO. LO CENSURABLE ES CUANDO IMAGINAN QUE EL BUSCADOR PUEDE ESTABLECER LAS REGLAS."

Resulta interesante que, de todos los Sufis e imitadores visitados y consultados sobre este tema, fuesen los imitadores quienes resultaron incapaces de describir las limitaciones de los buscadores occidentales en estos términos ya que, obviamente, acogían con satisfacción la tendencia hacia la obsesión que con frecuencia mostraban sus propios discípulos occidentales. Sin embargo, se desenmascaraban a sí mismos de algún modo al dar la bienvenida a los occidentales obsesionados como "personas que han visto la Verdad"… mientras condenaban a los cínicos como "gente no preparada para la iluminación". Falsos o primitivos practicantes religiosos han hecho distinciones similares a lo largo de la historia y en todas partes del mundo.

ACTIVIDAD SUFI ACTUAL: TRABAJO, LITERATURA, GRUPOS Y TÉCNICAS

por

Chawan Thurlnas

UNA NOTA DEL TRADUCTOR....

De viejos campos, como ven los hombres
Viene todo este nuevo maíz, año tras año
Y de viejos libros, con buena intención:
Viene toda esta nueva ciencia que aprenden los hombres.

Chaucer: *Parlamento de las Aves*

"En el mundo, no de él"
Procedimientos Sufis, organización "en el mundo"

SUS EMPRESAS DE TRABAJO

El modo Sufi de abordar las actividades profesionales, vocacionales y comerciales se parece al de otras comunidades, pero la semejanza también sirve para ocultar ciertas diferencias rotundas. Discípulos de los Sufis cooperarán en lo que parece ser casi cualquier tipo de actividad: desde las artes y pasando por el comercio, hasta actividades académicas y otras iniciativas en el mundo de la enseñanza. Varios buscadores se asociarán para llevar a cabo un proyecto, ya que la exitosa compleción de una actividad mundana a menudo se considera como un indicio de la necesaria armonización del grupo. En otras palabras, si el proyecto funciona, los miembros del grupo están alineados de una forma que les permitirá beneficiarse de los sutiles impulsos espirituales que el trabajo Sufi está ofreciendo.

Este tipo de patrón es familiar en todos los grupos con un interés común. Tanto grupos religiosos como otros, de corta o larga duración, se pueden encontrar trabajando juntos en una amplia variedad de actividades a través del mundo. La diferencia surge cuando uno examina la teoría y mecanismo de las agrupaciones Sufi y otras.

En el caso de los Sufis, se diseña un proyecto y se hace un intento de ponerlo en marcha. Si este tiene éxito (es decir, si la tienda, factoría, taller artístico y demás, florece en un período razonable de tiempo) se acepta al grupo implicado y sus miembros son seleccionados para ejercicios e instrucciones especiales, que se cree que son capaces de actuar a través de este "organismo" con extraordinaria rapidez y efectividad. El grupo no necesita tener una orientación monetaria: algunos grupos son caritativos, otros están ideados para entretenimiento, otros trabajan en el campo de la planificación, diseño, agricultura e incluso ciertas esferas de la diplomacia. Pero si bien no es necesario que haya un objetivo financiero en la empresa, si esta es una que generalmente produce un beneficio, entonces el índice de su éxito siempre incluye ganancias: y la totalidad del beneficio se pone siempre a disposición del Camino Sufi. El Maestro Sufi habitualmente autoriza el experimento y puede darle la escala de tiempo para que tenga éxito. Si el proyecto no progresa lo suficientemente bien, se considera que la armonización de sus miembros individuales es deficiente, y el esfuerzo debe detenerse. Muchas de esas entidades caen en manos de gente que las "capturan" y las exprimen para su propio provecho. Esto no se considera únicamente reprensible, pues tiene también un aspecto positivo: se estima que el grupo en su totalidad y la operación misma se han deteriorado. El aspecto positivo es que los miembros inapropiados han sido identificados. De aquí en adelante el trabajo, como se le denomina, puede aislarse de este miembro "enfermo".

Esta aplicación de la doctrina de que "el exterior es un indicador de lo interior", subraya fuertemente la creencia de que la armonía produce crecimiento coherente ("orgánico"); y en contraste, que la imposición de patrones sobre grupos nunca tendrá éxito en desarrollar nada. A partir de esto puede verse por qué está registrado que tantos Sufis, a lo largo de la historia, han trabajado vehementemente contra la estructura impuesta. También nos da una pista respecto a por qué los

Sufis (en contraposición a quienes imaginan ser Sufis) nunca someterán a *todos* los miembros de sus comunidades a los mismos ejercicios, o incluso a la misma gama de ideas.

Es cierto, sin embargo, que el organismo Sufi en su conjunto constituye un solo cuerpo. Mas esta es una unidad que solo comprende y maneja el Sufi "realizado". Se podría decir que la unidad es invisible a nivel del suelo.

La gran variedad de algunas de las actividades de los Maestros Sufis, considerada desde este punto de vista, – aunque sea difícil de entender – al menos establece una distinción entre la actividad repetitiva y limitada y la compleja estructura dentro de la cual trabaja el maestro.

Cuando a un importante y muy respetado Maestro Sufi de Oriente Medio se le preguntó su reacción ante lo que a menudo consideramos como verdaderos grupos Sufis – con discípulos atentos agrupados alrededor de un maestro que les proporciona invocaciones y fomenta el uso de vestimentas extrañas y habla constantemente de "unidad", "autorrealización" o "unificación con el absoluto" (en vez de estar llevando a cabo un amplio programa) – él dijo: -"Veo constantemente a tales personas, tanto aquí como en Europa y América. Todo el mundo piensa que son Sufis, excepto los propios Sufis. Siempre que me topo con estos circos me voy a casa a reírme a carcajadas."

EL USO SUFI DE LA LITERATURA

La literatura técnica e instructiva está aceptada plenamente en todas las culturas como una fuente de información y educación. Esto no es un nuevo invento: algunos de los materiales más antiguos encontrados en forma escrita (de civilizaciones desaparecidas hace mucho tiempo) son instructivos y abarcan desde fórmulas comerciales hasta descripciones de la manera correcta de organizar funerales o ceremonias religiosas.

Se ha observado, sin embargo, que cuando los materiales escritos y orales han sido utilizados durante muchas generaciones, pueden adquirir un significado ritualista. Comienzan a ser venerados por sí mismos, por su sonido o por sus antiguos orígenes o reputación.

Entre los Sufis es de alguna manera sorprendente, aunque siempre resulta estimulante, comprobar que solo en grupos deteriorados o secundarios hay algún signo de reverencia por la literatura, aparte de su función instrumental. Como ejemplo, mientras agrupaciones espurias e imitativas (que son frecuentes y se encuentran bien extendidas a través de Oriente) repetirán letanías, oscilando desde gritos de "*Hu*" (¡Él!) o "*Ya Pir*" (¡Oh Maestro!), la utilización de sonidos e ideas en forma escrita o hablada dentro de las legítimas organizaciones Sufis está limitada a la gente, los momentos y ocasiones donde se cree que tiene un efecto específico o, como diríamos en terminología contemporánea, uno técnico e intencionado.

Esta diferencia entre ritualismo y función es tan sorprendente que se puede considerar como la línea divisoria entre el cuasi-Sufismo ignorante y el elemento real.

Las exclamaciones rituales y la reputación mágica de palabras y frases están, por supuesto, muy extendidas en todas las comunidades religiosas. La ausencia de estas en círculos Sufis genuinos puede considerarse como una garantía del modo en que estos materiales son percibidos por los Sufis. No son usados para despertar emociones o intentar causar un efecto, sino que son preservados como una parte de lo que el Sufi llamaría la ciencia de la religión (*Ilm al Din*). A este respecto, el uso genuino Sufi se aparta rotundamente del uso religioso habitual y es asombrosamente similar (o ¿acaso duplica en su propio campo?) a las actividades educativas y científicas.

CONTROLÁNDOSE UNO MISMO Y SER CONTROLADO

Si la habilidad del Maestro Sufi depende de su capacidad de percibir un patrón invisible para otros, y de "atrapar" partes de él para emplearlas como ingredientes de un sistema de enseñanza, también se observa que este maestro debe tener capacidades insólitas de desapego.

La más notable de estas parece ser que el comportamiento del maestro no está motivado por sus necesidades, pensamientos, deseos. Está planeado y ejecutado de acuerdo a las necesidades del aprendiz.

Es por ello que a menudo se dice, por ejemplo, que "la ira del maestro es mejor que el elogio de cualquier otro individuo; ya que él está enojado para ayudar a moldearte mientras que otros están complacidos por cualquier otra razón".

El desapego, que se considera un objetivo superior de naturaleza espiritual en otros sistemas, es el logro más insignificante para los Sufis. El desapego, de acuerdo a esta línea de pensamiento, libera a un hombre o mujer para tomar decisiones, para ver, para existir.

Pero el sistema Sufi requiere que el Sufi sea capaz de desapegarse o no desapegarse. Otros métodos ignoran este factor. Para ellos, ser incapaz de cualquier otra cosa que no sea el desapego es la "cumbre de la realización".

Para el Sufi, esta clase de desapego no es desapego en modo alguno sino, tal como se lo denomina: "esclavitud al desapego".

Las personas en este estado no son controladas por sí mismas ni por ninguna otra cosa. Este es el tipo de individuo al que la literatura occidental se refiere como "quietista". Entre los Sufis, dicha figura se considera un fracaso. Sus referencias al elevado (o humilde) estado de experiencia que disfruta no son válidas.

Entonces el desapego se convierte en parte de un culto, en vez de ser un peldaño en el sendero del aprendizaje.

Tanto si está basada en la realidad como si no, esta afirmación de los Sufis quizá merezca una estudio detallado. Ciertamente no ha sido observada con detalle por los eruditos, y menos aún por los psicólogos, los cuales tienden a aceptar o rechazar la validez de las actitudes de los místicos guiándose únicamente por las doctrinas psicológicas actuales. Y estas, a su vez, están sujetas a continuos cambios de moda.

DESALENTANDO A MIEMBROS POTENCIALES: "DESVIACIÓN"

Si las renombradas maravillas realizadas por los Maestros Sufis – y la extraordinaria importancia que alcanzaron, inigualada por ningún místico en el contexto occidental – atrajeron multitudes de discípulos, su política de desviación sirvió ciertamente para causar gran confusión. "Desviación" (*kaj-kardan*) sería hoy en día denominada en el argot psicológico "tratamiento de aversión". La gente que a través de los siglos ha mantenido – según los registros – una postura más enconada para con los Sufis a menudo resultan ser aquellos que se postularon para el discipulado y fueron rechazados. Los métodos de rechazo Sufi, sin embargo, tienden a especializarse en hacer las cosas desagradables para el aspirante a discípulo, de modo que es desviado mediante la acción que las palabras o el comportamiento del Sufi ejercen sobre las preciadas suposiciones del candidato.

La desviación puede tomar tantas formas como la ingeniosidad de pensamiento del Sufi. Rabia de Basora enfureció a teólogos limitados que ansiaban iniciación, al decir: "Voy a quemar la Kaaba", el lugar más sagrado del Islam. Los clérigos la denunciaron como apóstata. Ella, sin embargo, explicó a gente con más discernimiento, que sería necesario quemar la Kaaba si la gente la tomaba como un ídolo, lo cual indudablemente algunos han hecho.

Cuando recientemente se le preguntó a cierto Sufi ilustre si no era mala política apartar a poderosos eruditos mediante los métodos de desviación, este respondió al actual escritor: "¡No, porque estas personas son generalmente tan desagradables que su enemistad le indica a gente pensante que es improbable que seamos tan desagradables! Recuerda, solo una persona mezquina es afectada por los métodos de desviación..."

Los Sufis modernos desvían a miles de cultistas que tratan de unírseles al rehusar ser vegetarianos, usar perfumes indios, vestir extraños atuendos, pronunciarse acerca de asuntos en boga, o incluso denunciar todas estas cosas. Esto, más que cualquier otra cosa, ha establecido la rotunda diferencia entre Sufis genuinos y aquellos que posan como tales. Estos últimos son siempre visibles porque hacen concesiones con lo que los cultistas obsesionados ya creen. La astrología, la numerología, extrañas creencias, la formación de comunas, los agrupamientos aleatorios de "personas con ideas afines", caminatas y expediciones, autobautizarse con títulos que ahora no son utilizados por los Sufis (Murshid, Qutub, Dada, Maula, Pir y Hakim son algunos de los que parecen haber sido abandonados, ya que en ocasiones han sido usados caprichosamente): todo ello es muy apreciado por los parásitos que imaginan ser Sufis y que reciben enseñanza de los Sufis, cuando ambas partes están habitualmente autoengañadas.

Quizá la forma más notable de desviación es cuando los aspirantes se dirigen a una entidad Sufi y buscan admisión como "discípulos" o "seguidores". Ya que los Sufis, como cualquier otro organismo educativo, primero tiene que determinar la idoneidad del candidato, casi siempre requieren que el novicio se someta a un curso de estudio para prepararlo mediante la eliminación, en primer lugar, de conceptos erróneos. Esto no es más oneroso, por supuesto, que esperar que un médico brujo que quiera estudiar medicina, primero se familiarice con el principio de que la ciencia es diferente a la magia. Pero el solicitante, casi por definición, quiere ser estimulado: no quiere ser informado ni que se le ayude a desarrollarse. (Tenemos que ser cautos aquí con el uso de los términos, ya que alguien que quiere iluminación y sensación a menudo imaginará que se está acercando a eso al decir que quiere "enseñanza").

La desviación ocurre cuando las expectativas del postulante son defraudadas. No es extraño que aspirantes a Sufi digan que han solicitado unirse a otro camino ya que no han recibido respuesta a sus cartas, o que han "esperado ocho semanas" (u ocho o más meses) "y no pasó nada". Todo lo que estaba ocurriendo era que la autoridad Sufi se estaba preparando para suministrar los programas de enseñanza necesarios.

Por supuesto que una y otra vez encontramos en los materiales de enseñanza Sufi que la gente perdió su oportunidad al no tener suficiente paciencia. En términos realistas, esto simplemente significa que el solicitante no estaba buscando lo que los Sufis suministran. Él (o ella) quería excitación. Los Sufis son capaces de suministrar únicamente el camino *adecuado* al conocimiento.

La necesidad de desviación ha ocasionado, por supuesto, la mayor incomodidad y molestia posibles en aquellos que imaginan que son apartados de los secretos o que están siendo tratados con desdén: mientras que en realidad están ya parcialmente en el sendero y necesitan con apremio enderezar su aproximación al aprendizaje.

LA IDEA DE EMPRESAS ORGÁNICAS

Si las actividades originadas por aspirantes a Sufis proporcionan (a través de su éxito o fracaso) un indicio del progreso del individuo y de toda la membresía, el formato "trabajo por el trabajo" ofrece un ejemplo de la estructura total de la "congregación" u "organismo".

"Trabajo por el Trabajo" significa esencialmente participar en una empresa establecida y controlada por el Maestro Sufi. En su forma más común, esto implica el establecimiento de una *Khanqah* (monasterio) o *Zavia* (lugar de actividad) donde se puede realizar todo tipo de actividades, desde las domésticas y agrarias hasta procedimientos y ejercicios especiales. La mayor diferencia entre esta organización (Sufi) y las pertenecientes, por ejemplo, a denominaciones cristianas, budistas y otras, es que el curso de estudio no es fijo sino modificable, el número de participantes puede ser grande o pequeño (acaso fluctúe), puede no existir regularidad aparente en las actividades.

Se cree que la comunidad es un organismo que está cambiando constantemente. Las experiencias de la unidad humana individual tienen que cambiar periódicamente para producir un "desarrollo" pleno (conocido como maduración) y una armonización (conocida como *Hamdard*, afinidad, literalmente "respirar juntos").

Aquí se ve un ejemplo de la interrelación de factores en el sistema Sufi en materia de actividad constante e irregular. Mientras los Sufis mantienen que la irregularidad de las actividades refleja el ritmo de otra dimensión (espiritual), la falta de familiaridad con este comportamiento ejerce presión sobre aquellos que buscan actividad constante o regular, conduciendo a muchos de ellos a autoeliminarse del curso de estudio. De ahí que se emplee el proceso de aprendizaje mismo para tamizar estudiantes y disuadir a aquellos que no pueden armonizarse con él, sin decir una sola palabra. Los Sufis tampoco intentan explicar qué es lo que ha ocurrido; con el resultado de que muchos estudiantes frustrados siempre han afirmado que "nada ocurre entre los Sufis", sin ser refutados.

Cuando están trabajando para una causa, se puede decir que los laicos y aquellos de otras confesiones religiosas ya han sido convertidos; o al menos, que tienen fe o creencia o admiración: lo cual hace que estén atraídos e involucrados en el trabajo que es el objetivo de la comunidad. La tarea global de la empresa puede ser, por ejemplo, poner en funcionamiento la caridad cristiana al ayudar a los pobres o afligidos, los menos afortunados. Puede tomar la forma de acción social o psicológica. En el caso de los Sufis es diferente.

Entre los Sufis, es solo el maestro quien conoce el patrón del trabajo y quien organiza su forma y cadencia. Ya que su objetivo es iluminar al buscador, esta iluminación no puede existir (así reza el argumento) en el punto en el cual el discípulo entra en el movimiento. Él aún tiene que aprender. La actividad Sufi, por lo tanto, es más como una escuela, una actividad educativa, cuyos miembros están allí fundamentalmente para seguir el curso que les dará la habilidad para cumplir funciones más avanzadas. La participación no proporciona los intereses emocionales o recompensas inmediatas (o castigos) que están implícitos en la participación en otras organizaciones espirituales. Es solo por este motivo que debe admitirse que el concepto asumido durante mucho tiempo de que "todas las empresas religiosas son en última instancia iguales" no puede sostenerse tras un examen minucioso del camino Sufi.

Entonces, ¿qué es lo que atrae en un principio al aspirante a Sufi a la escuela?

Los Sufis mismos dirán que puede haber cualquier razón o ninguna. Raramente – o nunca – emplean el razonamiento inverso que sostiene que el hecho de que el solicitante desee unirse demuestra que se siente atraído por lo Real. El rol del maestro, sin embargo, es mantener una relación saludable con el estudiante sobre la base de alguna forma de cooperación; y a partir de ahí dirigir su desarrollo a lo largo de las líneas que la escuela, el individuo y la actividad en conjunto hacen posible.

Este mismo concepto concentra en el maestro una considerable autoridad, casi en el límite de la omnisciencia. Él tiene un campo de acción muy amplio, y eso implica que tiene un conocimiento que está a disposición de poquísimos humanos.

Cuando el argumento fue presentado por el presente escritor a un importante Maestro Sufi, la respuesta fue, literalmente, la siguiente:

> La importancia o autoridad es más imaginaria que real cuando se expresa en los términos empleados por ti. Observarlo de este modo debería permitirte verlo tal como es realmente:
>
> Si un hombre, que ha estado acostumbrado a trabajar en un campo de papas y sabe poco sobre cultivos intensivos y variados, se encuentra con un granjero con conocimiento y experiencia más amplios, bien podría exclamar: "¿Por qué deberías tener tanto poder sobre estos asuntos que yo desconozco?: ¡poda, germinación, la recolección de las flores y no las raíces de las plantas! ¿No hay nadie que te controle? ¿y por qué ejerces un dominio tan variado y errático sobre esta área?"

La naturaleza aparentemente caótica de la actividad Sufi, continuó este informante, podría ser presentada en términos similares: el recién llegado se preguntaría por qué el granjero en cierto momento estaba arando y luego cubriendo plantas y posteriormente cortándolas. Por supuesto, el granjero estaría trabajando con diferentes cultivos, ya que le preocupaba tanto la actividad general como también las plantas individuales y los cultivos específicos.

Hay una circunstancia en la cual los discípulos pueden estar en peligro si siguen a un supuesto Maestro Sufi que se comporta de modo excéntrico. Pueden atribuir sus órdenes o acciones a "pruebas", o "conocimiento oculto", o quizá a que "sigue el Sendero de Culpa" (incurrir deliberadamente en animosidad por razones espirituales), cuando de hecho, debido a los inevitables estragos de la naturaleza, puede que su mente esté dañada.

Como es normal, esta condición ha ocurrido frecuentemente en el pasado; y es esperable que ocurra de nuevo. ¿Cómo saben los estudiantes si su maestro ha perdido el juicio, si se está deteriorando mentalmente?; ya que el cerebro, entre otras cosas, es una máquina sujeta a la decadencia y el deterioro.

En todas las áreas donde hay operaciones Sufis en curso, hay siempre imitadores, víctimas y... escuelas Sufis. Es tarea de la Escuela el asegurarse de que su personal docente (sea el maestro o sus delegados secundarios, los "canales") no sean la única fuente de información por lo que respecta a su propia condición. Es por ello que en Occidente, por ejemplo, la Society for Sufi Studies ha cumplido esta tarea. Lo que es deplorable es que algunos estudiantes pongan tanto celo que se "transfieren" a la personalidad del director sin imaginar que deberían mantenerse en contacto directo con el verdadero jefe del trabajo a través de la Sociedad (en Occidente) y la Mu'assisa (en Oriente). Es una pena que otros organismos religiosos no faciliten garantías similares.

Este escritor ha observado el "Trabajo por el trabajo" organizado en la forma de una granja, una empresa, una escuela y un departamento de administración. A menudo lo imitan quienes han escuchado acerca de él o lo han estudiado, pero generalmente tales intentos fallan por una o más de las siguientes razones:

1 El "maestro" cede a la presión de suministrar actividades para satisfacer los antojos de los estudiantes.
2 Las actividades son seleccionadas a partir de libros o por referencias al folclore.
3 El reclutamiento es al azar.
4 El "maestro" comienza a emplear a los estudiantes para que le sirvan, obtengan cosas para él (quizá incluso dinero) y/o se divierte a costa de ellos.

El concepto de una comunidad de gente que, dentro de la estructura aparentemente ordinaria de un negocio o una casa y sus tierras, pueda también estar trabajando en cierta armonía que activa algo "diferente" – algo espiritual pero no emocional, algo con un propósito más allá de los objetivos aparentes de la empresa –, es sorprendente y tiene implicaciones de muy largo alcance. Una de ellas será el hecho de que cuanto más éxito tenga una escuela Sufi de este tipo, menos se parecerá a lo que la gente imagina que es una escuela Sufi. En vez de ritual, puede haber actividad de un tipo aparentemente mundano; en vez de vestimenta rara, habrá ropas específicas relacionadas con la tarea a efectuar; en lugar de jerarquía habrá cooperación; los cánticos, símbolos y diversos accesorios serán reemplazados por elementos precisos en apariencia conectados de un modo directo y razonable con el objetivo visible de la comunidad. Se ha destacado que este puede ser el origen de la frase "el trabajo es oración", utilizada también en un nivel inferior por aquellos que afirman que el trabajo en sí es bueno moralmente; aunque no en el sentido en que los Sufis lo comprenden: que dentro de cierto tipo de trabajo, realizado de cierta manera y con personas especialmente seleccionadas, residen los medios para realizar una percepción interna.

 He tenido la oportunidad de estudiar varias entidades Sufis que actúan como unidades sociales, incluyendo las que en Occidente se denominarían sociedades culturales: ocupadas en el estudio y disfrute de la literatura y actividades de ocio. Lo sorprendente acerca de estas es que la tendencia humana habitual de convertir un medio en un fin está estrictamente excluida y fuertemente resistida. Por ejemplo, las personas que pierden el tiempo de la sociedad en debate y minuciosa implicación en el funcionamiento diario o procedimientos administrativos (a menudo el verdadero pilar de las asociaciones occidentales) son identificados como opuestos a los verdaderos objetivos de la sociedad: ella existe para que se relacionen unos con otros y se armonicen con "el Trabajo". Si hablan demasiado, llaman excesivamente la atención, aburren o molestan a otra gente – sin importar cuánto trabajo aporten a la entidad – se considera que se oponen a las condiciones que hacen posible la comprensión individual y de grupo hacia la cual están todos trabajando.

 ¡Puede que aquellos lectores que pertenecen a sociedades que albergan activistas compulsivos y defensores de las reglas deseen estar sujetos a la disciplina Sufi!

 Merece señalarse que las formas de organización Sufi mejor conocidas y por lo tanto más "visibles" suelen ser aquellas que se caracterizan por reglas, manifestaciones exteriores y ritualismo: anatema para la auténtica tradición. Por lo tanto es posible que estas formas, consideradas durante mucho tiempo como típicas de las entidades Sufis, sean de hecho visibles solo porque han desarrollado características distorsionadas, externamente llamativas.

Naturalmente, si una organización Sufi puede de hecho tener una semejanza con cualquier tipo de empresa humana, nos enfrentamos con la posibilidad – incluso la probabilidad – de que las conocidas por nosotros en general no sean típicas y difícilmente legítimas; mientras que el "Trabajo Sufi" esencial continúa en formas que, casi por definición, serían invisibles para quien no fuese un observador muy cuidadoso.

Esta habilidad de los Sufis para trabajar dentro de cualquier estructura que consideren conveniente puede haber originado la creencia de que los Sufis son, o tienen, una sociedad secreta; dado que las personas involucradas en una actividad que en apariencia es, digamos, comercial pero que en esencia es espiritual, probablemente se considere que asumen un disfraz. De hecho, sin embargo, la doctrina Sufi mantiene que cualquier organización humana puede ser útil espiritualmente y también productiva en otros sentidos, y por lo tanto debería ser usada ya que cumple dos funciones, ambas loables.

Bien podría ser que nuestra suposición de que – por ejemplo – una sociedad literaria solo pueda usarse para un propósito, revele meramente la relativa ignorancia de las potencialidades de la organización misma.

Después de todo, como dijo un Sufi comentando este asunto: "Un ser humano o un trozo de madera – además de muchas otras cosas – nunca son consideradas para un único propósito: ¿por qué un cuerpo de personas debería estar igualmente limitado?"

Puede que el concepto sea extraño, pero la lógica no es desdeñable.

ENTRAR EN UN GRUPO SUFI

El clásico grupo Sufi no se parece, en el reclutamiento y funcionamiento, a la imagen tradicional del "círculo del sabio". En las formas de instrucción espiritual que nos son familiares a partir de la proyección pública hindú y budista, está la imagen del sabio, rodeado por sus discípulos, que habla o no, dando instrucciones y ejercicios, y en general formando la pieza central de lo que se parece mucho a una familia como nosotros la conocemos.

En primer lugar, no todos los Sufis son maestros. El sabio puede existir para ejercer funciones (eso dice la tradición) que no son perceptibles para el público.

En segundo lugar, el Maestro Sufi enseña cuándo y como puede, no mediante un patrón mecánico. De hecho, los Sufis consideran que los grupos invariables y ejercicios frecuentes y repetidos son indicaciones de formas deterioradas que apenas pueden llamarse "Sufis".

Esto también plantea la cuestión de "¿Quién es un Sufi?" Los maestros clásicos son unánimes en lo referido a: (1) Un Sufi no se autodenomina así, aunque puede que otros le den tal título. (2) Un Sufi es el producto del estudio y desarrollo Sufi, y por lo tanto los buscadores o estudiantes no pueden llamarse a sí mismos Sufis o ser denominados de tal modo, excepto como referencia conveniente. Un "grupo Sufi", por lo tanto, no es "un grupo de Sufis" sino "un grupo de aspirantes a Sufis". Aquellos que no enseñan pero que están buscando, son denominados Derviches ("Los Pobres").

En organizaciones que se han convertido en meros grupos locales o sociales, las personas pueden ser admitidas mediante "iniciación" y tomar parte en todas o muchas de las actividades del grupo. Los Sufis de autoridad consideran que estas entidades, numerosas en Oriente, han perdido su contenido súfico y son meras estructuras de poder. Es importante ser capaz de reconocerlas, tanto si se dan en Oriente como en Occidente, ya que no representan la tradición verdadera, sino una dilución de la misma.

Ya que por definición el postulante a Sufi no sabe qué es lo que va a aprender, y ya que – también por definición – es incapaz de contribuir a las actividades o a la influencia de los Sufis; y dado que no puede reivindicar el derecho a convertirse en Sufi, no existe tal cosa como una solicitud para unirse a los Sufis. La situación, sin embargo, no es tan vaga como esto parece indicar.

Los Sufis tienen, y en apariencia han tenido durante siglos, organizaciones e individuos, tanto en Oriente como en Occidente, que existen parcialmente con el propósito de atraer a personas que ya sienten algún tipo de armonía con el "sentido interno" de los Sufis. Como ya se ha señalado, estas organizaciones generalmente no se presentan en absoluto como "escuelas espirituales", sino que muy a menudo parecen ser asociaciones mundanas de gente. Alguien puede incluso ser miembro de uno o más de tales organismos durante años antes de darse cuenta de que tiene un núcleo interior espiritual.

En países donde la palabra Sufi es conocida, y para ofrecer una alternativa a los cultos que afirman ser Sufis pero que en realidad no lo son, siempre hay alguien que representa lo que se conoce como la Mu'assisa (traducido aproximadamente como "La Institución"). Muy a menudo tal individuo tiene también prestigio en la comunidad anfitriona. Él (o ella) puede ser una figura del mundo literario o jurídico, científico o administrativo. Puede haber varias organizaciones en cualquier país, todas conectadas con la Mu'assisa, que juntas conforman la totalidad de la escuela Sufi, creando confusión entre observadores externos: lo cual es uno de los objetivos en este tipo de disposición.

Los seguidores de este sendero creen que: "Cualquiera que esté sobre un camino recto jamás se perderá" (Saadi, un autor clásico de los Sufis); y, por el contrario, que las personas que se apegan a cultos espurios o diluidos – o que permanecen en ellos – son en parte responsables de esa situación. Se sabe que esto ha sorprendido a quienes suelen imaginar que es el discípulo quien resulta engañado por el infame y falso "maestro místico. Acaso la afirmación de que el aprendiz sea al menos tan culpable merezca una investigación.

Los Sufis, si perciben que algún individuo puede ser un candidato para la enseñanza, a menudo se las ingeniarán para conocer a tal persona y ver si es posible una armonización social así como otra más sutil. En tales casos, la gente abordada no será introducida necesariamente a la literatura Sufi típica. Esto, de nuevo, se debe a que los Sufis (según se afirma) pueden enseñar a través de cualquier formato, y los marcos y literatura que en general se consideran esenciales para el Sufi, de hecho solo forman una faceta de sus actividades. Esta afirmación ha sido subrayada constantemente por los maestros clásicos; pero, por extraño que parezca, que yo sepa ni un solo erudito le ha prestado atención alguna.

Dado que incluso los académicos, incluidos muchos "expertos" en Sufismo mundialmente famosos, no aceptan las afirmaciones de las autoridades del sistema que supuestamente están estudiando, parece que se necesita un acercamiento completamente fresco a los estudios Sufis: esta vez tomando nota de todos los materiales Sufis y no solo de aquellos que parecen coincidir con una imagen preexistente de lo que el Sufi debería ser en las mentes de quienes realmente no saben y que por lo tanto, inventan efectivamente un culto Sufi a partir de un conjunto de ideas obtenidas de un dispar surtido de información.

LOS SUFIS COMO CULTO

Un estudio de los escritos académicos y populares acerca de los Sufis – tanto en persona como a través de su literatura y los comentarios de otros – muestra claramente que hay una gran escasez de información precisa.

Los escritores tienden a copiarse entre sí, hasta tal punto que casi todo un capítulo sobre Sufis y Sufismo, en un libro por otra parte respetable, puede ser sacado de una fuente no verificada. Se otorga el mismo crédito a cultos marginales que pueden haber sido iniciados y dirigidos por charlatanes e ignorantes, que a entidades típicamente Sufis, claramente más auténticas. Una y otra vez puede verse a los eruditos – que no son más que propagandistas – editar y escindir información importante que no se ajusta a su versión acerca de qué son los Sufis y qué es lo que hacen y creen.

En resumen, la situación con respecto a los estudios Sufis es tan caótica que no se puede confiar en la mayoría de los materiales, aparte de las obras de los maestros clásicos.

Dada esta situación, no resulta sorprendente la constante aparición de cultos falsos que eclipsan a los legítimos, proporcionando aún más "información acerca del Sufismo" que ni siquiera vale el papel sobre la que está escrita.

Gran parte de la culpa por esta situación debe ser atribuida claramente a los eruditos de todo el mundo, quienes han carecido de los medios para verificar sus materiales y sin embargo no se han privado de componer vastos tomos, apresurándose a publicar artículos y en general enturbiando las aguas, cuando su tarea debería haber sido una de clarificación ante todo.

Los Sufis, por ejemplo, han sido descritos como gente que inducen al frenesí; que llevan a cabo danzas religiosas; que hacen demostraciones públicas de música, que visten extraños atuendos. Recopilar, casi al azar, tales "evidencias" de prácticas supuestamente estándar e importantes equivale a juzgar cualquier cosa por medio de criterios secundarios y poco confiables. Pero los eruditos y los viajeros no son menos humanos al verse afectados por lo externo y lo dramático. El único error aquí es que ellos no subrayan esto. También el cristianismo podría ser descrito mediante las mismas prácticas que se han considerado características de los Sufis. Hagamos una lista de ellas: la inducción al frenesí se puede encontrar entre los manipuladores de serpientes y otros cultos evangelistas tanto en Norteamérica como en otros lugares; pero este comportamiento, claramente divergente, no se toma como una evidencia de pertenecer al cristianismo. Retomando nuestra lista, encontramos danzas religiosas en las iglesias cristianas del Líbano; exhibiciones públicas de música en el Ejército de Salvación, entre otros; y extraños atuendos en toda la cristiandad. Sumemos todas estas cosas. ¿Constituye esto una imagen de nuestra fe básica en el cristianismo, o significa que los Sufis son de hecho cristianos?

Por supuesto que la realidad es, como casi cualquier sociólogo sería capaz de deducir, que ninguna de estas manifestaciones locales y limitadas tiene mucho que ver con la religión que supuestamente está representada allí.

Entonces, lamentablemente, el estado de comprensión sobre los Sufis tanto en Oriente como en Occidente se asemeja a una evaluación superficial y arbitraria tal como la que podríamos encontrar si, por ejemplo, las "características más importantes" de las vías férreas fuesen descritas por alguien que dijera que eran cosas que causaban muertes, que eran atravesadas por vehículos pintados de verde o rojo, que echaba a perder cargamentos de pescado ya que eran dejados demasiado tiempo en apartaderos, y demás...

La conclusión, basada en los clásicos y en contactos con Sufis de un tipo muy diferente a los estimados por cultistas y comentaristas, es que: "Los Sufis no son un culto, pero no faltan las personas que desean transformarlos en uno".

La literatura occidental – considerada como referencia establecida – y las obras descriptivas que abarcan actividades supuestamente Sufis, casi nunca tratan con grupos legítimos. Su tamaño y la aparente autoridad esgrimida por tales asociaciones de personas parecen haber confundido a los escritores al hacerlos imaginar que se encuentran en la línea principal de la tradición. Entre los escritores que han sido tomados de esta manera, está Sir Richard Burton (en su obra acerca de los cultistas de Sindh); Birge, en su *Bektashi Order of Dervishes*, que es un informe de una serie de cultos contaminados; Brown, en *The Darvishes*, una mezcolanza de información y confusión, basándose nuevamente en manifestaciones secundarias; y varios otros, algunos de los cuales han alcanzado cierto estatus por medio de estos libros prácticamente inútiles. También existen obras de Fatemi, Shah y Shustery, siendo estos los materiales fidedignos que merecen cuidadosa atención.

Un culto puede definirse como un sistema de creencias con prácticas fijas que tienden al adoctrinamiento. Los cultos aprobados en cualquier sociedad tienden a ser los sistemas de creencias "oficiales", el culto nacional (el patriotismo tiene un marco de creencias y prácticas) y cualquier otro conjunto de creencias que apoya el consenso local o que al final no milite en contra de él. Por lo tanto, hablando científicamente, es imposible distinguir entre el Movimiento Boy Scout (por ejemplo) y cualquier otro sistema de adiestramiento religioso o nacionalista; a pesar de que los adherentes y simpatizantes de tales sistemas insistan, con toda probabilidad, en que su propia organización no se parece a otras.

Los Sufis, por otra parte, en sus clásicos y en la labor de sus genuinos exponentes contemporáneos, trabajan contra la formación de cultos y también proveen los medios para distinguir el culto de la organización educativa.

Por esta razón, es imposible etiquetar a los Sufis como miembros de cualquier culto, a menos que escojamos para definirlos a los organismos no-representativos que (por ejemplo) enseñan un sistema único y mantienen un conjunto único de prácticas aplicables a todos o a la mayoría de los participantes.

Por lo tanto, las personas racionales deben aceptar que la reivindicación de los Sufis de ser científicos y trabajar contra la formación de cultos se puede verificar en términos de los métodos más modernos de evaluación. Lo que ha impedido la comprensión de esto es el hecho de que, al momento de escribir, incluso avanzados sociólogos a menudo no han podido absorber la información de qué es un culto, ni aceptar como cultos aquellas entidades de pensamiento y acción que los rodean. Hasta que esta comprensión se difunda entre la comunidad académica y profesional de la sociología y sus disciplinas afines, los pensadores en el campo de la psicología y sociología no serán capaces de discernir el efecto y contribución reales de los Sufis – que se remonta a más de mil años – a su modernísima ciencia. No resulta sorprendente que a los miembros de las profesiones sociológicas les resulte difícil (algunas veces incluso imposible) creer que su campo ya ha sido explorado hace siglos por personas de las cuales jamás han oído hablar... ya que sus obras se encuentran en la literatura de Oriente Medio.

Es evidente que el Sufismo, si examinamos sus documentos y tratamos con sus legítimos defensores de hoy, es tanto un medio para comprender los caminos espirituales como una serie de sistemas que tienen sus propios caminos (métodos).

Aquí yace la clave de la confusión entre las tres clases de personas con respecto a los Sufis. Estas son: los orientalistas, los sociólogos y los cultistas.

Los orientalistas, acostumbrados a tratar con una gran cantidad de formas degeneradas de Sufis, que de hecho no son ni más ni menos que cultos, imaginan que todo el Sufismo tiene que estar compuesto de cultos. Al pensar así, por supuesto, son sin duda culpables de estudio selectivo y pensamiento unilateral, ya que no leen los clásicos acerca de este asunto. El segundo grupo, los sociólogos, han llegado a considerar que todos los grupos de desarrollo humano son cultos, y por lo tanto difícilmente conciban que un pensamiento avanzado acerca de este tema existiese siglos antes de la sociología moderna. El tercer grupo, los cultistas, están buscando cultos, como las otras dos categorías (pero para unírseles, no para estudiarlos), y por consiguiente se adhieren a lo que les parece que contiene actitudes cultistas en el Sufismo. Encuentran muchísimo, debido a la proliferación de formas deterioradas previamente mencionadas.

La noción contemporánea de que los Sufis están de hecho llevando a cabo una misión científica, liderada en los últimos años por su portavoz, Idries Shah, está filtrando lenta pero inexorablemente en la literatura, y finalmente debería alcanzar pleno reconocimiento.

Como sucede con otros descubrimientos, los profesionales tienden a no admitir que han sido incapaces de observar en materiales idénticos algo que otra persona ha ilustrado. Por esta razón, es notable que sean los jóvenes sociólogos y otros quienes hayan sido capaces de examinar los materiales objetivamente. Su autoestima personal no está ligada a la forma tradicional de ver las cosas, plasmada irremediablemente en los escritos de sus mayores.

RELIGIÓN, EVOLUCIÓN E INTEREVENCIÓN

Las grandes organizaciones religiosas, con sus iglesias y templos, clérigos y liturgia, con sus documentos sagrados y su pompa, rituales y monasterios: estas son tal vez las formas más familiares de espiritualidad para la mayoría de los pueblos del mundo. De hecho son, para casi todos, la religión misma. La mayoría de los creyentes consideran literalmente cierto lo que enseñan; su clero (o su equivalente, incluso en sistemas que niegan tenerlo) impone un respeto casi sobrenatural.

Sin embargo, un estudio de los escritos y palabras de los Sufis revela que esta actitud está lejos de ser la de los pensadores nominalmente musulmanes, cristianos o judíos, que han expresado su opinión en esta área. Para aquellos, los elementos religiosos externos – y esto incluye tanto actos externos como sensaciones emocionales – son secundarios. Lo primordial es la fuente experimental tanto de la revelación como de la verificación de la verdad espiritual. Las organizaciones masivas ridiculizaron, temprana y despectivamente, tales actitudes como "gnósticas"; en su origen una palabra para designar a quienes conocen la Verdad última mediante percepción directa. Dado que "gnóstico" se convirtió en burla, cualquier cosa conectada con ello se volvió nociva mediante asociación de ideas y por implicación. El hecho de que algunas sectas y comunidades gnósticas se deteriorasen de vez en cuando hasta convertirse en cultos mágico-místicos no mejoró su imagen; pero lo mismo ha ocurrido con la fragmentación de creencias y la aparición de sectas bizarras en todas las religiones, sin que tales credos fuesen considerados totalmente perjudiciales.

Entonces los aspectos externos de las religiones son secundarios. El hecho de que estén sujetos a un proceso de superficialización y dilución es evidente a partir de las muchas creencias y prácticas que hoy se encuentran en todas las religiones principales y que de hecho, como ciertos puristas señalan rápidamente, algunas veces incluso chocan con preceptos anteriores.

La investigación histórica y arqueológica, de hecho, ha confirmado muchas de las antiguas disputas de los Sufís a este respecto.

Pero si los Sufís han estado en lo cierto – anticipándose a modernos investigadores – al poner de relieve que las estimadas ideas de hoy en día a menudo son desarrollos relativamente recientes en las religiones mundiales, esto no significa que los Sufís coincidan con los eruditos que imaginan que toda religión es una elaboración de tótem primitivo y pensamiento y práctica tabú, desarrollada a través de los siglos conforme las sociedades se vuelven cada vez más sofisticadas.

Los Sufís tienen una idea mucho más intrigante y no menos plausible. Ellos afirman (Rumi, por ejemplo) que el hombre está evolucionando, y que sus ideas religiosas comienzan con la adoración de palos y piedras y luego se desarrollan hacia algo superior. También afirman que, en cierta etapa, estos credos primitivos evolucionan hasta un grado en el cual pueden recibir la intervención de un impulso superior – el divino, del cual la creencia primitiva era la base o precursora – tras lo cual el sistema de creencias se convierte en uno conocedor (gnóstico) que es capaz, siempre que su sistema y enseñanza permanezcan intactos, de actualizarse a partir de la única fuente de toda verdad.

Y la siguiente fase: lo primitivo puede convertirse en lo gnóstico; tras lo cual bien puede deteriorarse de nuevo hacia la forma rígida, fósil, encontrada en la mayoría de las sociedades. O puede permanecer fiel a su forma correcta. Cuando el poder temporal, el del Estado o de los líderes religiosos – que de hecho son buscadores de poder disfrazados – se vuelve supremo, como a menudo ocurre en la mayoría de las comunidades, esta religión interna, la gnóstica, tiene que pasar a la clandestinidad y puede permanecer durante siglos como una corriente paralela, esperando resurgir de nuevo. La propia corriente iniciática, bajo circunstancias tan desfavorables, puede también degenerar, dando origen a sociedades secretas o sectas extrañas. Todo ello causado por la pérdida de la sucesión de enseñanza. Debido al desgaste natural causado por la muerte, la sucesión de maestros puede verse interrumpida y otros se apoderan del sistema. Cuando esto ocurre, la organización habitualmente se encoge y se convierte en una especie de depósito, un abono, que puede fertilizar la siguiente intervención legítima desde la fuente de la verdad, algunas veces llamada en Oriente Medio, *Ornalhaq*, Guarida de la Verdad.

La religión institucional masiva, según los Sufis, también sufre experiencias que primero producen la etapa fósil, donde las personas tienen que ser condicionadas a la creencia ya que no puede suministrar la experiencia interna que ahora está encerrada dentro de su enseñanza o sacramentos. Tras esto viene el período de desilusión, que a su vez conduce a la etapa poslitúrgica, cuando la corriente de la Verdad puede intervenir de nuevo, comenzando el ciclo una vez más.

Es posible representar este proceso en términos esquemáticos:

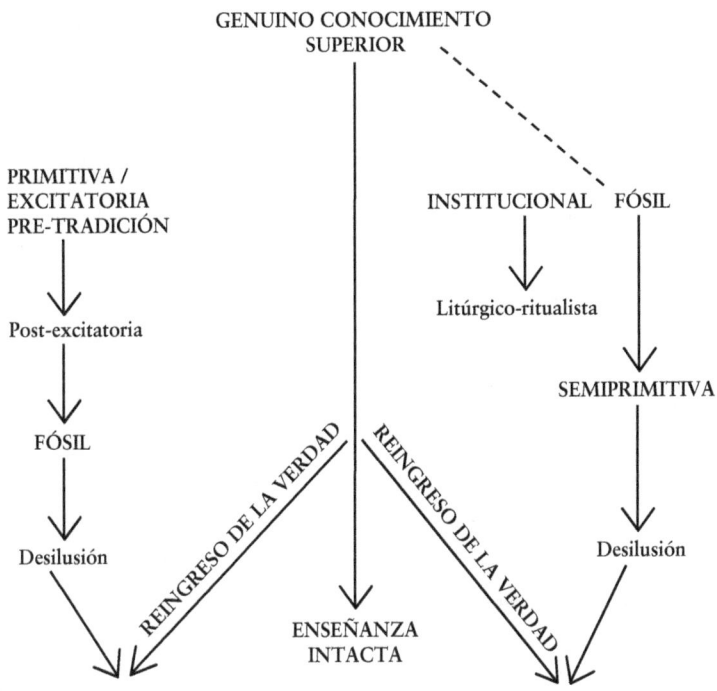

ESCRITOS REPRESENTATIVOS DE LA TRADICIÓN Y POTENCIALIDAD SUFI

A.J. Arberry. *Muslim Saints and Mystics*. Londres 1966. Una traducción parcial de la importante obra de Attar *Tadhkirat al-Awliyya* (*Memoria de los Amigos*). Aunque patrocinado parcialmente por la UNESCO y rindiendo tributo al defenestrado Emperador Muhammed Reza, el mérito literario es difícil de encontrar. El inglés de Arberry es pobre y complicado por una transcripción muy idiosincrática.

Miguel Asín Palacios. *Abenmasarra y su escuela. Orígenes de la Filosofía hispanomusulmana*. Madrid 1914. Una importante contribución al conocimiento del efecto del pensamiento Sufi en Oriente y Occidente.

O.M. Burke. *Entre los Derviches*. Londres 1973, Buenos Aires 1977. Viajes a través de Oriente recopilando datos acerca de grupos Sufís. El mejor informe de primera mano publicado, con un preciso equilibrio entre experiencia y teoría.

N.S. Fatemi. *Sufism: Message of Brotherhood, Harmony and Hope*. South Brunswick y Nueva York 1976. Un equilibrado examen de las grandes figuras literarias de los Sufís, con especial referencia a Ghazali, Rumi, Saadi, Hafiz, Nizami y Omar Khayyam.

M. Gilsenan. *Saint and Sufi in Modern Egypt*. Oxford 1973. Dedicado casi por completo a los cultos tribalizados de bajo nivel, derivados de los Sufís o imitándolos. Los lectores reconocerán la degeneración que Idries Shah ha estado describiendo en cultos falsos desde 1964.

Masud-Ul-Hasan. *Hazrat Data Gank Baksh. A Spiritual Biography*. Lahore, sin fecha. Mal escrito, pobremente ordenado; este es, sin embargo, un ejemplo excelente de la proyección fuertemente religiosa del Sufismo habitual entre los musulmanes actuales. El conocimiento psicológico y punto de vista universal del sujeto, Hujwiri, son casi ignorados.

R.A. Nicholson. *Selected Poems from the Divani Shamsi Tabriz*. Cambridge 1898, 1952, etc. Típico de las curiosidades que abundan en el orientalismo académico, esta traducción y texto tienen partes excelentes, pero también está repleto de traducciones erróneas de palabras y sentimientos persas que nos dan a conocer, más que nada, los puntos fuertes y débiles del conocimiento que el Profesor Nicholson tenía del persa.

R.E. Ornstein. *The Psychology of Consciousness*. Londres 1975. Ver en especial "Sufismo Contemporáneo", pág. 224, donde se evalúa el potencial de los Sufís en el mundo moderno.

Idries Shah. *Learning How to Learn*. Londres 2018. ISF Publishing. Enseñanzas y material descriptivo acerca de la antropología social de los Sufís. Ilumina el material editado por Williams (abajo) y explica los cultos estudiados por Gilsenan (arriba).

L.F. Rushbrook Williams (y otros veintitrés eruditos). *Sufi Studies: East and West*. Londres 1973. The Octagon Press. Examina literatura, historia y proyecciones contemporáneas de la auténtica corriente Sufí, diferenciándola de los cultos deteriorados.

RITUAL, INICIACIÓN Y SECRETOS EN CÍRCULOS SUFIS

por

Franz Heidelberger y otros

Una temporada entre los Sufis

Franz Heidelberger

Lo primero que descubres cuando pasas algún tiempo entre los Sufis es que la mayor parte de lo que se ha escrito respecto a ellos deja de tener relevancia. Mi primer objetivo al contactar con verdaderos grupos Sufis era "actualizar" mi conocimiento y "agregar al inventario de información disponible". De hecho, ambas empresas son imposibles. La razón es que toda la gama de información acerca de los Sufis y el Sufismo – y es colosal – está fuertemente adornada con toda clase de conceptos erróneos, invenciones, imaginaciones y malinterpretaciones, haciendo inútil la "imagen total". Es cierto que parte de esto se debe a los esfuerzos de los Sufis mismos, que protegen su propio inventario de información añadiendo materiales que hacen que el trabajo de los eruditos y de los imitadores potenciales sea muy difícil: de hecho, prácticamente imposible.

Si te concentras, por ejemplo, en los escritos de cierta era en la historia, para intentar averiguar qué estaban haciendo los Sufis en ese momento específico, también descubrirás que lo que se ha perpetuado por escrito, incluso en esa época, no constituye la substancia real o completa del esfuerzo. Siendo imparciales, debería admitirse que los Sufis nos han advertido de esto, diciendo (como hizo Rumi) que los "secretos Sufis son percibidos, no comprendidos mediante palabras". Incluso aquellos Sufis que escribirán para ser publicados, siguen el adagio de que "el Sufi es aquel a quien se le ha enseñado cautela". En definitiva, el único modo de saber qué es lo que están haciendo los Sufis es unirse a ellos… si te lo permiten.

Este *paper* se centrará en ideas que nos parecen extrañas, incluso a aquellos que estamos inmersos en la literatura conocida por el mundo de la erudición, pero que al menos tienen algún tipo de razonamiento, sea en términos familiares o en el mundo especial del pensamiento Sufi.

En cuanto a la cuestión de aparecer en otra forma, "el acertijo envuelto en un enigma" de la realidad Sufi proporciona ejemplos interesantes de cómo el Sufi parece ser capaz de cambiar su apariencia. Hay innumerables relatos de Sufis que aparecen más altos, más bajos, más gordos, más delgados, con o sin barba – de hecho, como personas completamente diferentes – de un momento a otro, o de una persona a la siguiente. Con frecuencia se encontrará a dos o más personas diciendo que un Maestro Sufi tenía cierto aspecto, mientras que otros que lo vieron al mismo tiempo darán descripciones contradictorias. La única explicación para esto, que en absoluto es una solución, es que hay algo "emitido" por el Sufi que perturba o reconstituye la apariencia. Yo mismo lo he notado. Solamente se puede describir como el efecto que uno experimentaría si la persona no estuviese allí realmente, pero que hubiese algo capaz de proyectar a un ser humano completo y cambiar la imagen, en apariencia tridimensional, junto con gran parte – mas no todas – de las características, como el andar, la voz o la vestimenta. Soy consciente de que al decir esto se puede cuestionar mi cordura, pero por otra parte puede llegar un tiempo en que se descubra que todo esto tiene una explicación perfectamente razonable.

Si de hecho existe una capacidad para proyectar imágenes directamente en la mente de otras personas, esto puede explicar la habilidad de los Sufis, testificada innumerables veces, de alterar el comportamiento de la gente. Esto a veces es denominado "sacar a relucir el carácter verdadero" del individuo. Puede mostrarte cómo es esa persona en realidad. Puede ser mejor o peor que la imagen que tienes del individuo. Se dice que se utiliza con fines de enseñanza, y es como si el Sufi pudiese interrumpir o interferir, y reemplazar el funcionamiento de la mente, del mismo modo que una onda electromagnética puede interferir con el sonido de una radio o la imagen de un aparato de televisión.

SACERDOTE, MAGO Y SUFI

Los Sufis, de acuerdo a su propia descripción, luego de haber alcanzado su iluminación personal se quedan "aquí" para ayudar a otros a lo largo del Camino. Pongo énfasis en "aquí", ya que desde el principio existe un problema de definición para el pedante (¿o deberíamos decir lógico?) por el uso de esta palabra. ¿Acaso "aquí" significa "en esta Tierra"? ¿O significa "entre las personas que lo encuentran"? La opinión más fiable parece sostener que el Sufi, literalmente, quiere decir que está de modo voluntario en la tierra disfrazado de humano (tal como lo conocemos) para ayudar a otros...

Esto, por supuesto, introduce el concepto de que existe un "disfraz" (algunas veces lo denominan "atuendo") de la humanidad, y que hay una opción en el asunto. ¿Podrían los Sufis encontrarse en algún otro lugar y apareciendo en una forma diferente si estuviesen allí?

Una vez más, la respuesta debe ser que piensan que la respuesta a estas dos preguntas es "sí". Un Sufi dijo: "Si piensas que esto es extraño, bueno, también mucha gente piensa que eres raro al creer que el hombre tiene un alma inmortal. Cientos de millones de personas en la India creen que los seres humanos se reencarnan. Casi el mismo número de personas piensan que los individuos se pueden convertir en Budas. Por ende, no utilices tus actitudes condicionadas por la cultura para etiquetar a otros por tener pensamientos inusuales." Este método de presentar ideas Sufis en la terminología del siglo veinte (basada en la cultura, etc.) es hoy en día una práctica estándar entre los teóricos Sufis.

Esta podría ser una razón para el uso Sufi de la frase que también suena extraña a nuestros oídos, proveniente de los propios hombres: se trata de "El Sufi es el Amigo del Hombre". [1]

Por cierto, se dice que estos "poderes" son usados por los Sufis también para probar la estabilidad y condición del estudiante. Los Sufis observan a las personas que están sometidas a tales experiencias, sea en ellos mismos o viendo como les ocurren a otros, para determinar si las experiencias les afectan emocionalmente. Si es así, el adiestramiento se detiene hasta que se descubre que ella puede observar en vez de impresionarse. Esta técnica, por supuesto, es opuesta a la del charlatán, que si pudiese la utilizaría para impresionar, no para poner a prueba y seleccionar a aquellos que no respondiesen. Hay que señalar que muchas técnicas Sufis están basadas en el concepto de que una "falta de respuesta es mejor": una inversión directa de nuestra forma habitual de ver las cosas.

No todos los Sufis son maestros (técnicamente llamados "directores"); pero aquellos que sí lo son necesitan capacidades especiales. Nuri, el gran Sufi de Asia Central nacido en Bagdad y que murió en el 908 (d.c), era llamado *Jasus al-Qalb* (Espía del Corazón) porque podía leer los pensamientos de cualquiera, una función que desarrolló mediante gran autodisciplina. Esta capacidad habitualmente la ejercitan los Maestros Sufis solo en su función "profesional": para permitirles ayudar a sus propios discípulos mediante habilidades extrasensoriales, en especial la telepatía. A diferencia del sacerdote, el Maestro Sufi no es visto como un intermediario permanente entre los humanos y el Más Allá. Él es el eslabón, pero un eslabón que tiene que enseñar a otros cómo convertirse en eslabones y cómo escapar de una atadura: es decir, la forma en que se describe al mundo. Las respectivas funciones de los tres principales tipos espirituales tradicionales en las comunidades humanas pueden ser vistas del siguiente modo:

SACERDOTE	CHAMÁN / MAGO	SUFI
Función sacerdotal, que incluye la celebración de rituales, transmitidos mediante una ceremonia. Se especializa en trabajar con organizaciones sociales. Utiliza la emoción y el sentimiento.	Proporciona contacto esporádico con poderes superiores e invisibles. Las técnicas inducidas mediante frenesí inspiran temor (probablemente en sí mismo así como en otros).	Poderes especiales que se conectan con el Más Allá, ejercitados como parte de un plan educativo global. Ha aprendido y enseña mediante experiencia: se opone a la emocionalidad.

Las técnicas Sufis varían, o parecen hacerlo, de acuerdo con la individualidad del maestro y las características del entorno en el que trabaja. De ahí, como ejemplo, que Rumi (murió en 1273) estableciese una escuela, en lo que hoy es Turquía, con ejercicios y poesía. Ghazali (fallecido en 1111) llegó a su audiencia a través de libros, en un formato muy razonado, vigente de Siria a España. Hujwiri (murió en 1072) vivió en la India y afirmó que era importante aprender a través de las vidas de maestros previos y conocer los términos técnicos.

Hoy, nuevamente utilizando los medios que llegan a su propia audiencia y hacen uso de sus propias preocupaciones, Idries Shah, el actual exponente de los Sufis, proyecta la enseñanza en los idiomas de la literatura, la psicología y la sociología. Utiliza también el humor y las tribunas universitarias. Todo esto ha tenido el poderoso y singular efecto que la gente asocia con la aparición de una auténtico exponente del Camino. Acaso deberíamos notar que los Maestros Sufis nunca atribuyen tal éxito a sí mismos, sino más bien a las energías superiores que fluyen a través de su trabajo. Se sostiene que con el apoyo de estas no pueden fallar. No hay duda de que algo ha dado a los tres maestros nombrados en primer lugar una asombrosa influencia duradera; y el último nombrado parece con toda certeza destinado a obtener tal prominencia y alcance.

LOS PUNTOS DE VISTA DEL APRENDIZ Y DEL MAESTRO

Los puntos de vista de aquellos que creen que desean aprender de los Sufis, sin embargo, no siempre concuerdan con la verdadera situación, por muy clara y oportunamente que se presenten los materiales. Muchos de los deseos del aspirante "crudo" (este es un término técnico Sufi), incluyendo aquellos que lo conducen a la Enseñanza, son totalmente inapropiados para que se convierta en un buen discípulo. "Así como la cáscara del huevo protegerá lo que se ha de convertir en polluelo hasta que esté listo para nacer, los hábitos del buscador pueden permitirle llegar al maestro. A partir de entonces, sin embargo, al igual que la cáscara que debe destruirse a picotazos, el neófito debe desprenderse de esta carcasa", dice un antiguo Sufi. Otro me dijo: "La serpiente moriría sin su piel. Cuando llega el momento de mudarla, sin embargo, moriría asfixiada si intentase preservarla".

Los Sufis me han dicho una y otra vez cómo descubren que los buscadores que han consumido años intentando perfeccionarse o incluso mejorarse a sí mismos, solo han "logrado endurecer el caparazón". Esto, como dijo uno de ellos, es porque: "El polluelo hará lo correcto de modo automático, abriéndose camino a picotazos hasta salir del huevo. Esta es una capacidad innata. Pero el ser humano "intentará romper su caparazón" añadiendo aquellas cosas que lo refuerzan". No es de extrañar que los Sufis siempre digan que los discípulos son sus propios peores enemigos.

La explicación Sufi del daño que el discípulo se inflige a sí mismo es que, a diferencia del polluelo, que tiene un programa y virtualmente no hace nada más que intentar escapar del cascarón en el momento oportuno, el buscador humano ya es parcialmente adulto y está lleno de lo que en la actualidad se denominan coloquialmente "complejos". Estas ideas y fantasías originan que se haga a sí mismo todo tipo de cosas que bloquean su progreso.

El conflicto de las expectativas con la realidad, cuando el buscador descubre lo que la Escuela espera, es su primera conmoción verdadera. Pero esto es tan importante que no es exagerado decir que este punto señala realmente el primer contacto auténtico con esa realidad especial que puede denominarse lo Espiritual; y ese es el punto que pone a prueba el potencial del aprendiz. No solo eso: no es exagerado afirmar que cualquier maestro o escuela que no sacuda las principales suposiciones del discípulo no es genuina. Al menos no es efectiva, ya que en tal caso los "velos" (aquellas cosas que se interponen en el camino de las percepciones espirituales) permanecen para ocultar y distorsionar.

Aquellos que no hemos experimentado el contacto Sufi como un fenómeno de enseñanza, realmente no podemos comenzar a comprender lo que es, a menos que hagamos un fuerte esfuerzo para afrontar algo que se encuentra fuera de nuestra comprensión ordinaria. Como se ha señalado, la enseñanza Sufi solo tiene lugar mediante una interacción entre el maestro y su discípulo, siguiendo en muchos casos un período preparatorio en el cual el aprendiz ha sido expuesto a técnicas e impactos especiales, quizá en un grupo establecido por los Sufis con este propósito. El maestro puede enseñar al discípulo sólo cuando las circunstancias son favorables. Esto significa que cualquiera puede tener que esperar durante un espacio de tiempo hasta que el maestro juzgue que el momento ha llegado. Se necesita auténtica fortaleza por parte del discípulo para resistir la espera que esto implica. Esta es una de las razones por las cuales los Sufis enseñan, o han enseñado, a sus seguidores a distinguir entre el deseo de aprender y el impulso a ser estimulado con pensamientos y acciones. A menudo es necesario abstenerse de aplicar cualquier estímulo al aprendiz mientras él o ella están esperando que la *baraka* especial (elevada fuerza espiritual) del maestro esté disponible bajo las condiciones apropiadas.

Pero algunos aspectos de la enseñanza Sufi sí que se plasman en palabras, y nos indican tres cosas sorprendentes, que por cierto pueden ser muy útiles, especialmente para aquellos que aún no han estudiado las enseñanzas clásicas lo suficiente para haber absorbido las lecciones que contienen:

1 Es imposible eliminar, por uno mismo, muchas de las ideas y acciones que descalifican a aspirantes a discípulos.
2 La literatura Sufi, en su estructura (pero no en contenido emocional) ayuda a preparar la mente con patrones que son los factores vitales subyacentes en las historias, biografías, aforismos y demás, que son su aspecto externo.

3 Aquellos que no confían en los Sufis son más propensos a ser desconfiados y no confiables.

Estas afirmaciones fueron realizadas hace siglos (en 1695) por el escritor de *The Testament of One of Us*, Haji Yunus, por las siguientes razones, que los Sufis contemporáneos declaran aún aplicables:

1 Normalmente uno no adivinaría esto, y al contrario (al igual que con todas las demás enseñanzas) imaginaría que debemos ser instruidos en cómo combatir nuestras propias debilidades, y que debemos enfrentarlas en solitario.
2 Nadie se fija realmente en la estructura y el patrón, solamente en lo que de hecho son superficialidades. Todos ansían excitación.
3 Esta afirmación solo puede hacerla un estafador: o alguien que habla con la auténtica autoridad de aquellos que saben lo que dicen. Pocos estafadores, sin embargo, se atreverían a decirlo.

Hoy podemos añadir, a partir del último siglo de investigaciones en psicología, que muchas de – o acaso todas – las personas desconfiadas lo son porque ellas mismas no son confiables...

Parece bastante probable que el surgimiento, tal vez la evolución, de los nuevos "lenguajes" de las ciencias del comportamiento hayan estimulado a las jerarquías superiores de los Sufis, visiblemente a través de Idries Shah, para volver a presentar sus materiales y señalarnos su presencia continua en lenguajes actuales. Después de todo, las principales literaturas de Oriente Medio, cuando surgían, fueron utilizadas por los Sufis hasta tal punto que es casi imposible estudiarlas plenamente sin un conocimiento del Sufismo.

Una vez más, con el flujo de aprendizaje medieval, los Sufis dejaron su huella en los sistemas de pensamiento (cristianismo, judaísmo e islam) que duró hasta la era – bastante reciente – del surgimiento de las "ciencias blandas" a fines del siglo XIX.

Uno está casi tentado a decir que un observador que hubiese discernido la presteza con la cual los Sufis han adoptado durante tanto tiempo el lenguaje actual (ya sea alquimia, poesía, caballería o cualquier otra), probablemente buscaría la sobresaliente voz Sufi entre nosotros en labor intercultural y en las ciencias sociales, además de la psicología en su sentido más amplio, así como en áreas espirituales.

Ahora escuchemos el tono casi sorprendido (y el contenido) de algunos de nuestros contemporáneos observadores occidentales al reaccionar – mientras se despliega ante ellos – a este fenómeno de personas del Oriente que usan nuestras herramientas más modernas. Lo admiran, están impresionados. Pero uno no está seguro de que lo comprendan, o que piensen que así lo hacen; aunque uno puede claramente sentir que perciben su gran importancia.

Tomados según figuran en un catálogo de libros que cita recientes opiniones británicas y norteamericanas sobre libros Sufis, encontramos a los comentaristas intrigados, interesados, impresionados, y seguros de que esto es algo de gran importancia:

"Un vistazo a un mundo que la mayoría de la gente no imagina que existe", dice *The Guardian*. El *American Scholar*, que no tiene la reputación de ser el más innovador de los periódicos, caracteriza los materiales Sufis nada menos que como "un modo de reaprender a usar la mente". "Sorprendentemente apropiados para nuestro tiempo y situación" es la declaración del *Sunday Times* londinense. Lo máximo, sin embargo, proviene de la opinión del escritor en *Psychology Today*: "La obra de Idries Shah debe considerarse uno de los acontecimientos culturales más importantes de nuestro tiempo".

Sentimientos similares también aparecen en la prensa y revistas científicas del Oriente islámico, consideradas generalmente como dogmáticas y retrógradas. Se los puede encontrar en periódicos de circulación masiva como el *Daily Mail* o el *Evening News*, ambos de Londres. La influencia Sufi en Oriente y Occidente para nuestra época sigue su camino. Lo único que podría detenerla es nuestra propia capacidad de comprensión.

NOTAS

1   En Europa, el célebre Cagliostro (1743-95) también fue conocido como "El Amigo de la Humanidad". Aunque un charlatán, esta figura pintoresca parece indudablemente haber pasado algún tiempo entre los Sufis, y acaso haya tenido tareas que realizar para ellos en Occidente, aunque probablemente ninguna en la esfera de la enseñanza.

Órdenes Sufis

Rosalie Marsham

Estaba caminando por una ciudad de Europa un día con cierto derviche del Medio Oriente, cuando nos topamos con una procesión religiosa. Sus participantes iban debidamente ataviados, acompañados por música y blandían su símbolo religioso.

El derviche se detuvo y comenzó a reír: sosegadamente, es cierto, pero las lágrimas afluyeron a sus ojos mientras se apartaba a un lado para evitar que otros espectadores se diesen cuenta de su estado.

Más tarde le pregunté la causa de su alteración.

"La religión, para mucha gente", explicó, "es la forma social de la cual se ha evaporado la función".

Le pedí un ejemplo. Él ofreció este símil:

"Si tú viajases a una tierra lejana y encontrases a personas vestidas con overol de mecánico, cantando acerca de un vehículo sagrado y ensalzando las virtudes y bendiciones que se han de obtener, y llevando como signos de su iniciación brillantes cascos antichoque mientras se dirigen a un lugar sagrado que aún llaman "los boxes", acosados por el temor al "traicionero demonio llamado Grasa", que podría "hacer que se estrellasen en un charco ígneo de petróleo líquido", estarías mirando los restos religiosos de los descendientes remotos de un antiguo equipo de carreras de autos o sus imitadores. Los miembros del grupo, por su parte, estarían bastante seguros de que payasadas arcaicas y altamente parafrásticas constituían algo más... algo que les parecería más importante. Pero te habrías dado cuenta – mientras te sacabas las lágrimas de los ojos – de que para poner el auto de nuevo en la carretera hubiese sido necesario restaurar el adiestramiento de los mecánicos, antes de poder hacer cualquier otra cosa.

Aquellos que han estado en contacto con una verdadera escuela Sufi, así como con los imitadores, reconocerán – por supuesto – el comportamiento de culto engañoso en estos últimos: sus símbolos y rituales, en su uso de la liturgia, en sus suposiciones acerca de lo que están haciendo. Esto es tan evidente que los legítimos preceptores Sufis actuales, aquellos que continúan el trabajo Sufi en su forma prístina, no pueden tener contacto espiritual con las "órdenes". Los líderes, y aún más los miembros de las órdenes, se escandalizarían al escuchar de los exponentes Sufis actuales que en vez de ritual debe existir una sintonía recíproca que fluya entre el maestro y su discípulo, y que de hecho es obstruida por la parafernalia que a los ajenos les encanta considerar "espiritual".

Durante extensos viajes y contactos con los Sufis que se pueden encontrar cuando uno no mira las "órdenes", fui capaz de compilar un catálogo de características de los organismos desgastados que la mayoría de la gente, incluyendo a los "especialistas" occidentales, imaginan que son Súficos.

Como regla general, cuanto menor sea el contenido espiritual, mayores las apariencias. Gorros altos, túnicas y música; el secretismo y los títulos grandilocuentes son muy comunes. "Órdenes" enteras se sostienen mediante estos nutrientes. Varios grupos ponen mucho énfasis en sus conexiones islámicas, y a sus seguidores occidentales les encanta adoptar nombres orientales e incluso títulos. Entre estos los favoritos son Sheikh, Pir, Qutub, Haji o al-Hajj, Murshid y Rais. En esto, por supuesto, suelen seguir las fantasías de sus maestros. Cuanto más deteriorado esté el grupo, más se hundirá en el fanatismo o el libertinaje. Un grupo que tiene ramificaciones por todo Oriente ha hecho mucho para que los Sufis tengan mala reputación dados los siguientes signos que con mucha frecuencia se encuentran entre sus líderes: afición por el licor; excesos sexuales; dar ultimátums a sus seguidores, normalmente una vez al año. Tal es el efecto sugerente de acciones llevadas a cabo al unísono y por orden de otros, que los participantes casi siempre desarrollan un intenso sentido de reverencia, "consciencia" o creencia en el líder y el sistema después de ser sometidos a tales pantomimas. Esto, sin embargo, está en línea con el conocimiento psicológico contemporáneo, aunque no sea entendido ampliamente por el público general, que es el vivero del cual continúan siendo atraídos los adherentes de tales grupos.

Otra característica de las "órdenes", que de hecho constituye una fase "senil" de la enseñanza, es la que concierne a ejercicios y movimientos. Los ejercicios mentales y físicos son, por supuesto, una parte bien conocida de muchos de los movimientos religiosos y especialmente esotéricos del mundo. En la auténtica escuela Sufi, sin embargo, no todos los miembros realizan los movimientos: ya que cada movimiento se corresponde con una característica particular y una determinada etapa del desarrollo del individuo. Cuando los ejercicios se estandarizan pierden su efecto de desarrollo, y en cambio sirven para automatizar o para proporcionar un campo para la imaginación. Bajo la legítima tutela Sufi los ejercicios a veces se prescriben con el propósito de averiguar si el aprendiz los rechazará: una especie de "prueba de inteligencia espiritual". Todo esto está muy lejos de las actuaciones que nos son familiares en las formas más públicas y viciadas del Sufismo y otros sistemas que pasan hoy bajo el nombre de auténticas escuelas espirituales. Observadores hindúes han notado la misma tendencia en la meditación, que se ha convertido en práctica estándar en sus círculos, en vez de estar diseñada específicamente para propósitos especiales.

El "travestismo" – vestirse con ropas que no pertenecen al período o al país donde reside y actúa la persona o el grupo – se considera un ejemplo adicional del declive o deterioro de la tradición. Este comportamiento, por supuesto, es muy común en casi todas las tradiciones religiosas. Debe observarse, sin embargo, que todo este atuendo extravagante es una imitación del pasado: algo que los auténticos representantes Sufis advierten como una indicación externa de una bancarrota espiritual interna; y también, por cierto, considerado de manera similar por los psicólogos modernos. De acuerdo a esta doctrina, la gente se pondrá ropa como una compensación por una sensación de vacío interior. Al curarse las condiciones clínicas o morbosas, a menudo la primera manifestación de su mejora es mediante la reanudación de vestimenta normal.

No es excesivo afirmar que para muchos de los participantes en tales entidades, las supuestas órdenes "Sufis" constituyen su verdadera religión. Es por esta razón que muchas autoridades religiosas del Islam, por ejemplo, se han opuesto continuamente a los "Senderos" Sufis, afirmando que en realidad son una religión opositora cuyos principios son superfluos u opuestos al Islam. Hay bastante de cierto en esta imputación, tanto si los miembros de los grupos "Sufis" se dan cuenta o no. La estructura está allí: la jerarquía, la liturgia, las reuniones regulares, el contacto declarado o implícito con lo divino, la confianza de los seguidores en sus líderes, el contenido de amenaza y recompensa, el castigo y la alegría; de hecho, todo lo que una religión plenamente desarrollada suministra habitualmente.

El Sufismo, por supuesto, no es en absoluto una religión o una serie de religiones, aunque en las manos erróneas pueda sin duda desarrollarse (o degenerarse) hacia esa forma. El Sufismo es instructivo, y la instrucción no está para nada dirigida a desarrollar la religiosidad. La instrucción dada por los Sufis es de desarrollo y preparatoria para algo más; no una experiencia emocional, por muy "espiritual" que esto le pueda parecer a la comunidad en general.

En este tema hay una complicación adicional que surge de la supuesta reivindicación por parte de los Sufis de que todas las religiones se originaron en una forma local de Sufismo, y que lo que hoy tomamos como religión es la popularización y la "forma expurgada" de la escuela original, que tiene tan solo valor social y psicológico, no de desarrollo. Cualquiera que sea la verdad de esta afirmación – suponiendo que haya venido de una fuente autoritativa – vale la pena tomarla seriamente, ya que sin análisis adicional no hay una verdadera razón objetiva para descartarla o aceptarla.

Esta reivindicación algunas veces toma la forma de una declaración Sufi: "Después de todo, nosotros comenzamos las religiones, así que sabemos todo acerca de ellas". Se dice que esta herejía repugnante, algunas veces considerada como blasfemia por los clérigos más fanáticos de todas las confesiones o sus antagonistas, ha sido cuestionada por un investigador en el siguiente intercambio con un supuesto Maestro Sufi.

"Si comenzaste todas las religiones, ¿cómo y porqué han fracasado?"

"No han fracasado. Han tenido éxito hasta el punto en que cualquier cosa de ese tipo puede tener éxito o fracasar. Han tenido éxito en el mismo sentido en que los zapatos gastados se puede decir que han tenido éxito. Han fallado si lo consideras desde cierto punto de vista, el de que los zapatos gastados han fallado... ¡fallado por no durar eternamente!

Esto recuerda la frase usada por Rumi, la gran luminaria Sufi del siglo XIII (d.c), cuando en su *Mathnawi* dijo: "Hemos tomado la esencia del Corán y arrojado las sobras a los perros"; un sentimiento que es cuando menos similar a otros que han provocado que varios Sufis, incluyendo algunos de los más eminentes, fuesen ejecutados por apostasía de vez en cuando.

Las Órdenes tienen la reputación de especializarse en meditación, concentración y contemplación, los tres procedimientos que, inseparables unos de otros, forman parte del triángulo que conduce, bajo la correcta dirección, a la iluminación Sufi. Pero sería un error, en esta área como en muchas otras, considerar las formas Sufis de estas técnicas como paralelas a lo que se entiende por ellas en otras disciplinas. Descubrí que había aprendido más acerca de la meditación, por ejemplo, en tres días con genuinos grupos Sufis que lo que había aprendido en quince años de trabajar con los hindúes y sus derivados, como los caminos budistas; y esto a pesar del hecho de que la meditación india, como había imaginado previamente, me había proporcionado felicidad, calma, la habilidad de trabajar bien en el mundo y alivio de toda clase de síntomas que ninguna otra cosa podía curar. Todos estos beneficios eran de hecho ilusorios comparados con la realidad de los logros Sufis.

La clave radica, hasta donde yo puedo determinar, en la diferencia entre aprender *acerca* de una cosa (conocimiento escolástico); aprender *de* ella (conocimiento subjetivo) y aprender *en* ella (percepción real). Las dos primeras solo se aplican sobre la persona: la postrera transforma permanentemente. Hay cierta evidencia que apoya esto en el aumento de inquietud que ahora muestran muchos de los conversos a formas de meditación hindú popularizadas en Oriente y Occidente en las últimas décadas. Están buscando algo que puedan vislumbrar, pero que no pueden ser suministrados por sus propias "escuelas".

La realidad del conocimiento de las "órdenes Sufís" y su capacidad para impartirlo, pronto se vuelve aparente para aquellos que se encuentran en el lugar adecuado para formular las preguntas correctas a sus ciertamente venerables guías. Quizás el elemento más importante aquí es la actitud del grupo hacia "los secretos". Dentro de un grupo esotérico genuinamente funcional, el "secreto" es inefable; algo que no se puede pronunciar o describir, ya que esta palabra es el término técnico para la experiencia inducida tan solo mediante las actividades del grupo. En grupos diluidos y secundarios este secreto se convierte en secretismo, algo valorado por sí mismo, o algo aprendido sin tener en cuenta que es una fórmula derivada que surge cuando el aspecto operativo se ha perdido o está ausente.

El verdadero Sufi es aquel cuya "ocultación" es el hecho de que no da nada a menos que sea lo indicado: no el hecho de que sea inaccesible. Los personajes secretos y elusivos que pasan por "maestros místicos" son vistos – por ojos Sufís – como meros actores que encubren una falta de conocimiento o imaginan que el secreto significa secretividad debido al literalismo verbal: no tienen experiencia de lo real. La frase usada por una de las escuelas verdaderas (los Khwajagan, Maestros, a partir de los cuales se desarrollaron los Naqshbandi, los Diseñadores) es *Khilwat dar anjuman* (aislamiento en compañía), lo cual significa que el verdadero Sufi vive una vida abierta. Lo secreto es inexpresable, y es solo aquello que no puede hacer público porque no hay medio para hacerlo hasta que las condiciones sean las adecuadas.

La "comprensión" superficial del secreto y la privacidad son signos indudables de la incongruencia del supuesto grupo Sufi. El hecho de que en muchos lugares estas sean las entidades Sufís mejor conocidas no invalida, por supuesto, el hecho de que están degeneradas desde el punto de vista de su capacidad para comunicar realidad, aunque plenamente funcionales como instrumentos para sembrar misterio.

El misterio general (y algunas veces el prestigio) de las "órdenes" les ha dado una capacidad de atracción muy superior a lo que pueden suministrar en el sentido de enseñanza. Esta tendencia ha sido igualmente señalada en Oriente Medio, en Europa y en el Lejano Oriente, donde los atuendos, entonaciones y otros efectos teatrales, además de la continua propaganda de que hay "algo importante y escondido, solo para los elegidos", han sido los mayores pilares de tales organizaciones a través de los tiempos. En este papel, sin embargo, no juegan una parte más significativa en el organismo de la sociedad en que se encuentran arraigadas, que las primitivas sociedades rituales descubiertas entre los pueblos de territorios subdesarrollados. Es decir, sirven para atraer y mantener interés y "vender nada más que prestigio"; aunque puedan presidir sobre funciones tales como los "ritos de iniciación" que algunas comunidades consideran necesarias para asegurar la transición de un estado de vida o mentalidad a otro.

Además del misterio, en muchas del gran número de "órdenes" (se dice que hay más de setecientas, esparcidas desde el Atlántico en Marruecos hasta China y la India) sus teóricos ponen mucho énfasis en el tema del "pedigrí espiritual". Según esto, el eslabón de maestros vivientes alcanza desde el actual jefe de la orden hasta el fundador de la orden y de ahí, generalmente en una de las dos líneas, hasta Ali o Abu Bakr, compañeros de Muhammad hace catorce siglos. Desde la Edad Media, estas *silsilahs* (cadenas) de baraka – fuerza espiritual impalpable – se han convertido en una parte de la mitología de casi todas las órdenes. Existen, sin embargo, serias dificultades acerca de este sistema de cadena.

En primer lugar, las propias "órdenes" son desarrollos tardíos (medievales) que surgieron muchos siglos después de los primeros maestros clásicos, a quienes sus miembros aún miran como figuras centrales que establecen su legitimidad. En otras palabras, los primeros maestros no consideraron necesario reivindicar una cadena de sucesión espiritual conectada de un maestro a otro. La historia muestra que esta innovación en el Sufismo surgió por imitación del hábito de los eruditos de invocar plena autoridad en una sucesión de transmisiones para los *hadiz*, dichos y hechos del Profeta Muhammad. Sin embargo, el hábito de recitar los nombres de los supuestos Maestros del Camino en cualquiera de las órdenes está tan profundamente arraigado que es casi una letanía; y no obstante es signo de una condición dogmática, a menudo regresiva, cuando se descubre la gran importancia que se le adjudica a estos nombres.

El segundo problema es que muchos de los maestros declaran que fueron iluminados independientemente: es decir, no tuvieron un guía que les transmitiese la fuerza espiritual. Entre ellos se encuentran maestros como Ibn al-Arabi, que negó haber tenido algún maestro en esta forma, y Hafiz.

El tercer problema es que virtualmente ninguno de los supuestos fundadores de las "órdenes" (Rumi, Gilani, Bahauddin Naqshband, son ejemplos) fundó de hecho la orden que lleva su nombre. Originalmente, sin duda, el prototipo de la orden surgió después de la muerte del fundador, como modo de estabilizar su enseñanza. Pero no existe vestigio histórico del establecimiento de la orden en sí. Esto es más que concluyente respecto a la naturaleza secundaria de las órdenes, cuando se recuerda la importancia que en estos círculos se les otorga a la tradición y la ceremonia. En tal contexto o comunidad es casi inconcebible que no haya vestigio de ninguna ceremonia establecida por el fundador de la orden al iniciarla, suponiendo que los reputados fundadores realmente establecieron las órdenes.

Las órdenes, por lo tanto, no son espurias: pero parecen ser derivaciones muy organizadas de la enseñanza inicialmente flexible de los primeros maestros del sistema. Ya que disponemos de los textos de Rumi, Saadi, Ghazali, Hujwiri y otros, podemos ver a las "órdenes" como nada más que un palimpsesto vivo.

El hecho de que las órdenes actuales carezcan del esclarecimiento que tuvieron los maestros clásicos se evidencia de cien modos diferentes. Tomando un ejemplo o dos al azar:

Los escritos clásicos de grandes Sufis como Ghazali advierten claramente contra el adoctrinamiento y el condicionamiento, siglos antes de que estos peligrosos procedimientos fuesen redescubiertos en Occidente. Hoy en día no existe una "orden" en Oriente u Occidente que en cierta medida no utilice estos métodos. Ya en tiempos de Rabia, la santa Sufi de Bagdad (nacida alrededor del 717 d.c, fallecida en 801), los Sufis advertían acerca del culto al tótem y el uso del mecanismo de amenaza y promesa. Actualmente, en las órdenes que supuestamente siguen las enseñanzas de los legítimos primeros maestros, estos elementos son muy evidentes. Pocos (o ninguno) de los líderes actuales de las "órdenes" Sufis aguantarían medio día de interrogatorio por parte de psicólogos modernos. Nunca podrían defender sus técnicas de modo efectivo ante los descubrimientos de los conductistas contemporáneos. Sin embargo, si examinamos los textos de los grandes Sufis anteriores a las órdenes encontramos que difícilmente pueden ser criticados en cuanto a su conocimiento de los aspectos fundamentales de la psicología y el comportamiento humano.

Más allá de las órdenes, sin embargo, continua la actividad Sufi, y en las últimas décadas existen muchos signos de que la escuela original hace sentir su presencia y realidad. Para llevar a cabo la enseñanza, sin embargo, quienes se encuentran detrás de esta operación a menudo han optado por pasar por encima de las "órdenes", dirigiéndose al público en general e incluso frustrando todos los esfuerzos de los miembros de las órdenes y otros esoteristas de participar en su enseñanza. Pero, ¿por qué apartar a alguien de una fuente de enseñanza, cuando sin duda todo el mundo tiene derecho a ella?

La esencia de la operación no es apartar a nadie: "Eso se lo hacen ellos mismos", tal como me comentó un exponente, y continuó: "Hay una gran cantidad de personas, tanto dentro de los cultos como fuera de ellos, que tienen ideas fijas acerca de lo que es o debería ser el Sufismo, hasta el punto de que se han vuelto inaccesibles a la verdadera enseñanza. Un ejemplo reciente fue cuando varios grupos esotéricos occidentales pasaron años intentando que Idries Shah, y otros que trabajan en la verdadera tradición, entraran en su propio rebaño, incluso para que los guiasen. Esto falló porque los Sufis hicieron demasiado difícil que las meras acumulaciones de personas se unieran a ellos."

Pregunté qué significaba una "mera acumulación".

"Todos los grupos esotéricos o espirituales genuinos trabajan reuniendo un cierto número de tipos de individuos que tienen el máximo potencial, agrupándolos de tal modo que establezcan una fuerte base de perceptividad, para que así se les puedan asociar otros en un gradual incremento de anillos concéntricos de potencial. Las personas que no saben cómo hacer esto no pueden construir su 'cuerpo de fieles' como un instrumento que resonará ante los impulsos superiores (gracia divina) de modo real. El resultado es que se convierten en un clan: se vuelven una 'mera acumulación de personas', que es aún menos susceptible a la enseñanza que cualquier grupo reunido al azar, ya que han decidido que todos y cada uno de ellos debe participar continuamente en los estudios o rituales.

Las características más destacadas del grupo auténtico quedan establecidas aquí con claridad, mientras las ataduras de la enseñanza defectuosa en las que se encuentran los ingenuos esotéricos son igualmente patentes. La naturaleza específica, tanto de los estudiantes como de la enseñanza, parece impenetrable solo para aquellos que han sido mal instruidos.

Las autoridades, tanto religiosas como seculares, en aquellos países orientales donde florecen las autodenominadas órdenes Sufis, a menudo se oponen a ellas por sus pretensiones de que la jerarquía y la tradición son más importantes que la función. Al hacer esto, las autoridades están en un terreno más firme que quienes en Occidente intentan evitar los excesos de tales organizaciones. La razón de esto es que la literatura Sufi clásica es accesible en los idiomas locales y puede emplearse allí como un control de las "órdenes".

Recientemente, por ejemplo, en un país de Oriente Próximo los líderes de los Rifai, Mevlevi y otras órdenes fueron devastados cuando notaron que las autoridades locales, al subrayar su inutilidad y el modo en que embaucan a la gente, citaron nada menos que las escrituras de la orden Mevlevi, el *Mathnawi* (que incluso se denomina "El Sagrado Mathnawi") con el siguiente efecto devastador:

> Érase una vez tres animales que viajaban juntos: una oveja, un buey y un camello. Alguien había abandonado un fardo de forraje a la vera del camino y todos querían comérselo.
>
> La oveja, sin embargo, señaló que solo había suficiente para uno de ellos. Sugirió que quien fuese el más antiguo debería obtener el premio. Agregó que era legítimamente suyo, pues había estado viva

en el momento en que Abraham la ofreció a su hijo como sacrificio.

Pero el buey no estaba de acuerdo. "Soy uno de aquellos bueyes que el mismísimo Adán usó para arar: esto me da derecho, en base a la 'antigüedad'", dijo el buey.

Cuando el camello escuchó lo que habían dicho los demás, al principio se sintió demasiado asombrado para hablar. Luego extendió su cuello y recogió el alimento, levantándolo en el aire.

"Jerarquía y tradición", pronunció, "no tienen significado para mí, ¡porque yo tengo el cuerpo y el cuello para prescindir de todo eso!"

Tras el intervalo de varios cientos de años (Rumi murió en 1273) los Mevlevi ("Derviches Danzantes"), que anteriormente manifestaron que la acción era mejor que la tradición, ahora habían dado media vuelta e invocaban el propio tradicionalismo contra el cual había trabajado su supuesto fundador.

Observación de una escuela Sufi

Hoda Azizian

LA ESCUELA BAJO observación está representada en todo el Oriente Medio, Extremo Oriente, Europa (norte y sur) y las Américas. Existen obviamente severas limitaciones respecto a la información y experiencias disponibles para el observador en cualquier trabajo de campo conectado con una organización como la Sufi. Se pueden enumerar las siguientes:

1. Muchas organizaciones, en especial aquellas que se denominan *espirituales* en algún sentido, dan la bienvenida a la investigación antropológica o cualquier otra. Esperan obtener publicidad o respetabilidad a través de tales actividades, y a menudo buscarán el favor del investigador. Generalmente también esperan un incremento en el número de miembros a través de cualquier publicación, películas, etc.

Los Sufis, por contraste, buscan publicidad solo para materiales que ellos consideran que tienen una función enseñante. Tal es su "respetabilidad", que ningún conjunto de personas en cualquier área comparable puede igualar su reputación. En muchas comunidades y en varias culturas (persa, árabe, turca, centro asiática e indo-pakistaní son algunas de ellas) los Sufis son considerados la *crème de la crème*. No necesitan fomentar una imagen. Por lo que respecta al reclutamiento, todas las organizaciones Sufis con reputación han estado durante siglos tan inundadas con peticiones de aspirantes a miembros que todas ellas mantienen un sistema de filtración para admitir solo a los candidatos más prometedores.

2. Hasta el momento, no se ha encontrado ningún Sufi legítimo que se preocupe por la liturgia, la historia, la literatura o las personalidades, ya sea individualmente o hasta el punto de ser calificado como especialista en estas áreas del fenómeno Sufi. De ahí que ningún investigador externo será capaz de contactar con un especialista Sufi que le dé información directa de las biografías, hechos, teorías, prácticas y demás de los Sufis. No hay equivalente de la tendencia entre otros sistemas espirituales a desarrollar escuelas de pensamiento o enseñanza que se especializan en varios aspectos del sistema o sus factores congruentes.

La razón para esta situación se vuelve muy clara una vez que se comprende cierto principio. La dificultad yace en que la comprensión del principio es difícil para el propio erudito: quizá porque va en contra de su necesidad de organización de pensamiento y materiales. Brevemente, se puede ver a los Sufis trabajando con "cualquier material que sea útil para su propósito" (citando a un destacado Maestro Sufi contemporáneo). Esto significa que un Sufi hablará o escribirá acerca de los pensamientos y acciones de cierto número de santos Sufis, digamos, *solo en la medida en que estos tengan relación con la enseñanza en la que está involucrado en ese momento.*

Esta importantísima técnica significa que el contenido formal de los materiales usados por los Sufis puede ser de interés para un estudiante de los Sufis, mientras que los materiales son utilizados con otro propósito. Por ejemplo, es como si fuésemos a la iglesia a escuchar la Parábola de los Talentos y, ya que podríamos ser economistas, nos interesase saber más acerca de los "talentos": mientras que la voz procedente del púlpito estaría intentando suscitar en nosotros una gama de sensaciones totalmente diferentes. Exponiéndolo brevemente: el Sufi está enseñando a sus discípulos y su efecto es medido por la reacción a su enseñanza. El observador de los Sufis está intentando evaluar los materiales Sufis dentro de unas categorías convencionales. No es necesario aceptar la propia estimación de los Sufis respecto a lo que están haciendo para ver que su técnica es como ha sido descrita.

3. Los grupos y organizaciones "Sufis" más conocidos y estudiados con mayor frecuencia deben describirse, desde este punto de vista, como secundarios o imitativos. Esto se debe a que los maestros u otros mentores de la comunidad se concentran en hacer más profundo el sentido de creencia de los miembros, en asegurarse de que los rituales se llevan a cabo en los intervalos establecidos, en asociar todos los trozos de información y esfuerzo con la estabilidad y progreso del movimiento. En resumen, aquí nos encontramos siempre con un grupo cultista reconocible, en general invisible al investigador como tal, ya que el propio investigador muy a menudo procede de una sociedad donde tales grupos cultistas no se consideran secundarios (como los considerarían los Sufis), diluidos y distorsionados en sus ideas y prácticas.

Digamos que sería como si un experto de la industria del espectáculo o las artes intentase evaluar el funcionamiento, ideas y motivaciones de una institución académica, tal como un colegio universitario. Él (o ella) podría buscar ciertas indicaciones y tener poca paciencia con otras; incluso si se les resaltase que estas últimas son centrales para el proceso académico.

Todo esto no quiere decir que los propios Sufis sean inconscientes de los problemas que nos encontramos al intentar darle sentido a lo que piensan y hacen. Al contrario, ya que los Sufis a menudo tienen que tratar con eruditos y otras personas procedentes de ámbitos de pensamiento convencional, algunos de sus materiales están dedicados a explicar cómo abordan las cosas y cómo no abordarlas si uno está interesado en la participación. La principal dificultad aquí, por supuesto, es que tales materiales no están dirigidos al "evaluador externo": están dirigidos directamente al aspirante a aprendiz, y son por lo tanto de uso limitado para investigar.

Tenemos aquí un documento que emana de una actividad Sufi contemporánea, delineando los énfasis (armonización, materiales, energía y enfoque) que la escuela requiere.

SISTEMA DE APRENDIZAJE SUFI

La dificultad de las personas externas que intentan estudiar el sistema Sufi se debe a dos factores principales:

1. Seleccionan materiales de acuerdo a prejuicios existentes y no saben cuáles están sustituidos o son incluso espurios.
2. El aprendizaje Sufi es un proceso integral (que se ha denominado tanto "holístico" como "orgánico"). No puede en absoluto estudiarse desde afuera sin distorsión.

Dentro del sistema Sufi, sin embargo, podemos aislar tres áreas que deben estar representadas y en equilibrio. Estas son:

1 El *Aprendiz tiene que armonizarse* con el Maestro y la Enseñanza. Esto implica que alcance una actitud equilibrada: ni rechazo ni servilismo.
2 Los *Materiales deben estar presentes* y "esparcidos" (debe emplearse la técnica conocida como *dispersión*). Tienen que eludir el exceso de actividad emocional o intelectual.
3 La *energía y el enfoque* de la enseñanza deben ser correctos. Esto requiere tener en cuenta la naturaleza cíclica de la disponibilidad de la energía necesaria, así como la capacidad del recipiente para absorberla.

Si bien es posible encontrar mucho palabrerío – ensalzando algunos de estos factores – en supuestos sistemas de iluminación, es notable que por lo general solo uno o dos de ellos son operados de forma tentativa, y generalmente por personas que no están en sintonía con los factores. El resultado es, por supuesto, fosilización y cultismo.

La actividad Sufi es por lo tanto una operación global que debe ser orquestada de acuerdo con los "tiempos" (la sensibilidad) del aprendiz armonizados con los otros factores.

Sin esta actividad constante, llevada a cabo correctamente, el desarrollo superior es tan raro que debe descartarse.

4. Parece existir una gran posibilidad de que el "observador externo" rechace la totalidad de la proyección Sufi, ya que no se ajusta con el modo en que a él le gusta ver expresados los asuntos espirituales; o de lo contrario, aceptará de todo corazón la proyección Sufi y abandonará su antiguo marco de conceptualizaciones. Ambas actitudes, por supuesto, son igualmente inmaduras: pero ambas fueron encontradas entre aquellos que han intentado estudiar a los Sufis. Al estar basadas en la tendencia a la aceptación o rechazo en la mente humana, los Sufis siempre las caracterizan como sintomáticas de una necesidad de

"maduración" de la consciencia del individuo: de hecho, los Sufis llegan a afirmar que tal comportamiento debería ser un "indicador útil de la fragilidad y necesidad de verdadero estudio por parte de la víctima" (cita literal procedente de un Maestro Sufi actual).

En la literatura orientalista y otras especializadas, nos podemos encontrar (como si estuviesen suspendidos en ámbar), muchos signos de estas dos posturas por parte del investigador; aunque uno puede añadir otra a la cual los Sufis no parecen referirse demasiado: la del apoyo calificado u oposición parcial. Los Sufis quizás las catalogarían simplemente como "el académico escondiendo sus apuestas".

Sin embargo, a fin de cuentas hay ciertas características destacadas en las operaciones Sufis que se pueden ver plasmadas en los libros clásicos y también manifestadas plenamente en la "escuela".

En primer lugar, sin duda nos encontramos con la lucha contra las suposiciones del estudiante si están basadas en su propia tradición en vez de percepciones internas. "El tipo más frecuente de estas suposiciones", dice un Sufi contemporáneo, "puede caricaturizarse por el énfasis en las palabras: 'He estado esperando aquí desde el miércoles, ¿dónde está mi porción de iluminación?'"

A continuación podemos considerar lo que la psicología contemporánea denomina *racionalización*, pero que los Sufis denominan "construir sobre la arena". Esto puede manifestarse mediante aquellos que abordan a los Sufis y ven en ellos asociaciones que "prueban" lo correcto de la elección que el candidato ha hecho de los Sufis como verdaderos maestros. De acuerdo a los Sufis, como cualquier lector de sus libros sabrá, tal comprensión no puede llegar en una etapa tan prematura.

El sistema de aprendizaje Sufi (no de los derviches) requiere que el aprendiz eluda lo que hoy en día se llamaría mecanicidad, y que ellos denominan "adiestramiento en hábitos". Esto se evidencia cuando el estudiante "confunde el contenedor con el contenido" (frase tradicional Sufi), y cuando los procesos o materiales de instrucción Sufi suscitan emociones u originan acciones en él que pueden describirse como estándares o invariables. Se sabe que en el pasado los derviches han cambiado patrones de hábito procedentes de la comunidad ordinaria por ciertos patrones simplificados utilizados en sus órdenes; de modo que, a su vez, estos patrones puedan eliminarse. Esto, en terminología moderna, se llamaría descondicionamiento.

De acuerdo a las fuentes más prestigiosas (lo cual significa fuentes Sufis legítimas) esta gama de prácticas no ha sido usada por las escuelas Sufis desde alrededor del siglo XIV (de la era cristiana), cuando fueron introducidas como una medida temporal aplicable en base a las condiciones prevalentes. Es interesante observar, sin embargo, que es tal la capacidad persistente de este tipo de "mecanicidad", que los elementos externos del anticuado sistema han seguido capturando las mentes humanas desde entonces, y continúan haciéndolo. Algunos ejemplos son las "órdenes derviches" altamente organizadas que persisten hasta el día de hoy, ya sea en Egipto, en otros lugares de África, ocasionalmente en Turquía, cada vez más en Irán, y esporádicamente en Afganistán, Pakistán, India y Extremo Oriente, donde Indonesia y Malasia son ejemplos.

Por cierto, se rumorea que muchas de estas "órdenes derviches" (se han catalogado varios centenares y continúan fundándose) se instituyeron como "viveros". El argumento es que una organización es fundada por un Sufi como un medio para asociar a las personas interesadas en el Camino y también para darles una gran visibilidad social, con el fin de seleccionar de entre sus filas a aquellos que podrían beneficiarse de la Enseñanza Sufi. A primera vista, esto parece altamente improbable si se toma en cuenta el profundo condicionamiento que sufren los miembros de las órdenes. Parecería que este proceso es precisamente el contrario de lo que los Sufis propusieron y continúan proponiendo.

Los problemas de estudiar a los Sufis tienen, en cierto modo, un paralelismo con los problemas de estudiar *con* los Sufis. Un Sufi contemporáneo que es también un distinguido psicólogo informa que la incapacidad para progresar se debe casi siempre al efecto obstaculizador de hábitos mentales:

A. La mayoría de las personas regresan constantemente a modos casi automáticos de ver las cosas o de abordar problemas, ya que han sido automatizados por su adiestramiento mundano.
B. Las actitudes Sufis, como son enseñadas por los Sufis y representadas en su literatura, tienen que practicarse para proporcionar una capacidad alternativa a las ya conocidas como, por ejemplo, concentración, efecto asociativo o reacción.
C. El enfoque sistemático de la vida y el aprendizaje, que es indudablemente valioso en muchas áreas, actúa como un factor incapacitante en otras.
D. El humano promedio es mucho más autómata de lo que en general se considera. Del mismo modo que un peatón tiene que cambiar actitudes y acciones cuando viaja en un vehículo, y el enfoque y la acción tendrían que cambiar nuevamente si uno lo condujese, así el aspirante Sufi necesita adquirir una clase diferente de experiencia a la del individuo adiestrado de modo convencional.

Yo sugerí que todo esto parece muy difícil, y que es improbable que atraiga a la gente de mentalidad mística, que en general no quieren molestarse con muchas palabras y fórmulas complicadas.

La reacción es quizá un buen ejemplo del pensamiento Sufi. "El propósito de los Sufis no es atraer a quienes se autodenominan – o que algunos definen como – de 'mentalidad mística'. Los Sufis, como místicos, se encuentran a menudo con gente a quienes se considera de "mentalidad mística", pero que son meramente ociosos, vagos o autoengañados: cosa que debe suceder en todo tipo de esfuerzo humano. Nuestra experiencia muestra que lo que los Sufis dicen y hacen – y son – atrae a aquellos que tienen la habilidad de convertirse en Sufis, además de atraer a muchos otros tipos. Alguien que no quiere tomarse la molestia es alguien que puede estar tan automatizado como 'alguien que sí quiere tomarse la molestia'. No encontramos que la gente con tales posturas constituya la norma o que influyan en la actividad Sufi de modo alguno."

Las observaciones en una escuela Sufi muestran ciertamente que cuando muchas de las preocupaciones con lo que uno considera "uno mismo" se han disuelto, ciertos cambios ostensibles ocurren en el individuo. ¿Cuáles son estos cambios y cómo se comparan con los cambios mencionados por los Sufis de los tiempos clásicos?

Para quienes no estamos habituados a la percepción directa del cambio en la gente (lo que en general se refiere como "desarrollo espiritual", etc.) los cambios son percibidos negativamente. Aquellos que anteriormente tenían fuertes voces no tienen ahora voces tenues: tienen voces que están bajo algún tipo de control. Se puede observar que se ha producido cierta expansión de la capacidad en el comportamiento externo a este respecto. Las personas que antes daban gran importancia a cómo se presentaban en público ahora parecen poder hacerlo sin la dolorosa autoconciencia que se puede ver más allá del exterior supuestamente cómodo, incluso de las personas más sociales. No tengo duda de que un alto grado de percepción extrasensorial está en funcionamiento. La gente se anticipa a las preguntas e incluso las acciones de uno. Por ejemplo, varias veces, cuando quise un vaso de agua, alguien me trajo uno; cuando quise enviar un carta, se trajeron sellos; cuando pensé en un libro, me lo trajeron. Pero hay un factor sorprendente que no puedo categorizar en el presente estado de conocimiento: *las personas que "leen la mente" solo lo hacían cuando uno no lo esperaba*. Una y otra vez, si pensaba en algo deliberadamente, para ver si se comunicaba a alguien más en la comunidad, esto simplemente no funcionaba. Pero apenas dejaba de intentarlo, en especial si tenía "pensamientos verdaderos" (a diferencia de los pensamientos solo diseñados para demostrar la PES o percepción extrasensorial), la "lectura de la mente" recomenzaba.

Muchos de los cambios de comportamiento entre los Sufis son diametralmente opuestos a los cambios que normalmente se asocian con "místicos" o similares. A medida que las personas se vuelven más perceptivas abandonan hábitos de comportamiento, apariencia y actitud que previamente parecían características propias. En cierto modo se vuelven menos exigentes, menos llamativos en el vestir, menos inclinados a hablar del Sufismo. Sería literalmente como, en palabras de un Sufi avanzado, si: "Ahora no necesitasen esos hábitos. Eran solo formas de comportamiento que esta gente adoptaba porque no había nada *real* en ellas. En el mundo ordinario sin duda estás familiarizado con el hombre que grita para ocultar su propia falta de certeza. Entre los Sufis, cuando alguien sabe quién y qué es, no necesitará manifestaciones externas. Todo esto se debe a que la mayoría de las cosas que tomas como indicadores de cómo son realmente las personas internamente... no lo son en absoluto. Son apenas disfraces que las personas asumen, pues en absoluto tienen una individualidad fija en su interior".

Pero no todas las formas de comportamiento externo son consideradas por los Sufis como indicadores de la carencia de algo dentro del individuo. Otras actividades y manifestaciones, de hecho, señalan lo que se denomina "realidades internas".

Un ejemplo visible es cuando alguien hace algo que se toma como un indicador de su armonización con "el Sendero". Me sorprendió constantemente encontrar que incluso los éxitos mundanos eran tomados, de vez en cuando, con gran alegría por los Maestros Sufis, como indicaciones de que este individuo finalmente estaba en sintonía con la Realidad.

Las preguntas a los estudiantes Sufis, cuando eran permitidas, ofrecían algunas ventajas. De estas aprendí, entre otras cosas:

"La experiencia Súfica no es comparable a ninguna otra. Si sientes que se trata de lo que hasta aquí has llamado 'religiosa' – incluso si sientes que te da satisfacción, o cualquier otra cosa que puedas nombrar, incluyendo: 'Me doy cuenta de que esto es correcto para mí' – aún no la has sentido. Cuando lo hagas será inconfundible."

"La corriente Sufi se protege de aquellos que no son fiables. Pregúntate: '¿Se puede confiar en mí?' Si la respuesta es 'No', deberás hacerte fiable. El hecho es que a la mayoría de las personas les gusta no ser fiables. Esto se debe a que piensan que una variedad de reacciones los hace libres o maestros de su destino. Pero no es así."

"Si no lees libros Sufis, en especial aquellos diseñados para la actualidad; y si no evitas aquellos que esencialmente son espurios, escritos por autodenominados místicos, bajo las condiciones actuales no alcanzarás la comprensión real. Decir 'no quiero leer, quiero saber', y cosas similares, es un signo de incompetencia, no importa lo atractivo que sea para algunos."

"El Sufismo es tan fácil que resulta asombroso que tanta gente lo encuentre difícil. Todo lo que necesitas es dejar de ser falso; aunque esto lo tienes que practicar en primer lugar en el intercambio con la enseñanza Sufi."

"Hay ciertas 'pruebas' que ocurren mientras estás siendo preparado para la iluminación. Si te atrae el aspecto negativo de estas, permanecerás como uno más entre 'la gente del mundo', o la 'gente con enfermedad terrestre'. LAS PRUEBAS NO SON SECRETAS, YA QUE NO PUEDES CAMUFLAR TUS REACCIONES A ELLAS. Incluyen:

1 Recibir un ultimátum, o la petición de escoger entre dos personas o dos líneas de estudio o dos formas de comportamiento. Quienquiera que te pida escoger entre él y otros es un 'maestro' falso.
2 Si se te da algo que decir o hacer en una lengua extranjera para ti (en Occidente esto significa cosas tales como repetir frases en persa o árabe), esto lo hace un maestro falso.
3 Las verdaderas reuniones Sufis no se celebran más de una vez por semana.
4 Si se te dice o insinúa que 'algo importante va a ocurrir pronto', sé consciente de que debes abandonar ese grupo y buscar la alternativa.
5 Cualquier presunto Sufi vistiendo ropas extrañas al país en el que está viviendo, o que visita, significa que deberías evitar a ese hombre.
6 Cualquier supuesto Maestro Sufi que afirma o implica que 'sigue el Sendero de Culpa' (buscando deliberadamente la impopularidad) es falso. Esto nunca lo afirman Sufis verdaderos, ya que el Sendero de Culpa debe seguirse anónimamente.
7 Cualquiera que dice o hace algo en tu presencia que implique que tiene influencia sobre los asuntos del mundo y la está ejercitando, no es un Maestro Sufi; a menos que siga el Sendero de Culpa, en cuyo caso no es un instructor sino que está allí sólo para señalarte que tú también debes rehuirle y acercarte a la legítima fuente

de la Enseñanza, que siempre está presente bajo tales circunstancias.

8 Ningún Sufi verdadero declarará o implicará ser el maestro supremo, o el Qutub, o el Maestro Oculto; aunque puede que aquellos que un día fueron derviches (representantes de Sufis para propósitos limitados) lo hagan, si es que han sucumbido a la tentación de ejercer poder.

9 De modo similar, la adopción de rango militar, eclesiástico o gubernamental es un signo del deterioro de las facultades (enfermedad terrestre) que puede atacar a cualquiera, y que a menudo se encuentra entre los canales (gente que, aunque no son Sufis, pueden estar relacionados con algunos de ellos y son empleados para labores de bajo nivel y preparatorias, o de 'prueba').

10 Los siguiente signos son comunes cuando la función de Maestro Sufi es reivindicada por aquellos a quienes no les pertenece: suposición de importancia; pérdida de coordinación física; convencer a otros (como una característica muy importante) de que uno se interesa profundamente por ellos, especialmente cuando están enfermos o en dificultades; aire de misterio y alusiones; tolerar a los ilusos; confundir amistad con enseñanza; organizar viajes inconsecuentes; permitir que la propia mano sea besada; aparecer en tribunas con 'otros místicos'; creer que la enseñanza Sufi es un asunto de opinión individual, no de inevitabilidad en técnicas; permitir que se lleven a cabo ejercicios (zikr) sin supervisores que intervengan en los momentos oportunos."

Busqué una aclaración a las anteriores declaraciones en una fuente Sufi autorizada, debido al problema que surge con su método de exposición. Se hace referencia tanto a "probar" como a "falsedad". Quería saber con cuál estábamos lidiando: ¿escuelas falsas o escuelas genuinas que querían poner a prueba a miembros actuales o potenciales?

La respuesta a esto iluminó una dimensión adicional de la comprensión Sufi:

"Hay tres condiciones bajo las cuales todas o alguna de las consideraciones mencionadas pueden existir. Estas son: (a) la falsa escuela Sufi o la extraviada (antigua escuela ahora en decadencia); (b) la escuela legítima aplicando pruebas; (c) el representante o representantes de una escuela Sufi que han desarrollado la 'enfermedad terrestre' (aunque ellos mismos no sean Sufis, mediante la vanidad se han arrogado el rango de Sufi, adoptando generalmente altas pretensiones).

"En realidad, aunque no en apariencia, todas estas 'trabajan juntas', así como, por ejemplo, fuego y agua 'trabajan juntos' para producir vapor."

Pregunté entonces acerca de qué debería hacer el observador o individuo deseoso de acercarse o permanecer en una escuela Sufi, al encontrarse con cualquiera de los fenómenos de la "enfermedad terrestre" en supuestos maestros.

"Esta condición", se me dijo desde una posición de autoridad, "nunca ocurre a menos que la auténtica Enseñanza también sea accesible. El individuo o grupo deberían dirigirse al legítimo maestro que siempre estará cerca. La forma más común es la (c), cuando 'el mensajero' de bajo nivel de los Sufis decide presentarse como un maestro en vez de un conducto; quien habrá sido escogido como individuo de rango secundario precisamente por tener aún características negativas como la vanidad y el deseo de poder demasiado fuertes en él. En general, a estas personas se les dan tales funciones como un modo de eliminar sus malas características. Sin embargo, suelen fallar en la tentativa y escogen el sendero del 'falso Sufismo'. Son ellos quienes son descritos en la tradicional frase Sufi: "El canal transmite el agua pero no bebe."

En cuanto a por qué los "canales" errantes desarrollan características tan precisas como "pérdida de coordinación física, organización de viajes inconsecuentes, la adopción de rangos militares, eclesiásticos o gubernamentales" y demás, la única respuesta obtenida de altas instancias Sufis fue:

"Todas estas tendencias son síntomas bien establecidos del resultado del triunfo de influencias del medio ambiente sobre la débil mente de aquellos que han preferido el poder a la iluminación. Detallar porqué esto ocurre de este modo sería improductivo. Como ocurre con cualquier enfermedad, las áreas atacadas se debilitan primero."

Pero, ¿podría este tipo de indisposición atacar a personas de grandes logros o prestigiosas conexiones Sufis?

"Todas las conexiones Sufis son prestigiosas. Todos los seres humanos son vulnerables a la 'enfermedad terrestre'. No puede haber ninguna excepción."

"¿Cómo puede el individuo común saber cuándo su Maestro Sufi se ve afectado de esta manera?", pregunté.

"Aplicando la evaluación del sentido común al problema, tal como uno hace con cualquier otra cosa. El Sufi no necesita comportarse de un modo absurdo para llevar a cabo su misión. Pero es probable que uno falso, extraviado o deteriorado lo haga."

"Si ese es el caso con Maestros Sufis, ¿se aplica también a aquellos de otras creencias?", fue mi siguiente pregunta.

La respuesta:

"Los Sufis no constituyen una convicción: son personas que han visto algo más allá de la percepción ordinaria y que por lo tanto saben cómo actuar para que esto sea perceptible para los demás. Pero si con esta pregunta quieres decir '¿son las personas que están involucradas en asuntos espirituales susceptibles al deterioro?' la respuesta es 'sí, todos ellos, como puedes ver por el comportamiento anormal de supuestos maestros, de vez en cuando, en todos los campos religiosos'."

"Entonces, ¿cómo debería defenderse la persona interesada en los Sufis, o en cualquier otro grupo espiritual, contra los 'maestros' falsos, extraviados o incapacitados?", quise saber.

"Si hay algo acerca de tal 'maestro' que una mayoría de personas comunes (de mentalidad no espiritual) considera anormal, repulsivo o censurable, en especial cuando son informados de todos los hechos acerca de este individuo conocidos por los seguidores del 'maestro', entonces sabrás que es indeseable. Esto es, nuevamente, porque aunque el verdadero Maestro Sufi es de otro mundo, tiene como tarea principal la necesidad de presentarse como completamente aceptable en todos los sentidos, en cada acción, en todos los aspectos, ante los miembros ordinarios de la comunidad más amplia en la que se desarrolla su trabajo."

"¿Significa eso que el individuo no regenerado puede estar mejor dotado para juzgar al Maestro Sufi que el discípulo?"

"No. Significa que el no regenerado está mejor preparado para ver a través del falso 'Sufi' que el autoengañado. Es por eso que los Sufis reales buscan a sus discípulos entre personas *normales*, a menudo aquellos que no tienen ningún trasfondo de metafísica. Recuerda que aquellos que permanecen con el falso 'Sufi' son casi siempre personas que tenían un trasfondo de extravagante 'espiritualidad' antes de encontrarse con él. El falso 'Sufi' apenas progresa con gente normal, así como el Sufi legítimo hace un progreso real únicamente con gente normal."

Me he ocupado de este tema ya que en general se encuentra escasamente caracterizado en los textos espirituales. Se considera que esta nueva información, a pesar de que está respaldada por los escritos Sufis tradicionales y otras enseñanzas, es negligida; y, por lo tanto contribuye al conocimiento general del tema y se suma al inventario de información disponible para los investigadores.

Otras obras

MATERIALES RECIENTES O REEDITADOS ACERCA DE LOS SUFIS Y EL SUFISMO

VIAJES CONTEMPORÁNEOS Y RESIDENCIA ENTRE DERVICHES EN ASIA Y ÁFRICA:

ENTRE LOS DERVICHES, por O.M. Burke, Buenos Aires 1973 (Paidós)

CLÁSICO SUFI EN UNA TRADUCCIÓN MODERNA:

THE WALLED GARDEN OF TRUTH ("El amurallado jardín de la verdad" de Hakim Sanai de Ghazna). Traducción de una parte por David Pendlebury, Londres 1974 (The Octagon Press) y New York 1976.

CLÁSICO SUFI DEVOTO :

ORIENTAL MYSTICISM ("The Remotest Aim" de Aziz Nafasi), traducido por el Profesor E.H. Palmer, Londres 1974 (The Octagon Press).

BIOGRAFÍA Y OBRA DE UN IMPORTANTE MAESTRO SUFI ANTIGUO:

THE LIFE, PERSONALITY AND WRITINGS OF AL-JUNAYD ("La Vida, personalidad y obras de Al Junaid de Bagdad") por el Dr. Ali H. Abdel Kader, Al-Azhar University, Londres 1976.

EXAMEN DE LOS TEXTOS LITERARIOS CLÁSICOS SUFIS:

SUFISM por el Profesor N.S. Fatemi y otros, New York y Londres 1976.

CONEXIÓN DE LOS MAESTROS SUFIS CON LA HISTORIA ANTIGUA Y MEDIEVAL:

THE MASTERS OF WISDOM ("Los Maestros de la sabiduría" por J.G. Benett, Londres 1977.

EXPLICACIÓN DE SUS CREENCIAS POR UN SUFI ENCARCELADO:

A SUFI MARTYR (originalmente "*Complaint of a Stranger Exiled from Home*", por Al-Hamadani) por el Profesor A.J.Arberry, Londres 1969.

ENSEÑANZA DE UN MAESTRO DE UNA ORDEN DERVICHE (LA SHADHILIYYA)

IBN ATA'ILLAH'S SUFI APHORISMS, ("Los aforismos Sufis de Ibn Ata' illah", traducido por V. Danner, Leiden 1973.

LA OBRA MAGNA DEL SUFI QUE "REVIVIÓ EL ISLAM":

IMAM GHAZZALI'S IHYA ULUM-ID-DIN ("Revivificación de las Ciencias Religiosas" del Imán Ghazzali) traducido, en cuatro volúmenes, por Maulana Fazul-ul-Karim, Lahore.

APLICACIÓN DE CONCEPTOS DE APRENDIZAJE SUFI A LOS PROBLEMAS CONTEMPORÁNEOS:

LEARNING HOW TO LEARN ("Aprendiendo cómo aprender" por El Sayed Idries Shah, Londres 2017 (ISF Publishing).

TEORÍAS, PRÁCTICAS Y SISTEMAS DE ADIESTRAMIENTO EN UNA ESCUELA SUFI

por

Canon WHT Gairdner *

---

* Publicado originalmente como *The Way of a Muhammadan Mystic*, en Muslim World 2 (1912) págs. 171-181.

Teorías, prácticas y sistemas de adiestramiento en una escuela Sufi

LOS SUFIS SON los místicos del Islam, y el Sufismo es, históricamente, el lado místico del mahometismo. Originalmente, era una mera protesta contra la mundanalidad e irreligiosidad que el éxito material había importado al Islam, y consistía en poco más que una insistencia y multiplicación de ejercicios religiosos, con el objetivo de acercarse a Alá. Con posterioridad, una vez que la conexión entre el Islam y Oriente Medio se volvió cada vez más importante, y las influencias místicas de cristianos, persas e hindúes buscaron la admisión en el mundo del pensamiento musulmán, fueron los Sufis quienes principalmente les abrieron la puerta y, a través de la afinidad natural de las personas de mentalidad mística en todo el mundo, proporcionaron un hogar a las nuevas ideas. Bajo su influencia, el misticismo mahometano se volvió más doctrinal y sistemático y, en parte, más esotérico. Sus principios, métodos y ritual se tornaron más elaborados, y su coherencia con el sistema de teología y práctica sunita se volvió por un tiempo abierto a dudas.

El Islam debe la regularización del Sufismo en su relación con la ortodoxia sunita a dos hombres más que a nadie, el-Qushairi y el-Ghazzali. Ellos en primera instancia le dieron, y de forma definitiva, un *lugar definido* en el Islam, y mediante precepto y ejemplo mostraron hasta dónde podía llegar sin caer en el panteísmo y convertirse en un mero gnosticismo o teosofía esotérica dentro de la comunidad islámica.

Sin embargo, se puede afirmar con cierta confianza que tanto antes como después de la era de estos hombres había una extrema izquierda en el Sufismo que, inconsciente o tal vez conscientemente, se estremecía en la línea o la sobrepasaba: hombres para quienes las influencias gnósticas o teosóficas, que se encontraban presentes tanto en los primeros días del Islam como en la época anterior y posterior al nacimiento del cristianismo, resultaron demasiado fuertes. Pero siempre habría sido difícil distinguir esta extrema izquierda de la centro izquierda, y casi imposible trazar una línea que las separara; el hecho es que la mayoría de aquellos que estuviesen más cerca de la línea habrían sido totalmente incapaces de definir su propia posición, mientras que quienes fuesen conscientes de haber pasado más allá habrían mantenido este hecho completamente en secreto.

Y se puede aventurar que tal es aún el caso. Hoy el Sufismo también tiene su izquierda, su centro y su derecha. Pero el ala izquierda no es el grupo típico. Es importante recordar esto.

El objetivo de este artículo, sin embargo, no es en modo alguno formular una historia o escribir un ensayo sobre el Sufismo. Para eso tenemos que esperar la próxima historia acerca del Sufismo del Dr. Nicholson, que todos los orientalistas están aguardando con tanto interés. El objetivo del presente trabajo es simplemente contribuir con una pieza de material vivo al estudio del Sufismo, en la forma de un registro real de ciertas conversaciones mantenidas por el escritor con dos Sufis de un rango muy avanzado. Y el propósito de las anteriores observaciones ha sido simplemente advertir al lector de que la siguiente narrativa no debe tomarse necesariamente como típica de todo el Sufismo, ni tan siquiera (por lo que sabemos) del Sufismo de todos los derviches Rifai, a pesar de que uno de estos dos hombres había sido el sheikh, o superior, de un monasterio rifaíta en la Turquía de habla búlgara. Se puede aventurar, por el contrario, que nos encontramos aquí ante un Sufismo esotérico de tipo extremo. Solo las investigaciones posteriores nos pueden mostrar hasta qué punto estas doctrinas son típicas de todo el Sufismo de ala izquierda; y también, hasta qué punto son parte real de un rifaismo avanzado: es decir, si representan un desarrollo atípico y no esencial de ese "camino", o si nos encontramos aquí ante una revelación de la doctrina avanzada de ese "camino", una doctrina totalmente ignorada por los grados inferiores; del mismo modo que, según se dice, la moderna francmasonería conduce a los iniciados en sus grados superiores a ideas sobre las cuales los novicios, y mucho más los ajenos, no tienen noción alguna.

La extraña historia de los dos hermanos, que suministraron este material al escritor, no puede detallarse aquí. Uno de ellos, Mohammed Nasimi, se había desarrollado mediante la línea de estudio y lectura más que a través de la praxis del misticismo. Pero el hermano mayor, Ahmad Kashshaf, había sido un derviche "practicante" de avanzado rango. Es suficiente decir aquí que eran Sufis e hijos de un Sufi; que fueron disciplinados en "el Camino" desde la más tierna infancia; que entraron en el noviciado a una temprana edad y que, al menos el hermano mayor, pasó rápidamente a través de sus grados y etapas, hasta el punto que durante años fue cabeza de un monasterio[1] Sufi en Turquía, un derviche y director espiritual de derviches, y un hombre ampliamente conocido en esas regiones como santo, imbuido de las virtudes y poderes de un santo; que su penetrante misticismo le había hecho pasar, junto con su hermano menor, más allá del Islam por completo y buscar de algún otro modo un lugar donde el alma sea libre. Esas reminiscencias fueron comunicadas en el curso de muchas conversaciones con este escritor. Están lejos de ser completas y más aún de ser exhaustivas. Son incluso fragmentarias. Pero son auténticas, y posiblemente su propia fragmentación puede sugerir la experiencia viviente y personal que yace tras ellas, e impartirles así un interés y vivacidad que a menudo deben buscarse en cuentos más sistematizados. ²

LO QUE CONDUCE A LA VIDA MÍSTICA

Los Sufís son reclutados de varios modos; ya que un humano no nace, sino que se convierte en, Sufí. En el caso del gran el-Ghazzali, por ejemplo, la causa determinante fue el colapso transitorio de su creencia tradicional y su insatisfacción con su propia condición moral. Estas dos cosas lo llevaron a buscar dónde se podía encontrar una fe creíble y una experiencia religiosa personal; y el misticismo suplió ambas demandas. Se convirtió de hecho, en un derviche. Otros, dijo el Sheikh Ahmad, el derviche convertido en cristiano que ya se ha mencionado, entran en la vida Sufí a través del desengaño en el amor. La pasión por una mujer despierta en ellos el deseo de amar a Alá, con un amor que, teniendo el Infinito por objetivo, recibirá auténtica satisfacción. A veces este amor terrenal es lícito, a veces pecaminoso. No importa, ya que en ambos casos surge el mismo anhelo que conduce a Alá. Algunas veces, también puede ser un amor apasionado por un joven.

En el caso de Ahmad no fue ninguna de estas circunstancias, sino más bien que era el hijo de un padre Sufí y desde la infancia fue adiestrado en la vida Sufística como algo natural. Todo esto, sin embargo, no conducía necesariamente a que se convirtiese en un reputado Sufí, y lo muestra el hecho de que su hermano más joven, Nasimi, se desarrolló en líneas más bien diferentes, como ya se ha mencionado ³. Incluso, a la edad de cuatro años se les enseñó a practicar la incesante "mención" del nombre de Alá. Parece que nunca jugaron juegos de infancia: toda su vida pasó dedicada al estudio o a la "mención" del Nombre de Alá. Cuando los vecinos reprendieron a su padre, diciendo: "No es bueno que niños tan jóvenes se dediquen a estas cosas", él replicó: "No puede haber ningún daño por excederse en la mención de Alá" (*el ifrat fi dhikri-llah*).

PRIMEROS PASOS

Cuando un hombre aspira a entrar en el camino del Sufismo regular, se presenta ante el sheikh, o superior, de una de las muchas órdenes derviches, quien examina su condición espiritual y logros, se asegura de su sinceridad y le da consejo preliminar. "Eres el cadáver", le dice, "y yo el lavador del cadáver. Eres un jardín, yo el jardinero". Así el aspirante se compromete a someterse ciega y totalmente a la dirección espiritual del sheikh, y con él como guía para entrar en el camino místico. Ingresa al monasterio y vive una vida de acuerdo a la regla: ya que él necesita tres cosas, "Tiempo, Lugar, Comunidad" [4].

Algunas de esas directrices preliminares son del siguiente tipo:

> "Mantén los mandatos de Alá y abstente de las cosas prohibidas".
> "Abandona todo lo que difiera de la Ley y el Camino".
> "Sé constante en la religión y mantén el pacto ('ahd) con Alá".
> "Instrúyete en el Camino y la Ley".
> "No mires a las faltas de otros".
> "Satisface las necesidades de los necesitados con justicia y misericordia".
> "Deja todas las formas malvadas y censurables".

"Obedece las direcciones y órdenes del Sheikh".
"Di la verdad y no mientas".
"Piensa en nada más que la Ley, el Camino, el Conocimiento y la Realidad"(5).

Y así el aspirante entra en el camino de la orden que ha escogido. En el caso de Ahmad, fue el camino de los derviches Rifa'iya: una de las órdenes más famosas.

Es un camino con siete paradas o etapas [6]. El paso de etapa a etapa es enteramente a discreción del superior, quien juzga la aptitud y progreso del aspirante por lo que observa de su conducta y experiencias. Ya que el aspirante le confía todo al superior (sus sueños, sus experiencias, su carácter, su faltas) el sheikh es capaz de juzgar su aptitud para ser promovido – o no – a la siguiente etapa del camino.

LA DISCIPLINA DE UN MÍSTICO

Antes de entrar en una exposición de estas Siete Etapas, será conveniente reunir aquí algunas de las prácticas que son comunes a todas, o al menos a las iniciales.

Ya hemos mencionado el hábito de confesar todas las cosas al sheikh. Esto es lo que le permite tanto juzgar la condición espiritual del aspirante como prescribirle espiritualmente. Los aspirantes siempre tienen sueños [7] y el sheikh los interpreta, evaluando su estado mediante ellos. Algunas veces parecen estar luchando con animales. Esto es un signo de que aún se encuentran en las etapas inferiores, antes de que el verdadero conocimiento haya llegado al alma. Un gato es signo de hipocresía, un zorro significa engaño. O ven fuego o agua; y estos también tienen su interpretación [8]. Al principio el aspirante depende mucho del sheikh, y evoca repetidamente su imagen en el *Dhikr* para establecer un lazo de corazón a corazón. A esto se le denomina "perder el Yo en el Sheikh": de modo que él pueda mediar por el aspirante en el camino a "perder el Yo en Alá".

En las instrucciones iniciales dadas por el sheikh, sus preceptos morales son muy detallados, y abordan las más pequeñas particularidades de la vida. Además, les dice que el infierno rodea a los hombres; y que la vida Sufista es un camino mediante el cual pueden acceder aquí y ahora al Paraíso, el Janna del *corazón*. Les describe algunas de las experiencias estáticas e inflama su deseo de conocerlas: la visión de las luces multicolores, el éxtasis, la disolución del Yo en Alá.

El ejercicio espiritual (*riyada*) es a menudo muy severo, aunque no todas las órdenes prescriben esta severidad. Algunos sheikhs prescriben ayuno, poco sueño, silencio.

Algunas veces prescribirán el excepcional u ocasional ejercicio de los Cuarenta días, el Retiro. El aspirante es confinado a una pequeña celda, bastante oscura, y que es tan pequeña que uno no puede erguirse ni yacer totalmente en ella. En esta celda permanece durante cuarenta días y cuarenta noches, saliendo sólo para tomar parte en los ejercicios espirituales de la comunidad. Por la noche no se acuesta sino que duerme sentado en la posición de oración. Su ocupación durante el retiro es el *Dhikr*.

EL DHIKR

En la oración de la Orden, los viernes, en la mezquita del monasterio, primero se realiza la habitual oración musulmana prescrita por la Ley. Luego sigue la Mención. El Sheikh se adelanta entonces y es el líder. Se coloca frente al nicho que apunta a La Meca; detrás de él, en una hilera, se encuentran los iniciados avanzados, con los portaestandartes manteniendo el estandarte de la orden a su derecha e izquierda. Detrás de esta hilera, en un semicírculo, se encuentran los aspirantes; y en el espacio entre el semicírculo y la hilera se colocan doce velas encendidas.

El Sheikh se vuelve hacia los fieles. Los altos iniciados y los aspirantes se postran y besan el suelo; y la mención comienza:

Describir aquí una Mención es totalmente imposible. Tiene un elaborado ritual, largas oraciones con innumerables repeticiones y detenciones. El objetivo es producir éxtasis. Se entona el "testimonio" *La ilaha illa-lah* quizás trescientas o cuatrocientas veces, acelerando a prestísimo, hasta que quizá se produzca un arrobamiento: para alguien así extasiado, el fuego le parece surgir de su boca, luces de colores llenan su visión, se olvida de sí mismo y sus vecinos; Alá se convierte en todo. Este es el estado de trance; Pasión; Revelación [9]; Éxtasis; Abandono del Yo; Unión.

En tales momentos el extático, en virtud de su estado e invocando el mérito del fundador, Ahmad El Rifai, se apuñalará con una daga y esta entra y sale sin hacerle daño alguno; manipulará fuego y el fuego pierde su calor y no le hiere. Si bebe algo mortal, esto no tendrá efecto; "En verdad, para encontrar los signos prometidos a los creyentes en el Evangelio de Marcos, en esta época debes dirigirte a los Sufís" (Sheikh Ahmad).

A menudo un exceso de éxtasis produce total inconsciencia física, ya que el aspirante está perdido para el mundo e inmerso en el mundo espiritual y en Alá. De este estado es solo el Sheikh, de acuerdo a sus méritos, quien puede traerlo de regreso. Esto lo hace colocando el cuerpo rígido delante de él y dirigiéndole un encanto para despertarlo. Por consiguiente, el alma del aspirante regresa a él y vuelve a sus sentidos.

EL CAMINO SÉPTUPLO

Con respecto a las Siete Etapas en las que se divide el Camino de un derviche en la orden Rifai y en otras, aquí deben tenerse en cuenta algunas consideraciones preliminares. Su origen, por supuesto, se remonta mucho más allá del Islam: al neoplatonismo, al gnosticismo, a esas fuentes comunes de misticismo oriental, sean indias o persas, de las cuales han surgido varios misticismos paganos, judíos, cristianos o mahometanos, mistéricos, gnosticismos o teosofías, desde antes de la era cristiana hasta nuestros días. Su fuente es, por lo tanto, realmente una: el oscuro seno del panteísmo oriental. Pero sus *manifestaciones* históricas, con sus distintas adaptaciones, son desconcertantemente numerosas e intrincadas. En la adaptación que tenemos ante nosotros, el intento de utilizar la terminología *mahometana*, y hacer tanto uso como sea posible de las ideas mahometanas, es evidente.

RASTROS DE ANTIGUA COSMOLOGÍA O ASTROLOGÍA EN EL CAMINO SÉPTUPLO

El séptuplo viaje del alma nos conduce de inmediato a la vieja cosmología, tan antigua como los babilonios o aún más, tan joven como Dante y puede que aún más joven; según la cual la tierra, la densa esfera de materia, está rodeada por las siete esferas planetarias de la Luna, Mercurio, Venus, el Sol, Marte, Júpiter y Saturno; más allá de las cuales se encuentran las Estrellas Fijas; y más allá de ellas el mundo de la absoluta Realidad. Las Siete Etapas del Camino están, de hecho, relacionadas con las Siete Esferas en el ritual Rifai; pero es correcto decir que los antiguos significados cosmológicos o astrológicos parecen haberse perdido casi por completo. El Sheikh Ahmad, al menos, parecía incapaz de exponer la importancia de las diversas identificaciones de Etapas y Esferas, aunque por supuesto era consciente de que el *orden* de dichas Etapas correspondía a la de los Siete Planetas, según su proximidad a la tierra (como se suponía en los sistemas precopernicanos). Su imagen mental de la progresión del alma parecía ser, no tanto un vuelo ascendente a través de las envolventes esferas hasta el infinito mundo espiritual, más allá del Séptimo Cielo, como un viaje interno desde el exilio de la circunferencia a la comunión en el centro, donde el alma descansa en la Realidad, la cuarta de las cuatro [10] etapas principales a partir de las cuales se han desarrollado las siete. Estas cuatro son LAS LEYES, Etapas 1 y 2; EL CAMINO, Etapas 3 y 4; EL CONOCIMIENTO ("Gnosis"), Etapas 5 y 6; y LA REALIDAD, Etapa 7. En el diagrama con el cual las representó, la Realidad estaba en el centro, no en la circunferencia.

Los mismos rasgos gnósticos son discernibles en la doctrina de los Setenta Mil Velos, hacia la cual debe dirigirse la atención del lector por un momento.

RASTROS DE GNOSTICISMO EN EL CAMINO SÉPTUPLO

Setenta Mil Velos separan a Alá, la Única Realidad, del mundo de la materia y de los sentidos. Y todas las almas antes de su nacimiento pasan a través de estos setenta mil. La mitad interna de estos son velos de luz; la mitad externa, velos de oscuridad. Por cada uno de los velos de luz a través del cual pasa en este viaje hacia el nacimiento, el alma emana una cualidad divina; y por cada uno de los velos de oscuridad, adquiere una cualidad terrena. Por ende el niño nace *llorando*, ya que el alma conoce su separación de Alá, la Única Realidad. Y cuando el niño llora mientras duerme, se debe a que el alma recuerda algo de lo que ha perdido. Asimismo, el paso a través de los velos ha traído consigo el olvido: y es por esta razón que al hombre se lo denomina insan (que rima con ello en árabe). Él ahora está, por así decirlo, aprisionado en su cuerpo, separado de Alá por estas gruesas cortinas.

Pero el propósito pleno del Sufismo, el camino del derviche, es ofrecerle un escape de esta prisión, un apocalipsis de los Setenta Mil Velos, una recuperación de la unidad original con El Uno, *mientras aún está en este cuerpo*. El cuerpo no debe desecharse, debe refinarse (*talattaf* [11]) y espiritualizarse: una ayuda y no un obstáculo para el espíritu. Es como un metal que debe refinarse y transmutarse mediante el fuego. El Sheikh le dice al aspirante que él posee el secreto de la transmutación: "Te arrojaremos al fuego de la Pasión Espiritual ('ushq) y emergerás refinado. Y el combustible que alimenta esa llama es el *Dhikr*" [12].

Por cada etapa atravesada en este viaje de regreso a Alá, diez mil velos se extinguen (*kashf*).

PRIMERAS EXPERIENCIAS DEL MÍSTICO

Pero al aspirante se le ha advertido que estas etapas iniciales son esas donde es más necesaria la paciencia; porque estos son los Velos Oscuros. Las etapas de la Ley son realmente una cáscara, una amarga corteza a través de la cual hay que abrirse paso. Es la etapa del arrepentimiento. Fue en esta etapa (de la Ley) que los Banu Isra'il (israelitas) se quitaron la vida arrepentidos y murieron. Así también debe morir el aspirante, morir muchas veces diariamente, la muerte de esta amargura. A esta muerte los Sufis la denominan la Muerte antes de la Muerte, o el Nirvana menor. Si no está dispuesto a morir esta muerte no puede nacer de nuevo. Pero si está dispuesto, su cuerpo se va refinando progresivamente. La luz comienza a abrirse paso en el momento del *Dhikr* y del éxtasis.

Esta nueva experiencia desconocida sorprende al aspirante. Si ahora Alá mora en su corazón, piensa que él es Alá. Pero este pensamiento es prematuro: él solamente está mirando hacia adentro. Ha alcanzado el Mundo de la Unificación, pero aún hay un etapa superior: la etapa intermedia no es final, porque él está mirando solamente hacia el interior, y cuando el estado de éxtasis finaliza debe volver al mundo y romper esa Unión y esa Unidad. Él aún no ve a Alá en todas las cosas y todas las cosas vinculadas a él: esa es la verdadera meta. Debido a la debilidad y agitación de la etapas inmediatas, a menudo se desvanece y pierde el conocimiento durante el *Dhikr*. Por lo tanto, el viajero avanzado considera estas manifestaciones como signos de debilidad, signos de imperfección y de logros aún incompletos.

Ahora podemos considerar las Siete Etapas en detalle: corresponden a siete estados del alma, o más apropiadamente, a los Siete Tipos (*tawr, atwar*) del Alma (las "Siete Edades del Hombre" de los Sufis). En aras de la claridad, pueden llamarse de inmediato:

I. El Alma Depravada (*el-Nafsu-l-Ammara*)
II. El Alma Acusadora (*el-Nafsu-l-Lawwama*)
III. El Alma Inspirada (*el-Nafsu-l-Mulhama*)
IV. El Alma Tranquila (*el-Nafsu-l-Mutma'inna*)
V. El Alma Satisfecha de Dios (*el-Nafsu-l-Radiya*)
VI. El Alma que Satisface a Dios (*el-Nafsu-l-Mardiyya*)
VII. El Alma Clarificada, Perfecta (*el-Nafsu-l-Safiya wal-Kamila*)

LA PRIMERA ETAPA

EL ALMA DEPRAVADA (el-Nafsu-l-Ammara)

Esta etapa se vincula así:
Los *Siete Profetas* con ADÁN.
Los *Siete Planetas* con LA LUNA, gobernante de la primera Esfera (falak) [14].
Los *Siete Textos* [15] con "ALABADO SEA ALÁ, EL SEÑOR DE LOS MUNDOS".
Los *Siete Días* con el PRIMER DÍA.
Las *Siete contraseñas* (téseras) con AaBuJID [16].

Esta Etapa es la primera de La Ley. Como su nombre nos informa, tiene que ver con el alma natural, sensual, indisciplinada; con el humano en su estado no regenerado en este mundo, sujeto a La Ley, ignorante aún del Camino, del Conocimiento y de la Realidad. Este es el estado de todos los humanos, incluyendo a los musulmanes comunes. Se relaciona por lo tanto con ADÁN, pues él fue el padre de *todos los humanos*, y porque él fue el primero en desobedecer a Alá. También está relacionado con la declaración en la Fatiha que dice: "ALABADO SEA ALÁ, EL SEÑOR DE (TODOS) LOS MUNDOS". También con la LUNA, la *inferior* de las Esferas, la más cercana a la Tierra, la hija de la Tierra [17].

Cada Etapa, además, tiene un *Dhikr* especial: es decir, la Palabra usada durante esa Etapa en esas repetidas jaculatorias que forman la parte más importante de los ejercicios espirituales del derviche y que, como ya se ha dicho, son el alimento del fuego purificador del alma. El *Dhikr* apropiado para esta primera etapa es el Testimonio fundamental del Islam "*No hay Dios excepto ALÁ*". Esta Palabra, además, controla la enseñanza teológica apropiada a las dos Etapas de la Ley (I y II). Veremos hasta qué punto se modifica la expresión de esta *shahada* para las etapas más avanzadas; pero mientras el Alma es aún carnal, no-regenerada, "depravada", no es apropiado trascender la redacción tradicional, con su separación implícita entre el Yo, el Mundo, y Alá.

Se le enseña, sin embargo, que las palabras significan:

1. No hay Agente excepto Alá;
2. No hay Adorado excepto Alá; y
3. No hay Existente excepto Alá.

Antes de abandonar esta Etapa, el novicio debe repetir este *Dhikr* de 100.000 a 300.000 veces, de acuerdo a las instrucciones del sheikh. Entre cada 100 repeticiones también debe repetir la "*Azima*", una oración que se ejecuta de la siguiente manera:

> Ilahi azhir 'alayya zahiri
> Bi-sultani La ilaha illa-lah!
> Wa haqqiq batini
> Bi; haqa' iqi La ilaha illa-lah
> Wa 'hfazni mina-l-balaya wa-l-amrad
> Bi-haqqi La ilaha illa-lah.

> Dios mío, muéstrame mi entidad externa
> Por la autoridad de NO HAY DIOS EXCEPTO ALÁ.
> Y afirma mi entidad interna.
> De las verdades de NO HAY DIOS EXCEPTO ALÁ.
> Y protégeme de aflicciones y enfermedades
> Por la verdad de NO HAY DIOS EXCEPTO ALÁ.

Tales son los medios mediante los cuales se alcanza la primera parte del proceso regenerativo del alma, y se asegura su paso a través de los primeros diez mil velos. Desde el punto de vista ético, este proceso regenerativo se concibe como una sucesión: la tala del exuberante árbol de las malas cualidades; la extirpación de sus raíces nocivas; la plantación de una nueva raíz; y el crecimiento de un nuevo árbol de virtudes, con ramas tan frondosas como las anteriores. Este cuádruple proceso no se consuma hasta la séptima y última Etapa, y la contribución de cada Etapa al proceso es fija y definida.

En esta Primera Etapa, el árbol del Alma Depravada y no regenerada se representa como completo y floreciendo desde las raíces hasta los más alejados vástagos. Sus dos raíces son Lujuria y Cólera. Estas se unen en un único tronco de Ignorancia, con sus componentes: Falsa Creencia, Duda, Heterodoxia, Politeísmo y Formalismo (*Taqlid*).

Entonces este tronco se ramifica en los varios vicios del Alma Depravada: el central, en el camino ascendente del tronco, es la Envidia; en cuyos flancos se encuentran los dos extremos que impiden alcanzar el Justo Medio: Exceso (*ifrat*) y Defecto (*tafrit*). Después, en cada lado, vienen los vicios ramificados. Así tenemos:

Ramificaciones	Mundanalidad	Avidez / Codicia / Mezquindad
	Hipocresía	Avaricia / Traición
Tronco	EXCESO / ENVIDIA / DEFECTO	
Ramificaciones	Orgullo	Menosprecio / Deshonor
	Enemistad	Golpear / Vengatividad / Odio / Asesinato

Despejar estas ramificaciones externas de maldad es la labor de la disciplina de esta Primera Etapa (*el-takhliyatu el-kharijiya*).

LA SEGUNDA ETAPA

EL ALMA ACUSADORA (*El Nafsu-l-lawwama*)
Esta etapa se vincula así:

Los Siete Profetas, con IDRIS [18]
Los Siete Planetas, con MERCURIO [19], gobernante de la Segunda Esfera.
Los Siete Textos, con "EL MISERICORDIOSO RAHMAN".
Los Siete Días, con el SEGUNDO DIA.
Las Siete Contraseñas (téseras), con HaWuZiH.

El *Dhikr* para esta Etapa es simplemente "ALÁ". Antes de dejar este grado rumbo al siguiente, el aspirante debe repetir esto 87.084 veces, y entre cada 100 repeticiones las siguientes '*azimas*:

1. La mawjuda siwaka, wa innaka mawjudun haqiqi.
No hay nadie más que Tú existente, y ciertamente Tú eres un existente que es real.

2. ¡Ilahi! ij' al qalba 'abdika-l-da' ifi mazharan lidhatika wa manba' an li' ayatika, wa-rzuqni bithabati 'ala dhikrika, ¡ya Allah!
Dios mío, haz del corazón de tu débil sirviente un lugar de manifestación para Tu esencia y un lugar donde broten Tus Signos; y concédeme que me consolide en hacer mención Tuya. ¡Oh Alá!

En esta Etapa el aspirante llora mucho: porque es la etapa del Alma autoacusadora. Sus vicios favoritos están siendo desmembrados, la divina pasión de amor (*'ushq*) está en sus inicios. Todo, por lo tanto, es confuso, incómodo, angustioso. La disciplina es tan severa que el sheikh a menudo envía al aspirante lejos temporalmente de modo que el corazón pueda tener tiempo para asimilar su disciplina. Porque esta disciplina es ahora la de la Limpieza Interna (*el-takhliyatu-l-batiniya*). Las ramificaciones de los vicios externos ya han desaparecido, el tronco de la Ignorancia ha disminuido, pero las raíces, Ira y Lujuria, aún permanecen, y es contra estos vicios internos del corazón que se dirige la disciplina de esta etapa.

LA TERCERA ETAPA

EL ALMA INSPIRADA (*El Nafsu-l-Mulhama*)
Esta etapa se vincula así:

Los Siete Profetas, con NOÉ [20]
Los Siete Planetas, con VENUS [21]
Los Siete Textos, con SEÑOR DEL DÍA DEL JUICIO FINAL.
Los Siete Días, con el TERCER DÍA.
Las Siete Contraseñas, con TaYuKiL.

Las Etapas de la LEY han pasado. Ahora se entra en las dos Etapas del Camino.
El *Dhikr* de esta Etapa es HU. (¡ÉL!)

La *Shahada* ahora cambia de "No hay Dios sino Alá" a la segunda persona: "No hay Dios sino Tú". El Yo se encuentra cara a cara con el único no-yo, ¡Tú! Y esto es lo que enseña el *Dhikr*, ya que HUWA (HU) en árabe se escribe con un círculo; así, Alá circunda por completo el alma.

El proceso de extirpación (*takhliya*) ahora ha finalizado y se da instrucción positiva en amor y pasión divina (*mahabba* y *'uskh*). Ahora se le enseña al aspirante que los instrumentos musicales prohibidos y el canto son legales. Se da cuenta de que pueden usarse como medios para engendrar pasión espiritual. Además, cuando escucha el sonido de esta música le recuerda la Voz que, antes de que el mundo fuera, hizo la pregunta: "¿No soy tu Señor?" En ese momento los Profetas vieron la Luz y escucharon la Voz; los santos solo escucharon la Voz, los *hipócritas* ni vieron ni escucharon pero comprendieron la pregunta, los *incrédulos* ni escucharon, ni vieron ni comprendieron. Pero en esta Etapa el alma recobra esa visión: la Fe de la Visión (*iman mar'awi*), como algo opuesto a la Fe de la Prueba deductiva (*iman istidlali*).

LA CUARTA ETAPA

EL ALMA TRANQUILA (*El Nafsu-l-Mutma' inna*). Esta etapa se vincula así:

Los *Siete Profetas*, con ABRAHAM [22].
Los *Siete Planetas*, con el SOL [23].
Los *Siete Textos*, con A TI ADORAMOS Y DE TI IMPLORAMOS AYUDA.
Los *Siete Días*, con el CUARTO DÍA.
Las *Siete Contraseñas*, con MaNuSi.

En esta etapa el pasado se olvida finalmente, desaparecen los últimos vestigios de Ira y Lujuria, junto con Ignorancia, y aparecen los primeros vestigios de Paciencia y Templanza (*sabr* e '*iffa*), las raíces gemelas del nuevo árbol de la virtud, junto con su tallo de Conocimiento (*ma' rifa*).

Así comienza a vivir la verdadera virtud. De ahí que el *Dhikr* para esta Etapa sea ¡HAYY! (¡El Viviente!).

Por todas estas razones el Alma ahora se vuelve "Tranquila", la lucha ha terminado. Todo lo que ahora ve conduce a Alá, y no está acompañado por ningún dolor de anhelos que distraen.

Los ejercicios derviches de autoflagelación y similares comienzan a veces en esta Etapa; son las pruebas (barahin) de la vida santa. "Si el *Dhikr* (¡HAYY! ¡El Viviente!) actúa en el aspirante, ningún daño le ocurrirá cuando pique la víbora; la espada no duele cuando lo atraviesa; el fuego no quema cuando lo toca". Estas son las Tres Pruebas. Antes de tocar el fuego, por ejemplo, el aspirante dice: "*Ya Nar, kuni bardan wa-salama*" (¡Fuego, sé frío y pacífico!) Y he ahí, su calor no lo toca.

LA QUINTA ETAPA

EL ALMA SATISFECHA DE DIOS (El *Nafsu-l-Radiya*)
Esta etapa se vincula así:

Los Siete Profetas, con MOISÉS.
Los Siete Planetas, con MARTE, gobernante de la quinta esfera.
Los Siete Textos, a CONDÚCENOS POR EL SENDERO RECTO.
Los Siete Días, con el QUINTO DÍA.
Las Siete Contraseñas, con FaSuQiR.

Con esta etapa comienza la tercera de la cuádruple división de las Etapas, Conocimiento (*mar'rifa*). Con razón, por lo tanto, se relaciona con Moisés, ya que él tuvo verdadera Gnosis; él escuchó la Voz, él vio *Shechina*: la Luz. Por igual razón se relaciona con el texto, "*Condúcenos por el Recto Sirat*" (sendero, o puente), ya que en esta etapa comienza el verdadero puente a la perfección. Todo lo que sucedió antes fue solo un puente externo; pero ahora comienza el *secreto* del Sufismo. Ahora el aspirante comienza a conocer las artimañas de la Ley, y las secretas maquinaciones del Camino (*hiyalu-l-Shari' a wa dasa' isu-l-Tariqa*). Ahora, mediante el mandato del Sheikh, comienza a abandonar una parte – quizás una cuarta parte – de las oraciones y prescripciones de los suníes. Aunque el mandato del sheikh no es necesario, el propio *Dhikr* le revela (*kashf*) el mismo secreto. Porque el *Dhikr* para esta etapa es *Qayyum* (autosubsistente). Él ha entrado en la *Gnosis*, CONOCIMIENTO, que comprende esta y las siguientes etapas.

Las raíces gemelas de Paciencia y Templanza, junto con el tallo del Conocimiento, continúan creciendo durante esta Maqam.

Esta Etapa es la del Alma satisfecha de Dios, indicando una posición más estable y positiva que la precedente (el Alma Tranquila).

En el curso de esta Etapa el alma canta para sí, diciendo:

¡Oh, Alma, tú Alma tranquila! ¡Regresa a tu Señor satisfecha de Dios, satisfaciendo a Dios! Luego entra entre mis sirvientes y entra en mi Paraíso.

"*Ya ayyatuha-l-nafsu-l-mutma'inna! ¡Irja' i ila Rabbiki radiyatan mardiyya! Fa-dkhuli fi' ibadi, wa-dkhuli jannati*". (Corán, Sura 89, 27).

Se observará que estas palabras conectan la Etapa anterior, la presente y las sucesivas.

LA SEXTA ETAPA

EL ALMA QUE SATISFACE A DIOS (El *Nafsu-l-Mardiyya*)
Esta etapa se vincula así:

Los Siete Profetas, con 'ISA EL MASIH (Jesucristo) [24].
Los Siete Planetas, con JÚPITER.
Los Siete Textos, con EL SENDERO DE LOS RECEPTORES DE TU GRACIA.
Los Siete Días, con el DÍA DE LA ASAMBLEA (Viernes).
Las Siete Contraseñas, con SHaTuTHiKH.

Esta es una Etapa superior a la última, en la medida en que es mejor darse cuenta de que uno es el objeto de la satisfacción de Alá a que uno mismo esté satisfecho. Y con esta comprensión, el aspirante sabe que ahora es totalmente libre de abandonar todas las observancias religiosas, sea la oración sunní o el *Dhikr* Sufi. Ya no tiene ninguna necesidad de ellas. Algunos, sin embargo, mantienen algunas de estas prácticas. Si utiliza el *Dhikr*, el Nombre evocado en él es ¡LATIF! (¡*Benévolo*!).

La raíz gemela de Paciencia y Templanza se perfecciona en esta etapa, junto con el tallo del Conocimiento. Todo está, por lo tanto, preparado para ramificarse y convertirse en el árbol plenamente desarrollado de la Etapa Final.

LA SÉPTIMA ETAPA

EL ALMA CLARIFICADA, PERFECTA (El *Nafsu-l-Safiya wa-l-Kamila*).
Esta Etapa se vincula así:

Los Siete Profetas, con MOHAMMED.

Los Siete Planetas, con SATURNO.
Los Siete Textos, con NO DE QUIENES SON OBJETO DE TU AVERSIÓN, NO DE QUIENES SE ENCUENTRAN EXTRAVIADOS.
Los Siete Días, con el Sábado.
Las Siete Contraseñas, con DHaDuZiGH.

El Nombre apropiado para el *Dhikr* de esta Etapa es El Qahar (el Sometedor mediante restricción); ya que la Amabilidad (*lutf*, ver la Maqam precedente) es para la vida; pero el Constreñimiento es para el final de la vida.

Con esta Etapa se alcanza LA REALIDAD, el último de los cuádruples peldaños. El aspirante se ha realizado. Abandona todas las oraciones, todos los ayunos, todo tipo de prácticas religiosas, ya que se ve a *sí mismo* como el espejo en el cual se reflejan todas las cosas. La Confesión, "No hay Dios sino Tú", que reemplazó a "No hay Dios sino Alá", y que se ha mantenido como cierta desde el tercer Maqam, ahora sufre su transformación final:

NO HAY DIOS SINO YO *(La ilaha illa Ana).*

Pues el Alma se convierte en el espejo, en la medida de todas las cosas. Lo Permitido y lo Prohibido (*halal wa haram*) están superados y olvidados, ya que para el alma ahora no existe la prohibición o aprobación externa: todas las acciones que surgen proceden del *interior*. Si ya no reza, no es un deber ordenado por Alá; la oración y la no-oración son lo mismo. Si realiza lo que está prohibido para otros, no es pecado para él; ya que todas las cosas son una, todas las cosas están relacionadas con su alma y reflejadas en su espejo.

Al mismo tiempo, aquellos que alcanzan esta Etapa tienden, de acuerdo a sus temperamentos, hacia el viejo ascetismo (*suhd*) o la recién encontrada libertad y facilidad (*raha*). La tónica de la acción de estos últimos es la libertad de espíritu, ilimitada por consideraciones *legalistas* de cualquier tipo, pero autolimitada de forma natural por lo que genera felicidad. Esto se vuelve claro cuando se consideran las ramificaciones del Árbol de la Perfección, cada una de cuyas ramas corresponde a una que fue anteriormente destruida.

Las raíces Paciencia y Templanza conducen (como hemos visto) al tronco del Conocimiento, del cual surgen:

Ramificaciones	Espiritualidad (*Tark el Dunya*)	Contentamiento, Liberalidad, etc.
	Sinceridad (*Ikhlas*)	Cordialidad, etc.
Tronco	EQUILIBRIO MORAL (*I'tidal*) BUENA VOLUNTAD (*Rida*) EQUILIBRIO MORAL (*I'tidal*)	
Ramificaciones	Humildad (*Tawadu'*)	Respeto, Reverencia, etc.
	Amor (*Mahabba*)	Afabilidad, Perdón, etc.

La nota dominante es, de hecho, este equilibrio moral (*I' tidal*), el Justo Medio; así como la tónica del Alma Depravada era Exceso, tanto hacia Demasiado como hacia Demasiado Poco (*Ifrat wa Tafrit*). El Sufi no debe darle demasiada importancia a cualquiera de estas virtudes, ya que eso sería estancarse en alguna otra. Hace de modo natural lo que revierte en su propia felicidad, y la de quienquiera con quien se relacione. Es por esta razón que el *asesinato*, por ejemplo, no tiene lugar entre sus acciones, aunque sea el espejo de todas las cosas: no porque sea *haram*, o un "pecado", sino porque no contribuye a la felicidad de nadie. No se abstiene del asesinato en base a ninguna prohibición externa: "No matarás". De modo similar en el caso del adulterio; para el Sufi el aspecto legal ya no tiene ningún significado: por lo tanto para él no existe algo como el matrimonio – ya que el casamiento es un aspecto legal y una innovación (*bid' a*) – ni tampoco algo llamado adulterio. Ambos son trascendidos. El acto sexual en sí mismo es bueno. Su relación con él está por completo gobernada por su propia felicidad y la de su pareja en el acto. El mismo nombre adulterio se vuelve completamente un sinsentido. Cuando se le preguntó al gran Sufi, el Sheikh Junaid el Baghdadi: "¿Comete adulterio el hombre de gnosis?", él respondió: "*Wa kana amru-lla madraq maqdurna*". "El asunto (o el mandamiento) de Alá es una determinación determinada".

Del mismo modo, el hombre de Gnosis no roba, ya que: ¿cómo puede el robo traer la felicidad al hombre a quien se roba?

Y así es con todas las acciones de la vida: ninguna ley externa regula al Sufi con respecto a ellas, tanto en un sentido como en otro; solo el Justo Medio y la felicidad general. En el espejo de su alma se reflejan todas las cosas del cielo y de la tierra. Todas las cosas están en él y él en todas las cosas. No hay dios sino él.

APÉNDICE I

LAS SIETE CONTRASEÑAS (TESERAS)

El alfabeto árabe actual no muestra el orden original de las letras; un orden que los árabes adoptaron de otros pueblos semitas (y que subyace, además, en el orden de nuestro propio alfabeto, que nos llegó *vía* los romanos, *vía* los helenos, *vía* los...?)

Los no semitas pueden ver cuál es ese orden si se fijan en las divisiones del Salmo 119 que, siendo un salmo acróstico, está dividido de acuerdo a las letras del alfabeto hebreo.

Estas letras, sin embargo, son solo 22; los árabes retuvieron este orden para sus primeras 22 letras, y ensartaron las restantes 6 al final, totalizando 28. Este número, formado a su vez por dos números místicos (7 por 4), fue por supuesto una oportunidad demasiado buena para ser desaprovechada por el místico árabe. Siete le parecía que apuntaba de modo natural a las Esferas Planetarias, e igualmente el *Cuatro*, por supuesto, a los Cuatro Elementos. Escribiendo A B G D y luego ordenando en rangos las restantes letras debajo en grupos de cuatro, obtenía siete palabras o contraseñas (téseras), cada una compuesta de cuatro letras muy adecuadas a los cuatro elementos, y cada una atribuida a una de las siete esferas planetarias. De este modo:

	FUEGO	AIRE	AGUA	TIERRA
El Qamar (LUNA	A (')	B	G	D
'Utarid (MERCURIO)	H	W	Z	H
Zuhra (VENUS)	T	Y	K	L
El-Shams (SOL)	M	N	S	'
Mirrikh (MARTE)	F	S	Q	R
El-Mushtari (JÚPITER)	SH	T	TH	KH
Zuhal (SATURNO)	DH	Ḍ	Ẓ	GH

(Ver Ibn Khaldun, *Muqaddimah*, traducción por de Slane, III, págs. 138-139 con texto árabe correspondiente.)

Las palabras compuestas de las anteriores contraseñas de consonantes adquirieron sonido mediante el uso de tres vocales (a,u,i), más la ausencia de un signo vocal (.), que en árabe está incluido junto con las vocales debido a la parte igual que juega con ellas en la sintaxis. De este modo se obtuvieron 'ABUGID·, HAWUZIH·, etc.

El pasaje citado de Ibn Khaldun nos muestra que ciertamente se hizo uso místico [25] de estas palabras cabalísticas (la ciencia de *Simiya*, o nombres místicos). Podemos suponer que tipificaban para ellos la *plenitud* de las cosas (*kamal, pleroma*): todas las esferas, todos los elementos, todas las consonantes y todas las vocales entrando en su composición, una convincente orgía de sietes y cuatros, los números de la perfección celestial y terrena.

APÉNDICE II

Un diagrama de la vía mística séptuple

	I Etapa	II Etapa	III Etapa	IV Etapa	V Etapa	VI Etapa	VII Etapa
	La Sharia LA LEY			*El Tariqa* EL CAMINO		*El Ma'rifa* LA GNOSIS	*El Haqiqa* LA REALIDAD
	El Nafsu-l-Ammára El alma depravada	*El Nafsu-l-Lauwáma* El alma acusadora	*El Nafsu-l-Mulhama* El alma inspirada	*El Nafsu-l-Mutma' inna* El alma tranquila	*El Nafsu-l-Rádiya* The El Alma Satisfecha de Dios	*El Nafsu-l-Mardiyya* El alma que satisface a Dios	*El Nafsu-l-Sáftya wal Kámila* El alma clarificada, perfecta
El Dhikr CONTRASEÑA	*La Iláha illi Allah!* ¡No hay Dios sino Alá!	*La Iláha illá Há!* ¡No hay Dios sino Él!	*Há!* ¡Él!	*Hayy!* ¡Vivo!	*Qayyum!* ¡Auto subsistente!	*Latif!* ¡Amable!	*Qabhár!* ¡Restringidor!
El Shahâda EL CREDO	*La iláha illa-lláh* No hay dios excepto Allah			*La iláhá illa Anta* No hay dios salvo Tú			*La iláha illa Ana* No hay dios salvo Yo
El Nabi EL PROFETA	Adam	Idris	Noah	Abraham	Moses	Jesus	Muhammad
El Mathná EL TEXTO	*El Hamdu lillah* etc. Alabado sea Allah, etc.	*El Rahmán el Rahím* El misericordioso Rahmán	*Málik youm el Dín* Señor del Día de la Perdición	*Iyyaka na 'budu*, etc. Te adoramos, etc.	*Ihdiná-l-sirat*, etc. Guíanos en el camino, etc.	*Sirat alladhína*, etc. El camino de los objetos de Tu Gracia	*Ghairi-l-maghdúb*: etc. No de los objetos de Tu odio, etc.
El Falak LA ESFERA DEL PLANETA	*El Qamar* La luna	*Utárid* Mercurio	*Zuhra* Venus	*El Shams* El sol	*Mirríkh* Marte	*El Mushtari* Júpiter	*Zuhal* Saturno
El Youm EL DÍA	Primer día	Segundo día	Tercer día	Cuarto día	Quinto día	Día de la Asamblea	Día de descanso
El Abruf La CONTRASEÑA	ABUJID	HAWUZIH	TAYUKIL	MANUSI	FASUQIR	SHATUTHIKH	DHADUDZIGH
El Hujub Los VELOS	Treinta y cinco mil velos oscuros				Treinta y cinco mil velos claros		
	EXOTERIC				ESOTERIC		

NOTAS

1. O, más apropiadamente, casas de fraternidad, ya que la palabra monasterio sugiere *celibato*, lo cual no tiene lugar prioritario en el Sufismo. Los residentes de una *takiya* son solteros, o si están casados viven apartados de sus mujeres durante el tiempo que residen allí.

2. De modo similar, en este artículo no podemos abordar los aspectos misioneros de este tema. La relación del Sufismo musulmán con el evangelismo cristiano es un tema que requiere un tratamiento mucho más completo que el que ha recibido.

3. Los dos hermanos siempre han sido inseparables. El siguiente estudio debe casi tanto a uno como al otro.

4. *Al-zaman wal-makan wal-ikhwan.*

5. Estos cuatro términos tienen un significado especial, que veremos en breve.

6. El Camino Nakshabandi, por ejemplo, solo tiene cuatro etapas; y veremos que las tres últimas de las siete etapas Rifai no son sino expansiones de la cuarta.

7. En este, como en muchos otros detalles curiosos, se le recuerda al lector que el escritor transcribe simplemente lo que su informador Sufi le contó.

8. Ver Ghazzali: *Mishkat el Anwar*, págs. 31-32 (edición de El Cairo).

9. En el significado literal: revelación, quitando el velo.

10. *Cuatro* es también un número místico, significa las Cuatro Esquinas de la Tierra, los Cuatro Elementos, etc. Siete está relacionado con las Esferas Planetarias. *Doce* con los signos zodiacales.

11 Significado original de *latif*, sutil.

12 Ya hemos dicho que en su origen *Dhikr* significa simplemente "mencionar" o "conmemorar" (el Nombre de Dios); de ahí la múltiple repetición extática del mismo en los servicios de los Sufis; y de ahí la existencia de esos servicios.

13 Se puede decir en un principio que las Siete Etapas se identifican por completo con estos Séptuplos. Posiblemente se podrían encontrar las *razones* para todas estas identificaciones elaboradas en algún lugar en libros Sufis. Pero tal ciencia no parece ser parte del conocimiento habitual de los Sufis practicantes. Los dos Sheikhs, Ahmad y Nasimi, no parecían tener fuertes convicciones sobre el tema, y mostraron una disposición a inventar razones sobre la marcha. Algunas de sus ideas se han reproducido en este informe, pero con esta precaución.

14 La vieja cosmología de las Siete Esferas Planetarias o Cielos, que como *cosmología* subyacía en *todo* el pensamiento antiguo, y como *astrología* afectó aparentemente a la mayor parte del pensamiento místico, es también prominente aquí. Sin embargo, hasta que se estudie la conexión del Sufismo con las ideas astrológicas, será imposible definir el significado preciso de este Séptuplo de las Esferas como una de las correlaciones del Séptuplo Camino. Ibn Khaldun afirma enfática y expresamente la repugnancia entre el Sufismo y la propia astrología (ver Apéndice I). Los dos sheikhs, Ahmad y Nasimi, no parecían tener ideas formadas sobre el tema.

15 *Mathani*, las siete cláusulas en las que se divide la Fatiha.

16 Una palabra formada por las cuatro primeras letras (7x4=28) del viejo alfabeto árabe, combinadas con los cuatro signos vocales: ver Apéndice I.

17 No hay razón para pensar que tenemos aquí un golpe de suerte en la teoría moderna del surgimiento de la luna de la tierra fundida. "Hijo de" en Oriente solo significa "relacionado especialmente con".

18 "Idris": *Kathiru-l-dars*. Hay mucho estudio (*dars*) en esta etapa.

19 Pues Mercurio es de una naturaleza mixta, como el alma en esta Etapa, predominando los aspectos desfavorables.

20 Ya que las Etapas anteriores eran como un Diluvio de error e iniquidad; y esta Etapa es como el Arca de rescate a partir de ahí.

21 Porque la influencia de esta estrella es también mixta, pero predomina el bien (*su' ud*).

22 Los Sufis creen que Abraham se sometió a la disciplina de los Cuarenta Días, cuando los idólatras ocuparon la sagrada Kaaba en La Meca, y por el mérito de esa disciplina los venció. Así obtuvo el Alma Tranquila.

23 Ahora la Luz surge plenamente por vez primera. En el curso de esta Etapa Media los 35.000 velos de oscuridad son dejados atrás.

24 Porque Alá exhibió Su Gloria en él más que en Moisés, hasta tal punto que algunos pensaron que la divinidad se había manifestado en él; mientras que en realidad se manifiesta en todos.

25 No es mágico, como muy cuidadosamente nos informa (obra citada). Demuestra laboriosamente que la Cábala *no* es lo mismo que un Talismán.

CONCEPTOS FUNDAMENTALES EN LA COMPRENSIÓN SUFI

editado por el

Profesor Hafiz Jamal

Esos asombrosos Sufis

Adilbai Kharkovli

LA GRAN DÉCADA de interés y experimento, mostrando religiones orientales y extrañas prácticas, ha surgido y desaparecido, dejando un curioso residuo de creencias, mitos, prácticas y desilusionados buscadores de conocimiento dispersos desde California a Katmandú. Ha cumplido dos funciones obvias: cosas como el vegetarianismo y los cantos místicos, anteriormente reservadas a cultos locales raros y sociedades extrañas de personas a menudo poco equilibradas, se han dado a conocer a una enorme masa de personas. Las nuevas modas, como los platillos voladores, han sido amalgamadas con las viejas, como por ejemplo los antiguos libros chinos de adivinación; aún se encuentran imitadores indios (tanto hindúes como pieles rojas); libros acerca de magia y milagros se venden por cientos de miles. Y, como una derivación quizás beneficiosa, muchos cultos han sido expuestos por lo que son: muy a menudo grupos que atraen a los desequilibrados y desequilibran a aquellos propensos a tales direcciones.

Al leer la literatura y hablar con una amplia variedad de personas pensantes, uno ve que una sola faceta de esta explosión de interés ha sido la más sorprendente y también la más elusiva. Se trata de la revelación, para la gente de Oriente y Occidente, de la riqueza de investigación y experiencia encerrada dentro de la literatura y prácticas de un conjunto de gente que durante los últimos mil quinientos años han sido denominados Sufis.

Nadie sabe cuándo o dónde comenzó este movimiento. Sus principales teóricos dan tal variedad de respuestas a la pregunta, que ahora puede haber pocas dudas de que deliberadamente distraen cualquier esfuerzo para rastrear su conocimiento más allá de lo que ellos quieren que llegue. Conocemos los nombres y abundantes datos acerca de la vida y obra de una asombrosa cantidad y variedad de sus sabios: desde España y Marruecos hasta la India, desde lo que es ahora la Unión Soviética hasta el centro de África. Pero tan pronto como intentas reconstruir exactamente lo que están haciendo y por qué y cómo, te encuentras con obstáculos insuperables. Indudablemente el suyo es un secreto mantenido del modo más efectivo: mostrándose y luego proliferando sus materiales hasta el punto de que el pensador o investigador convencional no podrá encontrar rastros característicos a partir de los cuales pueda deducir una teoría general.

Hay muchas personas que consideran esta variedad y profundidad como la evidencia de la autenticidad del esfuerzo. Es cierto que no existe ninguna otra comunidad que haya sido capaz de actuar de este modo, ya que todas las otras han sido obligadas por presiones sociales y de otro tipo a osificar sus dogmas y exponer sus principios a menudo de un modo tan reducido que proclama sus limitaciones hasta un punto casi cómico.

Pero la experiencia de auténticos grupos Sufis revela que los elementos que otros sistemas consideran primarios, centrales, entre los Sufis se toman como periféricos o transitorios, secundarios. Esta idea, una vez más, es tan sorprendente y seductora que algunos han encontrado en ella una prueba de la legitimidad del enfoque Sufi. Los propios Sufis dicen que todos los verdaderos sistemas comenzaron mediante el uso, por parte de un individuo experto, de rituales y métodos que eran aplicados de acuerdo a las necesidades. Casi todos ellos, según los Sufis, degeneran en pantomimas. Entre estos se encuentran la mayoría de los sistemas espirituales conocidos en la actualidad, así como la medicina tradicional, las ideologías e instituciones sociales.

El ocultamiento y la operación electiva pueden entonces tomarse como los sellos distintivos de los Sufis. ¿Qué tienen en común que pueda ayudarnos a hacer una conexión? Bien, si es cierto que el Sufi tiene una habilidad que debe ejercerse de acuerdo con las condiciones y el estado de su alumno, parecería factible que "ocultase" a la curiosidad del discípulo una gran parte de información acerca de los orígenes y demás. Si un cirujano fuese a operarte, o un doctor te prescribiese un tratamiento, ninguno de ellos te alentaría a interferir con el proceso mediante constantes preguntas acerca de la historia de su habilidad. Parece probable que esta sea la base para gran parte del misterio Sufi cuando observamos lo que los propios Sufis dicen al respecto: "El Sufismo", dicen, "es actividad, no teoría".

Esta actividad, continúan, puede tomar casi cualquier forma.

La actividad Sufi familiar para una amplia y creciente audiencia se encuentra en la forma de relatos contados por los Sufis. Pueden parecer didácticos, preventivos o humorísticos, o absolutamente misteriosos. Sin embargo, un estudio de estos cuentos, y lo que los propios Sufis dicen acerca de ellos, revela algo que raras veces se sospecha. La gente intenta usarlos del modo acostumbrado – descifrar su significado o permitir que actúen sobre ellos, o relacionarlos con algo ya conocido, etc. – pero su uso es distinto. Los cuentos están ahí para preparar la mente para una comprensión ulterior, no para proporcionar una comprensión que el discípulo pueda percibir; y también están diseñados, *grosso modo*, para desconcertar parcialmente, de modo que el aprendiz admita que no puede comprender, y por lo tanto solicitará al maestro una enseñanza real. En este papel, son el aguijón que conduce al individuo hacia el maestro.

Así el relato Sufi está diseñado para ayudar a superar suposiciones no percibidas. La suposición, en la mayoría de los casos, es que el aprendiz puede aprender sin ayuda.

De modo similar, las tareas Sufis, sean labores manuales o el cumplimiento de ejercicios, contienen el elemento menos sospechado por el estudiante: aquel mediante el cual se da cuenta de que la percepción *va más allá* de la actividad. Cuando los Sufis informan acerca de logros en los negocios, ejercicios espirituales, fórmulas o incluso quehaceres de jardinería para su maestro, debe señalarse que estos desarrollos no llegan durante la actividad, sino invariablemente después de ella. Esto está subrayado por indicios de fuentes Sufis de que el "yo" ordinario, como lo experimenta la mayoría de las personas, se interpone en el camino de la autorrealización. Solo una fatiga de este yo secundario hace posible que los impulsos más sutiles sean percibidos por el yo primario; y esto sólo sucede cuando se hace como parte de un programa planeado y llevado a cabo por un maestro de enseñanza real, no por imitación.

Las historias y actividades Sufis, por lo tanto, contienen la efectiva función de bloquear la labor de la supuesta mente analítica y el yo denso, así como una preparación para percepciones superiores.

Estos conceptos, aseguran los Sufis, se encuentran en la raíz de todas las tradiciones genuinas; pero, como en el caso del deterioro hacia el ritualismo que ya hemos observado, se han vuelto osificadas por tradición en todos los otros sistemas, hasta convertirse en repetición, diversión disfrazada y emocionalismo.

El misterio Sufi atrae a personas con un gusto por él excesivamente desarrollado, como los propios Sufis admiten.

Insisten, sin embargo, en que el factor del misterio pone de manifiesto esta propensión y permite al Sufi diagnosticarla y sustraer a tales personas de entre sus seguidores. Si lees cualquier colección de auténticas historias Sufis verás que esto se hace con mucha frecuencia. Una vez más, la función instrumental de la literatura Sufi, cuando se revela, molesta a una gran proporción de personas superficiales, y esto a su vez ayuda al Sufi a liberarse de ellos poniendo en juego lo que hoy en día se llama "terapia de aversión". Es bien conocido el efecto del fanatismo como destructor del sentido del humor en una persona. Los Sufis también hacen uso de esto, al insistir en que aquellos interesados en su Camino deberían estudiar y comprender chistes y recitales humorísticos. Esto hace que las personas inútiles, el tipo de mente que realmente no puede acercarse a la verdad Sufi, eviten a los Sufis, complaciendo así a ambas partes.

La autorrealización es el objetivo Sufi. ¿Cuál es este yo implicado y cómo se realiza? Primero, los Sufis están operando en el campo de la religión: lo que significa que están comprometidos a creer en un significado para la vida humana, la existencia de un poder divino y una transmisión del conocimiento de ese significado, ese poder y ciertas oportunidades para la humanidad.

Se ha dicho que todavía no se conoce una comunidad humana que no tenga un sistema religioso. Es cierto que todos los que se topan con la actividad Sufi, cualquiera que sea la forma, la relacionará con lo que él (o ella) ya asume que es religión; o, más probablemente, la verdadera religión. Sin embargo, un estudio de las palabras y acciones de los Sufis parece mostrar que en un momento parecerán estar apoyando la expresión religiosa local y en otro oponiéndose a ella. La confusión surge simplemente porque los Sufis están enseñando, no promoviendo creencias. Donde su enseñanza concuerda con las creencias locales, parecerá que las están apoyando; donde se desvía, parecerá que se oponen a la estructura religiosa de la creencia.

Con frecuencia se ha registrado que los mismos Sufis enseñan de este modo: aunque su actitud en general se expresa en términos que eran mejor comprendidos en el pasado. Por ejemplo, la frase "el Sufismo es el aspecto interno de la religión" puede fácilmente considerarse que significa: "Las enseñanzas Sufis, con el curso del tiempo, se ven cubiertas por acreciones sociales, emocionales y de otro tipo, que se estabilizan en religiones. La tradición viva de los Sufis, sin embargo, continúa. Visto desde el punto de vista del religionista, por supuesto, el elemento Sufi es el componente interno, y el resto es consecuencia de la religión".

De un modo aún más conciso, el Sufi está diciendo: "El Sufismo es una enseñanza diseñada para restablecer una conexión de la humanidad con lo divino. De vez en cuando eso es revitalizado cuando los sistemas religiosos se han cubierto demasiado con acreciones para poder actuar como entidades de enseñanza y han menguado hasta convertirse en organizaciones de acción social, búsqueda de poder o mera panoplia."

Este énfasis se observa muy pronunciado en las palabras de un Sufi que ha dicho: "La armonización de la parte interna de la humanidad, el verdadero Yo, con la Verdad Última se perturba cuando la actividad social o emocional se vuelve muy intensa. Lo tosco desplaza a lo sutil".

Por ende, cuando el Sufi dice: "La gente no quiere aprender, quiere sentir", se refiere a esta tendencia degenerativa, la dilución de la dimensión espiritual por la demasía de sentimiento, ritualismo, etc.

Él no quiere decir que la gente no debería sentir y en cambio solo aprender. Él significa que sentir no es aprender, y que las personas deberían llegar en algún momento a la capacidad de distinguir entre ambas.

Visto de este modo, el análisis Sufi de la confusión humana y la falta de conciencia de que la percepción es distinta a la emoción es de un tono tan moderno que ha sido mal interpretado en el pasado y ni siquiera ha sido atrapado en el presente. Los Sufis han sido considerados como promotores de la generosidad como una virtud porque denuncian la avaricia. Pero pocos observadores han notado que el estímulo Sufi de la generosidad es un medio para un fin, no un fin en sí mismo. El fin, según la declaración Sufi, es que la avaricia es perjudicial para las percepciones más profundas; la generosidad es el camino que conduce a un desarrollo de capacidad muy superior. La generosidad tiene un valor social y emocional. Más allá, yace un triunfo espiritual.

Introducir tal concepto – reintroducirlo sería un término más adecuado – entre las comunidades humanas contemporáneas donde se cree que hacer el bien es la llave al cielo, no un modo de abrir un sendero a la comprensión, es una tarea cuesta arriba y no una que es recompensada por la comunidad o sus instituciones. Todas las sociedades, incluyendo las "modernas" y "libres", tienen sus puntos ciegos. No existe ley o policía secreta que impida a la gente examinar opciones como las que ofrecen los Sufis. Existe un mecanismo incluso más efectivo: el de la cultura misma, que no ofrece ningún incentivo para mirar las cosas sobre las cuales casi nunca se ha interesado.

No se puede negar que los Sufis tienen un punto de vista defendible cuando dicen que las normas, los hábitos y principios que se emplean de modo habitual para establecer y mantener las comunidades humanas pueden tener sus limitaciones. Es fácil observar el efecto destructivo de los "principios" llevados al exceso, incluso a los extremos. Como indica un Sufi contemporáneo: "La diferencia entre un demócrata y un Sufi es que el demócrata, siguiendo a Winston Churchill, dice: 'La democracia no es perfecta, pero es el mejor sistema que tenemos'; mientras que el Sufi dice: 'Mantenla si funciona, pero trabaja duro para encontrar el perfecto; de lo contrario eres un pesimista disfrazado'".

Ya que todas las otras asociaciones humanas dependen, para su efecto final y solidez, del espíritu de comunidad y transferencia de emociones de una persona a otra, la gente que se une a grupos Sufis pronto se encuentran desorientados. Al principio pueden hacer amigos, y luego se les dice que el propósito del grupo no incluye evitar la amistad, sino darse cuenta de sus limitaciones para que se pueda lograr algo superior. A menudo esto les resulta muy difícil de comprender. Como a los "demócratas", se les ha enseñado que no hay nada más elevado que la amistad. El efecto de esta creencia (aunque carezca de apoyo) es considerar que cualquiera que la cuestione está atacando a la propia institución. Pero el Sufi, citando a otro maestro, en realidad está diciendo: "La amistad es ciertamente necesaria y maravillosa. Pero su lugar dentro de las percepciones superiores es otro tema".

Un estudiante que pasó muchos años entre los Sufis en Oriente y Occidente ha observado que los miembros a menudo se quejan de que "nunca parecen llegar a ningún lado". Pasaron tres décadas antes de que él descubriese que aquellos que realmente "llegan a alguna parte" siempre dicen que no han aprendido nada. La razón de esto es no molestar a los que aún esperan ser seleccionados para un entrenamiento especial: aquellos que todavía no están "maduros". En el pasado se ha supuesto que los Sufis dicen que no se puede obtener nada con el Sufismo para disuadir a los curiosos o para desalentar a aspirantes inadecuados. La verdadera razón, sin embargo, es proteger a los rezagados de la ansiedad que perturba su concentración.

Es cierto que hay Sufis, que se conocen como Malamati ("la gente de la culpa"), que incurren deliberadamente en el oprobio y mala reputación con objeto de eludir la invasión de hipócritas y farsantes, y algunas veces también para poner a prueba su resistencia, pero estos son un caso diferente.

Otra revelación acerca de los Sufis, recogida recientemente por un investigador, hace que las opiniones y evaluaciones de muchos de ellos sean prácticamente inútiles. Este es el estudio, realizado por Alexander Dixon, del hábito de los Sufis de atacar ideas fijas. La gente escucha o lee acerca de Sufis que se oponen a esta o aquella opinión, que eliminan o atacan creencias y prácticas; de modo que los espectadores asumen que el Sufi en cuestión está "en contra" de esta o aquella religión, esta persona o la otra, esta o esa idea. Pero un examen cuidadoso del contenido de las palabras y acciones de cierto número de Sufis durante un largo período reveló que los ataques sirvieron para ablandar las fijaciones y reducir la dependencia sobre prejuicios y afirmaciones fijas en muchos niveles y direcciones diversas, lo cual convertía las mentes en inflexibles e ineficientes.

Muy a menudo esta técnica se lleva a cabo como un tratamiento de "shock", cuando las suposiciones más queridas del estudiante son refutadas expresamente. Se emplean muchos dispositivos para causar este efecto. Bufones Sufis, prestidigitadores e incluso manipuladores de serpientes "desafían la razón" al aplicar un impacto a través de sus actuaciones, liberando así la "atención congelada" que ha paralizado por completo el funcionamiento efectivo de la mente de las víctimas. Este procedimiento es tan poco conocido en la mayoría de las sociedades, que en general está restringido a grupos de interés que lo utilizan para mostrar sus contradicciones respecto a las creencias de otros. Los Sufis lo llevan al grado de arte refinado. Al hacer esto, por supuesto, muchos se han ganado la reputación de revoltosos o irracionales. Esto se debe a que alguien que se opone a una creencia muy apreciada recibe el primer apelativo, y alguien que parece contradecirse de un momento a otro el segundo. Respecto a un eminente Sufi contemporáneo, por ejemplo, a menudo se dice que no puede decidirse acerca de si le gusta o no cierto libro, si está a favor o en contra de ciertos prejuicios. La gente simplemente no se ha dado cuenta de que está trabajando contra las fijaciones donde sea que las encuentre. Sus propias opiniones no están involucradas. Es por esta última razón, por supuesto, que los Sufis han sido denominados "objetivos", aunque pocas personas parecen darse cuenta de hasta qué punto se lleva a cabo esta objetividad.

Los Sufis, entonces, son bastante sorprendentes en su comportamiento y supuestas ideas si se los mira desde un punto de vista convencional, o incluso peculiar. Sólo puedes comprender lo que los Sufis están haciendo si tienes la necesaria percepción o, en menor medida, la información.

Resumiendo, solo podemos examinar sus actividades con alguna esperanza de éxito si nos damos cuenta de que no están interesados en apariencias, y si recordamos que las apariencias son la fuente más importante de estímulo para la mayoría de las personas. Una vez más, tenemos que admitir que los Sufis afirman que el estímulo emocional tiene su propio lugar, y que ese lugar no es siempre donde nosotros, por costumbre y adiestramiento, imaginamos. En tercer lugar, los Sufis consideran que nuestra fijación en la historia o personalidades es una barrera a la comprensión si se lleva demasiado lejos: y claramente sostienen que lo llevamos muy lejos, atenuando así las posibilidades de nuestro propio progreso.

Además, la idea de la operación electiva: enseñar a las personas en el momento y lugar correctos y de la manera y con la compañía correctas, con el corolario de que la enseñanza puede tomar casi cualquier forma; estos elementos están tan alejados del enfoque mecánico de la religión y los cultos dentro de nuestra civilización, que el visualizar semejante sistema sin un gran esfuerzo acaso esté fuera del alcance de la mayoría de las personas.

El argumento de que los cuentos Sufis y otra literatura contienen un ingrediente de preparación, y que no están ahí simplemente para producir creencia o incredulidad, ni para dar colorido cultural, ni por sus apariencias: estos conceptos requieren una intensa digestión; incluso antes de que el individuo más inteligente pueda beneficiarse de la dinámica que acaso contengan.

El empleo de ciertas técnicas – tales como frustrar el enfoque intelectual o aumentar el desconcierto para centrar la atención en el maestro y su capacidad para señalar el camino – son aspectos de la operación Sufi que, incluso en una sociedad moderna y sofisticada, aún no hemos aprendido a manejar. En cuanto a la afirmación de que las percepciones reales y superiores surgen después de llevar a cabo actividades, y no necesariamente como parte integral de ellas, requiere la más cuidadosa atención. Se comprende más fácilmente la función del misterio para hacer que la gente con inclinación al misterio se revele y así posibilitar que se les trate de modo adecuado, y esto probablemente proporciona uno de los caminos para comprender la mentalidad Sufi. Existen técnicas similares en la psicología moderna: por ejemplo, para provocar formas de comportamiento con el fin de estudiar sus bases; por muy inesperado que sea encontrárselas en una ciencia "antigua" como la de los Sufis.

La equiparación del humor con la frivolidad, y por ende su falta de "seriedad", es para nosotros más difícil de entender. Pero si es cierto que nuestra cultura ha perdido el rumbo al etiquetar el humor como superficial o poco importante, tarde o temprano tendremos que entenderlo. La afirmación acerca de restablecer un contacto entre un "verdadero yo" humano y lo Divino también es bastante fácil de captar en teoría, aunque la concienciación de que aquello que hemos supuesto como el "yo" principal sea acaso – al menos parcialmente – un artefacto social, esto podría ser más difícil de tragar, incluso teóricamente, para los miembros de una cultura que al menos hasta hace poco asumió que es superior a todas las demás precisamente porque se ha interesado tanto en este yo secundario como el aspecto primario del hombre.

Que el enseñar es diferente a promover creencias es un concepto bien conocido en la cultura moderna, y los Sufis deberían tener pocas dificultades para convencernos de su importancia. El único problema aquí es que nuestro modo de pensar, aunque admita que la enseñanza debería estar libre de prejuicios, internamente insiste en que esto no se aplica a la religión. Esta sorprendente evidencia de regulación internalizada aún no ha sido absorbida por parte de la sociedad occidental, aunque se ha señalado con bastante frecuencia durante las últimas décadas.

El concepto de que el "Sufismo es el componente interno de la religión", también debería ser lo suficientemente aceptable si se observa a partir de los numerosos ejemplos ilustrando que la religión a menudo es principalmente una acumulación de superficialidades alrededor de un núcleo antiguo que puede ser recuperado; pero el corolario de que "la actividad social y emocional realmente perturba las percepciones superiores", es difícil que pase sin ser desafiado, especialmente por aquellos que creen estar bebiendo la espiritualidad con cada oración o aria operística. Naturalmente, tales personas serán más propensas a ignorar tal concepto que a asaltarlo en detrimento de futuras investigaciones valiosas sobre el tema.

La muy repetida teoría (ya que solo podemos verla en ese nivel hasta que se verifique mediante la experiencia) de que las "virtudes" no son llaves al cielo, sino pasos esenciales que abren el camino hacia una comprensión superior, es quizá la más atractiva de todas las afirmaciones Sufis. Siempre ha habido, tanto en Oriente como en Occidente, una inquietud por creer que algo hecho por miedo o esperanza debe ser recompensado con el paraíso; o que los deberes humanos habituales, llevados a cabo incluso por los pueblos más primitivos, deben ser representados como cosas que un sistema religioso altamente evolucionado proclama como parte del pensamiento religioso avanzado.

Esto implica, por supuesto, replantearse muchos de los valores para ver si no se encuentran fijados a un nivel demasiado bajo en vez de uno demasiado alto, como afirman los teóricos de moda. "Lo mejor que tenemos", en el caso de las instituciones, puede ser insuficiente, no un tema que merezca felicitaciones. Esto se aplica a las varias formas de relaciones humanas que en el pasado se han considerado sublimes, pero cuya investigación puede muy bien corroborar la afirmación Sufi de que son valiosas mas únicamente en un nivel inferior.

El hábito Sufi de disimulación ("No he aprendido nada") requiere cierta integración en nuestra forma de pensar, aunque solo sea porque el individuo circunscrito a libros, el teórico y el historiador, ahora tendrán que reexaminar sus materiales para determinar si algo se dijo en cierto momento porque representaba las creencias o sentimientos de alguien, o si fue dicho por otra razón. Pero solo podemos beneficiarnos si al final descubrimos que la gente que imaginábamos que se contradecían estaban tan solo cambiando de terreno para mirar a las cosas desde diferentes perspectivas, o atacando ideas fijas, las cuales son, y seguramente estemos todos de acuerdo, un creciente peligro para la raza humana.

Los principios generales del Sufismo

Sirdar Ikbal Ali Shah *

AQUEL QUE ESTÁ purificado por el amor es puro; y el que está absorto en el Amado y ha abandonado todo lo demás es un Sufi.

De las muchas doctrinas místicas a las cuales nuestra madre Oriente ha dado a luz, ninguna es más hermosa en su atractivo que el camino del Sufi, ni apunta hacia una meta de ambición espiritual más exaltada. Aquel que está versado en sus principios y práctica ha sobrepasado la sombra de la duda y la posibilidad de error. Está cara a cara con la divinidad. Muchos sistemas esotéricos reivindican tal consumación, pero ninguno con más justicia que el Sufismo; porque las medidas disciplinarias y preparatorias que conlleva son de un orden que inducen en el devoto una comprensión de que la meta final a la que aspira se alcanzará triunfalmente.

El Sufismo, como una escuela islámica organizada, data de la última parte del siglo XI, y su proyección a través de grupos esotéricos fue establecida por una rama de esa comunidad-secta en el Islam conocida como ismaelita y liderada por Hassan Sabah quien, expulsado de El Cairo por la persecución de los ortodoxos, difundió una forma modificada de la doctrina ismaelí a través de Siria y Persia. Él era, de hecho, un miembro de la gran y mística logia occidental de los ismaelitas en El

Cairo, cuya antigua historia está imbuida de absorbente y romántico interés. Estaba compuesta por hombres y mujeres que se reunían en asambleas separadas, y era presidida por un Dai al Doat, o jefe misionero, quien habitualmente era una persona de importancia en el estado. Las asambleas, llamadas Sociedades de Sabiduría, se celebraban dos veces por semana, y en estas reuniones todos los miembros vestían ropas de un blanco inmaculado. Esta organización estaba bajo el patrocinio especial del Califa (sucesor del Profeta), a quien invariablemente le entregaban las conferencias que se leían entre sus muros; y fue durante el reinado del Califa Haken-bi-amr Allah que se tomaron las primeras medidas para ampliar su alcance e instituir lo que podría denominarse un movimiento avanzado para la diseminación de sus principios particulares.

Para que no faltase un entorno adecuado, el Califa erigió un edificio majestuoso conocido como Dar al hikmat, o Casa de la Sabiduría. En su interior se instaló una biblioteca magnífica y se suministraron materiales de escritura e instrumentos matemáticos para el uso de todos. Se designaron profesores de derecho, matemáticas, retórica y medicina para instruir a los fieles en las ciencias. La renta anual asignada a este establecimiento por la munificencia del Califa era de doscientos setenta mil ducados, equivalente a 150 millones de dólares. A los devotos se les impartía un curso regular de instrucción en la ciencia mística, y tenían que pasar nueve grados antes de que fuesen considerados maestros del misterioso conocimiento obtenido dentro de los muros de la Casa de la Sabiduría. Era en la séptima de esas etapas que se enseñaban más específicamente las doctrinas del Sufismo, proyectadas más allá de la educación ordinaria.

Pero Hassan, un hombre de gran fuerza natural e iluminación, vio claramente que el plan de la sociedad de El Cairo era en algunos aspectos defectuoso. Sin embargo, sus opiniones novedosas no encontraron la aprobación de los otros líderes; y se retiró a Persia, donde remodeló el curso de instrucción, reduciendo el número de grados de iniciación a siete e instituyendo un sistema de disciplina mucho más riguroso. Alrededor de la figura de Hassan se agruparon muchas leyendas y tradiciones, la mayoría de las cuales han sido muy adornadas con el paso del tiempo. La Escuela ismaelí se deterioró al convertirse en un culto a la personalidad. Sobrevive aún como una secta menor [1].

Ahora podemos buscar alguna definición general de la doctrina, que pueda clarificarnos su propósito y significado: el mensaje que contiene para el místico y la humanidad en general. Muestra una estrecha conexión con el neoplatonismo de Alejandría, con el que sin duda tenía afinidades ya que considera al hombre como una chispa de la esencia divina, una "luz fracturada" del gran Sol de nuestro ser, la radiación más central y magnífica de la cual emanan todas las cosas. Se considera que el alma del humano está exiliada de su Creador, quien no solo es el autor de su ser, sino también su hogar espiritual. El cuerpo humano es la jaula o prisión del alma, y la vida en la Tierra se considera como un destierro lejos de Dios. Antes de que este ostracismo lejos de la divinidad ocurriese, se disfrutaba de plena comunión con el Creador.

Cada alma ha visto con anterioridad el rostro de la Verdad en su aspecto más real, pues lo que consideramos como verdad en la esfera de la tierra no es sino la sombra de lo que brilla arriba, perfecto, inmaculado: una mera reminiscencia de las glorias de la existencia celestial. Recuperar esta felicidad perdida es la tarea del Sufi, quien, mediante un delicado proceso de entrenamiento mental y moral, restaura al alma de su exilio y la conduce hacia delante de etapa en etapa, hasta que al fin alcanza la meta del conocimiento perfecto. Verdad y Paz: el reencuentro con lo divino.

Como un ejemplo de la doctrina Sufi de la inmanencia de Dios en la creación, un antiguo manuscrito nos cuenta cómo la Creación procede directamente de Dios.

"La Creación", dice, "deriva su existencia del esplendor de Dios; y así como al alba el sol ilumina la tierra, y la ausencia de su luz es la oscuridad, del mismo modo todo sería inexistente si no hubiera un resplandor celestial del Creador difundido en el universo. Así como la luz del sol tiene una relación con el lado temporal o perceptible de la vida, también lo hace el esplendor de Dios con la fase celestial u oculta de la existencia".

Y qué palabras podrían ser más elocuentemente ilustrativas de la creencia de que la vida actual es el destierro del alma de Dios, que aquellas del gran Sufi asiático, quien en su lecho de muerte escribió las siguientes líneas:

> "Dile a mis amigos cuando estén lamentándose que ellos no creen y desconfían de la Verdad.
> Encontrarás mi molde yaciendo, pero debes saber que no soy yo.
> Yo vago lejos, muy lejos, en la Esfera de la Inmortalidad.
> Esta fue una vez mi casa, mi envoltura, pero no mi hogar.
> Fue la jaula: el pájaro ha volado.
> Fue la ostra: la perla se ha ido.
> Te dejo trabajando duro y angustiado. Te veo luchando mientras sigo mi viaje.
> No se lamenten si falta uno entre ustedes.
> Amigos, que la casa perezca, que la ostra se descomponga.

Rompan la jaula, desgarren el atuendo, yo estoy
muy lejos.
No llamen a esto mi muerte. Es la vida de la vida,
por la cual me consumí y la cual anhelé.

Ahora hay cuatro etapas a través de las cuales debe pasar el iniciado en su camino hacia la perfección y el reencuentro con la Esencia Divina; cuatro velos que deben ser levantados antes de que su visión sea purgada de la severidad de la esfera terrestre y se le conceda la maravilla y dicha definitiva de encontrarse cara a cara con la Verdad Eterna.

La primera de estas etapas se conoce como *Nasut*, o Humanidad. El fiel cumplimiento de los principios del Islam, sus leyes y ceremonias, es la esencia del comportamiento correcto en esta fase, y el acercamiento al templo del Sufismo. Este curso preliminar se considera una disciplina necesaria para los feligreses más débiles, y como una restricción saludable para aquellos que pueden ser constitucionalmente incapaces de alcanzar las alturas de la contemplación divina. La laxitud en materia de disciplina durante las primeras etapas con frecuencia conduce a males que dejan de molestar a los intelectos más poderosos y a las almas devoradoras a medida que alcanzan los niveles superiores, de modo que en la fase posterior las trabas de prácticas rituales y reconocimiento simbólico pueden abandonarse y la aspiración permanecer sin restricciones.

La segunda etapa se llama Tariqat, o el modo de alcanzar lo que se conoce como *Jubrut* o Potencial de Capacidad. Aquí el neófito prescinde de su guía y se convierte en un Sufi. Con frecuencia se afirma que en esta etapa el peregrino puede, si así lo desea, dejar a un lado todas las formas externas de religión, sus ritos y observancias, e intercambiar el mero culto por las delicias de la contemplación. Pero más de un maestro cuestiona este punto de vista, rehusando reconocerle al novicio la libertad de las formas religiosas, sin importar el grado de progreso que pueda haber alcanzado. Existe, sin embargo, cierta escuela cuyos miembros, aunque admiten que la pureza puede adquirirse en primera instancia a través de la práctica constante de las austeridades ortodoxas por sí solas, afirman que no puede ser retenida permanentemente a menos que las meras formas sean trascendidas y superadas.

La tercera etapa, *Araff*, significa que se ha alcanzado una condición de conocimiento cierto o inspiración, lo que los ocultistas pueden llamar una condición de adepto, o estado Arahat para los budistas. Los ojos del peregrino se han abierto; ha obtenido conocimiento sobrenatural e interno y es igual a los ángeles. Edgar Allan Poe alude en uno de sus poemas más maravillosos, "Al Aaraaf", a una estrella mística, a la que llama por este nombre, y de la cual habla como de un plano superior a este mundo y de ningún modo tan material.

> ¡Oh! nada terrenal, salvo el rayo.
> (Que se refleja en las flores) del ojo de la Belleza,
> Como en estos jardines donde el día
> Surge de las gemas de Circasia.
> Te adornan, mundo, lejano, lejano,
> La errante estrella.

Por último se encuentra la etapa – aunque es remota y solo la alcanzan los elevados en pureza y santidad – de Haqiqat, o Verdad, perfecta y suprema, ya que la unión del alma con la divinidad es ahora completa. Solo ha de ganarse mediante una larga y continua meditación, oración constante, y separación completa de todas las cosas toscas y terrenales, ya que el humano debe aniquilarse antes de que pueda existir el santo. El fuego, Qalb o peldaños del Corazón (Dil), Aliento (Nafs), el Reposo del Alma (Sir), Cabeza (Ikhfa), y la Corona de la

Cabeza (Khafi) han sido escalados, y quien era un erudito ahora se ha cualificado para convertirse en maestro.

Para que esta condición o estado de santidad exaltada se produzca mejor, se recurre temporalmente a la vida del eremita; y para alcanzarla, muchos se retiran a la lóbrega soledad de la selva o buscan la quietud del profundo desierto, o moran en cuevas situadas en el corazón de montañas casi inaccesibles. Esta devoción y firmeza de propósitos es, ciertamente, característica del Sufismo. Pero tal vida, dedicada a la oración y la meditación, conduce a la adquisición de sabiduría así como a la exaltación moral, y muchos de los Sufis más famosos han sido hombres de la más alta erudición. Se considera que la correcta erudición predispone al humano para la vida del Sufi. El temperamento filosófico y el poder de penetrar en los misterios de la Naturaleza Divina a menudo se encuentran en una misma persona.

Una tendencia hacia temas de estudio eleva al hombre sobre el nivel del rebaño vulgar y lo impulsa a buscar las excelencias superiores de la santidad. Ha sido así en todas las épocas y en todas las religiones. ¿No son habitualmente estudiosos los ascetas de todas las religiones? Y, podemos preguntarnos, ¿desde dónde ha surgido tanta luz sobre los temas espirituales como desde la cueva del místico o la morada del desierto del Sufi? [2].

El poeta, especialmente, se considera como el tipo de hombre que mejor puede convertirse en un Sufi de gran santidad. La poesía puede, de hecho, conducir a la esencia misma del Sufismo. El genio del poeta es afín a la inspiración religiosa. Los profundos vuelos mediante los cuales penetra en los dominios supremos más allá de la imaginación son de la misma naturaleza que aquellos mediante los cuales el místico alcanza las puertas del Palacio de la Vida y la Sabiduría. En medio de su éxtasis, el poeta se transporta al empíreo celeste, sus alas lo conducen hasta esa rara atmósfera donde puede verse cara a cara con la Divina Causa y el Origen de todo.

El Sufismo tiene una poesía propia; una poesía considerada por muchos, sean Sufis o no, como más conmovedora y con una sublime expresión extática que la de cualquier otra actividad religiosa en el mundo. Así mismo, el lenguaje de la poesía – su metáfora, su veloz y pulsante ritmo – es más afín al discurso del místico que al lenguaje más burdo de los hijos de la tierra. No está restringido por convencionalismos o por las cadenas del idioma. Se eleva por encima de las necesidades vacilantes y tartamudeantes del discurso terrenal.

Por ende en Asia Central, el verdadero hogar del moderno Sufismo, como en otras partes, a menudo encontramos la devoción Sufi expresada a través de las cadencias de la poesía. Los servicios de la poesía al misticismo Sufi tampoco terminan con su provisión de un medio de expresión más adecuado, pues en el verso Sufi la constante repetición de alusiones místicas y alegoría religiosa sirve para esconder del profano el significado oculto de la experiencia; esas profundas e inmensas verdades que no es conveniente que el vulgo alcance a conocer (ya que sus percepciones las distorsionarían) y que los adeptos deben guardar a toda costa de la profanación.

Para evitar una posible dilución del significado interno del misticismo Sufi, el lenguaje del erotismo y el exceso se emplea con frecuencia en sus líneas para esconder significados ocultos. Esto ha dado como resultado, quizá de modo natural, que se haya acusado de lujuria a la literatura Sufi en conjunto. Nada podría estar más alejado de la verdad. Escandalizado por la interpretación impuesta sobre los textos sagrados por parte de los ignorantes, el gran Emperador mogol Aurangzeb, él mismo un Sufi de alto rango y un moralista de tendencias estrictas, decretó que los poemas de Hafiz y Jami deberían ser solo leídos detenidamente por aquellos que fuesen lo suficientemente avanzados en comprensión espiritual para apreciar las obras de estos poetas en su justo valor. La gran masa de gente en la India había comprendido mal las metáforas e imágenes de los bardos persas; y él se enteró de que sus coplas eran incluso consideradas como incitadoras a la inmoralidad. Debe admitirse, también, que incluso supuestos místicos orientales, meros emocionalistas, han malinterpretado las expresiones metafóricas que abundan en estos poemas. Hablando en general, es el enigma oscuro de la vida humana que el poeta Sufi oculta bajo la metáfora del amor físico y la agonía de los amantes separados. A través de tales medios simboliza el destierro del alma humana de su Eterno Amante. El dolor de la separación terrena es meramente un sinónimo de la profunda angustia del espíritu separado de su Creador. La copa de vino y el lenguaje del libertinaje son metáforas que indican el éxtasis del alma embriagada con el amor de Dios.

Aquí debemos poner énfasis en la gran doctrina central del Sufismo de que el alma humana es una en esencia con lo Divino. La diferencia es de grado y no de naturaleza. Por mucho que los humanos puedan diferir de la Divinidad, ellos son, después de todo, partículas del Ser Divino, luces fragmentadas de Dios, como Tennyson dice tan bellamente, y serán al fin reabsorbidos en la Gran Causa que los proyectó a las oscuras regiones del plano terrestre. Dios es universal. Interpenetra toda la materia, toda la substancia. Perfecto en Su verdad, bondad y belleza, solo aquellos que Lo aman conocen la verdadera plenitud del amor. El amor físico es una mera ilusión, una apariencia, una trampa para los pies y un enemigo en el camino.

La naturaleza es el gran espejo en el cual el resplandor de la Divinidad se refleja a sí mismo. Desde el comienzo de las cosas, sí, desde el principio, la tarea de la Bondad Suprema ha sido difundir felicidad entre quienes están preparados para recibirla. Miles la ignoran, confundiendo la alegría con las pompas y los placeres de la tierra, rechazando la suprema felicidad que se encuentra a su alcance.

En muchas religiones escuchamos acerca de un pacto entre Dios y el humano. Este también es el credo Sufi. Esa alianza ha sido rota por el pecado de la criatura contra su Creador. Solo cuando el humano se reencuentre una vez más con Dios, se le restaurarán sus antiguos privilegios de comunión plena e intacta con lo Divino. Únicamente esto es la verdadera felicidad. La búsqueda de lo material es una cosa vana. Como dice Longfellow:

"Las cosas no son lo que parecen".

La Naturaleza, la tierra, aquello que vemos, sentimos y escuchamos, no son sino las visiones subjetivas de Dios, sugeridas a nuestras mentes por el gran Artista. Solo la Mente o el Espíritu es inmanente. Debemos tener cuidado con los efímeros fantasmas surgidos de la fantasmagoría de la materia. No debemos apegarnos a ninguna de sus manifestaciones. Solamente Dios es la única existencia real, la única gran Realidad. Él existe en nosotros y nosotros en Él. Las visiones que Él nos concede, las imágenes que Él proyecta sobre la pantalla de nuestra imaginación, las podemos usar como medios para acercarnos a la Belleza Eterna, a la consideración de lo Divino. Son lo que Wordsworth denomina "Insinuaciones de Inmortalidad". Como un ilustre francés dijo en una ocasión, lloramos cuando escuchamos música hermosa, nuestros ojos se llenan de lágrimas al mirar un gran cuadro o una estatua noble. Un maravilloso paisaje en la naturaleza nos afecta de igual modo. ¿Por qué? Lloramos porque sentimos que estas cosas no son sino sombras de lo real, la belleza imperecedera que hemos perdido y que no recobraremos hasta que una vez más seamos uno con Dios.

Ese francés habría encontrado en el Sufismo el complemento, el ideal, de su filosofía.

El microcosmos, o pequeño mundo, dijo el gran Paracelso – uno de los más ilustrados europeos del siglo XVI, que había viajado ampliamente por Oriente – es apenas el reflejo del macrocosmos o gran mundo superior: el mundo espiritual que se refleja a sí mismo en el plano inferior. Para él era muy evidente la naturaleza ilusoria e irreal de la esfera en la que moramos. Ciertamente ningún místico europeo de antaño habría encontrado algo que objetar en los principios del Sufismo. En mi opinión, el misticismo occidental y oriental están muy en deuda con la filosofía Sufi, y quienes creen en uno deben creer naturalmente en ambos.

Se necesita una mente de primera clase para reconocer el gran esquema de Dios a primera vista. Pocas mentes han tenido éxito en hacerlo. La mayoría de las personas necesitan una larga experiencia antes de poder apreciar el maravilloso plan maestro del Todopoderoso. Para una mente de naturaleza pura y angélica, esta fantástica sinfonía cósmica es evidente desde el principio. Así fue para Muhammad, para Boehme, para Swedenborg, para Blake. ¿Qué es el hombre, después de todo, sino el manto del alma? Cuando decimos que un hombre es "intrínsecamente malo", aludimos al estado innato de su mente, no de su alma. Puede que el ropaje sea andrajoso, que la escoria cubra al oro, pero sigue estando allí. Nuestros cuerpos son de la tierra y como nuestros padres nos dejan. Nuestras almas son de Dios. ¡Oh, hombre! ¿Existe alguna cosa que, poseyendo la amistad de Dios, no puedas conseguir? ¿Acaso tu alma no se esfuerza hacia Él como las montañas se alzan hacia el sol y las aguas del mar hacia la luna? Realmente avanzas en la luz de Su fuerza en el inextinguible brillo de Su majestad ilimitada, como una gran estrella – alumbrada por los rayos de un sol aún mayor – se lanza a las avenidas iluminadas por millones de lámparas en la noche. Como un barco es movido por las brillantes olas de la mañana, así eres inspirado por el aliento de Su espíritu. En verdad eres de Dios como un niño es de su padre. ¿Qué es lo que tienes que temer entonces, oh hijo de tal Padre?

Con tal esperanza ante nosotros – delante de cada uno de nosotros, si la aceptamos – debemos apartar nuestras almas de la vanidad, de todo lo que no es Dios, esforzándonos por aproximarnos a Su perfección y descubrir el secreto de nuestro parentesco con Él, hasta que finalmente alcancemos la feliz consumación de la unión con lo Divino. La doctrina Sufi nos dice que en el momento de la creación de cada criatura se escuchó a una voz divina hacer la pregunta: "¿Acaso no estás con Dios? ¿Acaso no estás obligado por una alianza solemne con tu Creador?" Y cada espíritu creado respondió: "Sí", mientras se encontraba ante la presencia del Todopoderoso. Es por ello que las palabras místicas *alastu*, "acaso no eres", y *bala*, "sí", aparezcan con tanta frecuencia en la poesía Sufi. Por ejemplo, Rumi inició su alabado *Masnawi*, que me he aventurado a traducir en verso occidental, del siguiente modo:

LA FLAUTA
¡Oh! escucha nuevamente la triste historia de la flauta:
De separaciones me lamento;
Desde que mi destino fue
Ser así cortada de mi árbol matriz.
Con suspiro meditabundo emití un dulce gemido.
Mientras hombres y mujeres se unen a mi lamento.
La vida del humano es como esta caña hueca;
Un extremo en los labios de Dios,
Y del otro caen dulces notas
Que a la mente del espíritu llaman,
Y se une a nosotros con Todo en el Todo.

Existe un vocabulario regular de los términos empleados por los Sufís en su poesía mística. El vino, por ejemplo, significa devoción; el sueño, meditación en la perfección divina; el perfume es la esperanza de la inspiración divina. Céfiros significa el don de la gracia divina; y besos, los raptos de devoción y piedad. Pero los términos de significado se invierten a menudo, de modo que el profano no puede comprenderlos. Así se emplean los términos de idólatras, librepensadores y jaraneros para indicar a aquellos cuya fe es de la más pura descripción. El ídolo al que adoran es el Propio Creador; la taberna es el lugar de oración; y el vino que allí se bebe es el sagrado brebaje del amor, con el cual se embriagan. El custodio de la taberna es el hierofante o líder espiritual. El término belleza se usa para denotar la perfección de Dios, y los hermosos bucles y trenzas la infinitud de Su gloria. El vello de las mejillas es simbólico de los multitudinarios espíritus que Lo sirven. Ebriedad y devaneo tipifican esa abstracción del alma que muestra desprecio para con los asuntos mundanos.

El siguiente extracto, procedente de poesía Sufí, servirá para ilustrar el uso de muchos de estos términos técnicos. A primera vista parecería estar inspirado por el espíritu del frenesí amoroso y bacanal, pero cuando se traduce a sus verdaderos términos se revela como la verdadera esencia del misticismo.

> Ayer, medio embriagado, deambulé por el barrio donde moran los vendedores de vino,
> Buscando a la hija de un Infiel, que es vendedor de vino.
> Al final de la calle, una damisela con mejillas de hada se acercó hasta mí.
> Llevaba sus trenzas despeinadas, al modo de los paganos, sobre sus hombros como el cordón sacerdotal.
> Dije: "¡Oh tú, ante cuyo arco de las cejas la nueva luna se avergüenza!

¿Qué barrio es este, y dónde se encuentra tu morada?"

"Arroja", contestó, "tu rosario en el suelo y coloca el cordón del paganismo sobre tu hombro;
Arroja piedras al vaso de la piedad, y de una desbordante copa empina el vino.
Tras esto acércate a mí, para que pueda yo susurrar una palabra en tu oído;
Pues completarás tu viaje si prestas atención a mis palabras."
Abandonando mi corazón por completo y en rapto extático, la seguí.
Hasta que llegué a un lugar donde, por igual, tanto razón como religión me abandonaron.
En la distancia contemplé una Comunidad, todos embriagados y fuera de sí.
Todos en fervor se hallaban, hirviendo con ardor por el vino del amor;
Sin laúdes, címbalos o violas; sin embargo llenos todos de regocijo y melodía.
Sin vino, copa o frasco; y sin embargo todos bebiendo sin cesar.
Cuando el hilo de la moderación se escapó de mi mano,
Deseé hacerle una pregunta, pero ella me dijo: "Silencio.
Este no es un templo cuadrado cuya puerta puedas alcanzar precipitadamente;
Esta no es una mezquita que puedas alcanzar con tumulto, pero sin conocimiento.
Esta es la casa de banquetes de los Infieles, y todos en su interior se hallan intoxicados.
¡Todos, desde el amanecer de la eternidad hasta fin de los tiempos, extraviados en el asombro!
Vete, pues, del claustro y hacia la taberna encamina tus pasos.

Arroja el manto de derviche y ponte la túnica de libertino."
Obedecí: y si deseas adquirir mi mismo matiz y color,
Imítame, y vende ambos mundos, este y el siguiente, por una gota de vino puro.

Uno de los más alabados exponentes de la doctrina Sufi es Jami, el autor de *Laila y Majnun*. Su nombre es venerado a través del Asia Central como uno de los adalides de la fe. Según él, cuando el creador derrama el esplendor de Su Espíritu Santo sobre la criatura, esta se vuelve divina. Tanto se identifica con la gran Fuente de todo bien, que descubre que se le ha conferido el poder de compartir la regulación y dirección de otros seres. Está conectado con los seres creados a los que dirige mediante un poderoso lazo de afinidad, tan fuerte, que en un sentido místico se consideran como sus miembros, como partes de su cuerpo; todo lo que ellos sufren y soportan, él lo soporta y sufre también, a través de un proceso de afinidad psíquica.

Una de las muchas objeciones erróneas a esta parte de la creencia Sufi es que implica que la santidad es casi lo mismo que la deificación. Esto no es así. En las bases de la filosofía Sufi se encuentra el axioma fundamental de que ningún mortal puede ser como un dios. La unión de la criatura con Dios no es la apoteosis del hombre, sino el retorno de una porción del Espíritu Divino a su fuente y núcleo originales. El resultado de la unión del humano y Dios es la aniquilación de la parte meramente humana del hombre y el repliegue de su parte espiritual al lugar del cual emanó. Al aniquilarse el yo, el humano se da cuenta de que su propio ego real e imperecedero está unido a la esencia de Dios. En esta unión, la influencia del Espíritu Eterno es tan grande que el juicio humano del hombre, lo que podríamos describir como su facultad lógica, su comprensión, se apaga y destruye por completo; "así como el error se desvaneció al aparecer la verdad", de igual modo su habilidad para discernir entre lo perecedero e imperecedero se vuelve insignificante. Este sentimiento de unidad con la deidad es la que incitó al sabio Mansur Hallaj a exclamar en un arrebato de éxtasis: "Yo soy la Verdad"; significando con ello: "Yo soy Dios". Pero a los ojos de los ortodoxos esta declaración pareció blasfema, y al hacerla Mansur perdió su vida; tan pocos son los que andan a tientas en los alrededores y los jardines del templo exterior, capaces de apreciar la sabiduría y el discurso de quienes habitan en los santuarios interiores.

La presentación de la idea del origen del mal – el tema del dualismo – ha dado origen a mucha controversia entre Sufis eruditos. Varios han argumentado que el mal no puede existir frente al hecho de que Dios es completamente bueno y que todas las cosas proceden de Él. Un poeta Sufi ha dicho:

> El escritor de nuestro destino es un escritor justo y veraz,
> Y Él nunca escribió aquello que es maligno.

El mal es, por lo tanto, una cosa enteramente humana, debido a la fragilidad del hombre, a la perversión de la voluntad humana y las circunstancias que rodean a la humanidad: el entorno material que el hombre cree que es real, y que sirve para distorsionar su visión. No participa en el ser de Dios. De ahí que todos los llamados poderes espirituales del mal, esos principados del aire y demonios del abismo, cuya existencia admiten tantas filosofías religiosas (e incluso expresamente exhortan), no son más que productos de la mente humana, extraviada por las fantasmagorías, las irrealidades que rodean al hombre.

Subyacente en la magnífica imaginería y sublime misticismo de la poesía Sufi, tanto sea de Persia como del Oriente Medio, allí mora un profundo significado de instrucción oculta, que quien busca puede encontrar; que encontrará, si es suficientemente ávido y ardiente. En vano buscamos en otras partes un sistema tan satisfactorio para el alma, tan lleno – cuando se comprende por completo – del razonamiento espiritual más elevado y sublime. No lo encontraremos en las enseñanzas de la antigua Atenas, en la maravillosa filosofía del viejo Egipto, o en ese vástago de ambas, el neoplatonismo de Alejandría. La expresión del Sufismo debe sin duda mucho a estas fuentes, como hemos visto. Pero las ha refinado, ha concebido para sí un modo de pensamiento a cuyo lado las otras perecen casi elementales, y un simbolismo y una enseñanza mística de mucho mayor alcance y altura. Como he indicado, no hay duda de que afectó poderosamente al misticismo europeo, en especial a través de Paracelso y Böhme. Es, de hecho, la verdadera alegoría de la vida interna; su imaginería erótica, su glorificación de la uva, no son sino los velos que pretenden ocultar las grandes verdades de la existencia, al igual que el lenguaje de la alquimia buscó poner sus descubrimientos a salvo del vulgo. La poesía Sufi habla de un amor que no es carnal, y de una embriaguez producida por una vid no material. Estos son los éxtasis y trances de afecto divino. Si es misterioso, ¿acaso el pan de la vida debe darse a los necios, se le deben arrojar perlas a los cerdos? ¡No! Deja que los sabios busquen hasta que encuentren. Esta es la última palabra de todo el misticismo, oriental y occidental: la meditación sobre ello es el verdadero camino a la exaltación.

NOTAS

1 La religión ismaelita, de acuerdo a las autoridades Sufis, no ha tenido contenido Sufi durante los últimos tres siglos, aunque algunos de sus jefes han buscado de vez en cuando el reconocimiento Sufi.

2 Aunque, por supuesto, la vanidad y el consiguiente deseo de oponerse a otros – que a menudo se encuentran en los eruditos – producirá el exacto reverso del Sufi... cuando no son superados.

El Sufismo y las filosofías indias

Sirdar Ikbal Ali Shah *

LOS GRANDES PASOS que la psicología moderna occidental ha dado hacia una comprensión de la mente humana, junto con las incansables investigaciones de los eruditos occidentales en el campo del orientalismo, han creado en las últimas décadas una situación muy importante en el campo de la investigación y comprensión cultural. En primer lugar, la psicología moderna en Occidente, que se ha estado abriendo camino a través del experimento práctico para establecerse como una ciencia reconocida, ha llegado a parecerse cada vez más en la forma, si no en la terminología, a las enseñanzas orientales acerca de las potencialidades de la mente humana. El Profesor Rom Landau, en un reciente libro sobre el filósofo hispanoárabe Ibn el-Arabi, menciona que las interpretaciones freudianas del simbolismo del sueño eran conocidas por los antiguos sabios de Oriente. Asimismo, el Profesor Jung, fundador de la otra gran escuela de psicología, la escuela de la psicología analítica, era de la opinión que los modernos – es decir, occidentales – pioneros en el estudio de la mente humana no habían alcanzado la madurez de los pensadores de Oriente.

---

* Publicado previamente en Indo-Asian Culture 10 (1962) 419-425, revisado.

"La psicología analítica", dice en su libro más importante, *Modern Man in Search of a Soul* (Londres, 1959, pág. 62) "ya no está atada al consultorio del doctor; sus cadenas han sido rotas. Podemos decir que se trasciende a sí misma; ahora avanza para llenar ese hueco que hasta el momento ha marcado la insuficiencia psíquica de la cultura occidental cuando se compara con la de Oriente. Nosotros, los occidentales, habíamos aprendido a domar y subyugar la psique, pero no sabíamos nada acerca de su desarrollo metódico y sus funciones. Nuestra civilización es aún joven y, por lo tanto, hemos necesitado todos los recursos del domador de animales para que el desafiante bárbaro y el salvaje que hay en nosotros fuese tratable en alguna medida. Pero cuando alcanzamos un nivel cultural más elevado, debemos abandonar la coacción y orientarnos hacia el autodesarrollo."

Ahora bien, la psicología occidental ha abandonado el área clínica y regresado al autodesarrollo: a la filosofía del modo que se comprende en Oriente; como algo que puede desarrollar a la humanidad y concientizar al humano del destino superior del individuo y de la comunidad. A este respecto nos diferenciamos de los pensadores parciales que en todas las épocas han sido tomados por filósofos. Me refiero a los lógicos, teólogos especulativos y mercaderes de palabras que han buscado, al final siempre infructuosamente, enseñar que el hombre puede llegar a la verdad objetiva haciendo malabarismos con palabras, o mediante el uso de la razón, en lugar de su capacidad innata para distinguir la verdad y realidad.

"Conócete a ti mismo", que los psicólogos postulan como principio esencial, ha sido siempre una parte de la filosofía india y también de la Sufi: tanto si se usa con el término sánscrito Jnana, conocimiento, o la frase árabe

Man arafa nafsahu arafa Rabbahu. Es a través del camino del autoconocimiento que se alcanza la verdad última y la realidad verdadera.

Antes de continuar, tenemos que hacer una distinción clara entre la filosofía interna de los Sufis, así como de las escuelas indias y la filosofía de la religión. La diferencia, brevemente, es esta: en todas las formas ordinarias de religión organizada existen ciertas creencias y prácticas que, en conjunto, se consideran suficientes para denotar que el practicante es un creyente en esa religión. Pero los miembros de las escuelas iniciáticas van mucho más lejos que esto. En primer lugar, dicen, debes saber realmente qué es la religión. Entonces sabrás si crees en ella o no. La enseñanza de Buda estaba calculada claramente para hacer al discípulo consciente de sí mismo en primer lugar, de modo que posteriormente fuese capaz de desterrar el yo. Es obvio que para desprenderte de una cosa, primero debes reconocerla. Para reconocerla, debes desarrollar dentro de ti la habilidad para evaluarla.

No hay una llave maestra para la iluminación. Tanto las escuelas Sufis como las indias enseñan que el humano debe ser capaz de recibir una enseñanza antes de que se le pueda enseñar. No se puede alcanzar ninguna iluminación hasta que el individuo esté listo para ella. Tanto en el sistema indio con en el Sufi, la institución del guía humano o maestro existe por esta razón: para producir estas condiciones favorables para la comprensión, y cuya primera tarea es preparar al discípulo para el conocimiento de sí mismo, para que sea capaz de iluminarse.

El camino Sufi de desarrollo no es un proceso o filosofía ajena a la India. Algunos de los más grandes Maestros Sufis vivieron y enseñaron en la India; y muchos de ellos están enterrados en la India. El Sufismo, en cierto sentido, vino a la India, y también los invasores arios. El Sufismo, por otra parte, no es considerado por sus practicantes como algo que se originó en un lugar específico en el espacio, o en un punto en el tiempo. "Antes de que hubiera viñas en esta tierra", nos recuerda el gran maestro Jalaluddin Rumi, "los Sufis bebían el vino de la Sabiduría, el vino espiritual del Conocimiento". Otro maestro dice: "El Sufismo es demasiado sublime para haber tenido un origen". Este fue Hujwiri, el autor del clásico Sufi *Kashf al Mahjub*, quien fue enterrado en suelo indio y es reverenciado por gente de todas las religiones como un gran maestro bajo el título honorífico de Data Ganj Bakhsh.

La corriente filosófica de la cual surgió la raíz común del Sufismo y las filosofías indias puede denominarse convenientemente tarika: un modo de viajar, y también un método para hacer una cosa. Dividirlo y categorizarlo como "Yoga" o "Sufismo" es útil solo en un sentido limitado, pero no en un sentido definitivo. En libros tales como *Cultural History of India*, se afirma que el Sufismo ha inspirado al fundador de la religión Sikh, a Rabindranath Tagore, a Kabir y muchos más. Así mismo, existe una creencia superficial de que el Sufismo fue influenciado en su origen por el vedantismo. La división depende del observador. Cuando existe un poderoso río que se ramifica en arroyos más pequeños, estas corrientes pueden denominarse ríos independientes. Pero, de igual modo, puede que todos sean alimentados por las nieves derretidas de alguna montaña colosal, que es la meta de la búsqueda.

La organización, el procedimiento, los métodos e ideas de los seguidores de la verdad, como la de los seguidores de cualquier religión objetiva, deben ser muy similares, y hasta ahí podemos llegar. La existencia de un intercambio cultural entre los seguidores de la verdad es inevitable, deseable y necesario. Hacer de este contacto el principal objetivo de la propia atención es absurdo. El comprador de "halwa" está interesado en cómo sabe y no de dónde – y cómo – vienen sus ingredientes. Incluso este paralelo es inadecuado, porque para nosotros el origen del azúcar es dulzura y hasta ahí, como he dicho, podemos llegar.

En los países occidentales, los libros sobre religión y filosofía orientales – muchos de ellos de una naturaleza más o menos "oculta" – están apareciendo en un número creciente. Una segunda suma importante de libros se ocupa de la psicología. El hombre occidental está enfrentándose con la crisis de intentar reemplazar sus valores religiosos en decadencia con una personalidad que le dé sentido y propósito a su vida. Personalidad, esa palabra tan mal utilizada, deriva de la palabra latina persona, que significa "una máscara"; una máscara usada durante una representación teatral, con la intención de transmitir a la audiencia algo del carácter representado por el actor. En Oriente, la personalidad está muy lejos de ser una máscara. Es la visión externa de lo que está dentro del hombre. El objetivo de la filosofía práctica de las escuelas Sufi e india es una transformación interna.

La difusión de este sentido de personalidad integrada, durante el período que va desde la Edad Media hasta el día de hoy, ha sido una tarea conjunta de las escuelas Sufi e india de pensamiento filosófico y acción. Esta tarea, cuya metodología y resultados son accesibles y claros en material recopilado, ha sido llevada a cabo en una atmósfera de esfuerzo. ¿Cuál ha sido este esfuerzo?

La filosofía occidental, de la que dependen muchas de las líneas de pensamiento de los últimos dos siglos, está construida parcialmente sobre las filosofías griega y romana. Según el formato con el cual esta filosofía llegó a Occidente, las probabilidades estaban fuertemente inclinadas a favor de la pura especulación y el malabarismo con las palabras. En el proceso de transmisión de conocimiento de los antiguos a Occidente sucedió algo muy curioso. En las enseñanzas de Pitágoras y Platón hay efectivamente una concentración sobre el intelecto. Pero es solo esta porción la que aparece en los libros. La comparación de las enseñanzas del mundo clásico occidental con aquellas de Oriente nos mostrará que los ejercicios intelectuales que se toman como filosofía son solo una parte del cuadro. La parte importante – la práctica de autorefinamiento – ha sido dejada de lado. Sobrevive en los sistemas Sufi e indio.

Tomemos el clásico silogismo de la lógica: "El hombre es un mentiroso. Yo soy un hombre. Por lo tanto soy un mentiroso. Por lo tanto, cuando digo 'El hombre es un mentiroso' estoy mintiendo. Por lo tanto, el hombre no es un mentiroso".

La falacia es, por supuesto, que la afirmación: "El hombre es un mentiroso" no se aplica necesariamente a todas las situaciones. Todo esto está muy bien… hasta donde llega. Pero no llega suficientemente lejos. El propósito de introducir tales ideas en la mente, practicado por todas las escuelas iniciáticas, no es ejercitar tu ingenio sino señalar las limitaciones del lenguaje. El hombre no puede, en última instancia, confiar en las palabras para llegar a la verdad.

Entonces los libros de los griegos no fueron comprendidos plenamente. Aún no son comprendidos, y la gente juega con ellos; como el niño que tiene un libro de problemas y ninguna respuesta. La filosofía que nosotros compartimos, lo práctico unido a lo teórico, es algo mucho más completo que lo especulativo o retórico que ha pasado por filosofía en Occidente.

Personas como Aldous Huxley en Norteamérica se están abriendo camino hacia una comprensión de la filosofía experiencial, como algo opuesto a los malabarismos verbales. Sus libros parecen más bien negativos, experimentales e incompletos. Pero el movimiento ha comenzado. Dirigen su atención, curiosamente, hacia dos campos principales para un mayor apoyo de su sensación de que hay algo dentro del humano que aguarda la realización y es la fuente última de la verdad: el Sufismo y la filosofía hindú. El budismo zen, ahora en boga en Occidente, es una rama del budismo; en otras palabras, la forma china (*ch'an*) y japonesa de una escuela de pensamiento indio. Hay un movimiento en Occidente que mira hacia las formas de pensamiento vedánticas, por la misma razón. La influencia de los Sufis sobre todas las ramas del pensamiento occidental ha sido inmensa y continua. Nietzsche, de Alemania, cita a Hafiz como alguien que realmente sabe y experimenta. La obra de Goethe está empapada de Sufismo; e incluso el profesor Palacios ha descubierto que el cristiano San Juan de la Cruz ha tomado sus ideas y muchas de sus citas directamente de la escuela Iluminista (la Ishraquiyya) de los Sufis, representada por Ibn Arabi y hoy por la Shadhiliyya del norte de África.

Sin embargo, los movimientos filosóficos en Occidente que se basan en modelos orientales rápidamente se alejan del tema principal: el de la autorrealización. Solo hay una razón para esto. Ninguna escuela de estudio humano puede sobrevivir únicamente por medio de la teoría o la página escrita. La continua y repetida renovación de enseñanza india y Sufi ha surgido y se mantiene solo porque ha habido una perenne sucesión de maestros, aquellos que sabían cómo conducir al discípulo de una etapa a la siguiente en esta misión de autorrealización.

He evitado a propósito invocar los términos técnicos y dogmas que de vez en cuando se solidifican alrededor de escuelas de enseñanza y las hacen parecer diferentes de otras escuelas. He hecho esto de modo deliberado, porque la esencia del conocimiento iniciático, tanto para las escuelas indias como las Sufis, siempre ha sido su común denominador: la búsqueda de la verdad a través de una combinación de teoría y práctica. Me he propuesto la tarea de explicar lo que los eruditos mediocres han convertido en una tarea sombría y cargada de notas a pie de página, a través de ideas y referencias que todos pueden comprender fácilmente. Pues si ha de haber alguna realidad en el autodesarrollo, esa realidad debe ser, en última instancia, una simplicidad, no una multiplicidad. Como uno de los sabios ha descrito: "La unidad subyace en toda la multiplicidad". Tu atención queda confundida por mil dulces de colores, si lo que estás intentando comprender es azúcar, y no los dulces individualmente. Este sentido de la unidad, y la unificación final de la experiencia, es central para las dos escuelas iniciáticas de las cuales el Yoga y el Sufismo son expresiones.

¿Qué ocurre con la metodología? ¿Cómo hacemos para aplicar la enseñanza de autorrealización y unificación? No podemos medir en términos de beneficio humano el efecto que, a través de los milenios, ha tenido la sucesión de maestros de las escuelas de autodesarrollo sobre incontables millones de personas. El efecto general es al cual podemos atribuir esa "diferencia", esa superioridad que Oriente tiene sobre Occidente en términos del poder del espíritu humano, la calma de la personalidad. Y la despreciamos a nuestras expensas, porque es la base misma de nuestras vidas.

La segunda característica es la de la tolerancia. La sociedad india actual es posible únicamente debido a ella. En su expresión política y social toma la forma de secularismo. Pero el secularismo de la India no se basa en los conceptos occidentales modernos de materialismo o ateísmo, sino en el concepto inmemorial de que el próximo hombre tiene tanto derecho a sus experiencias internas como yo. Nunca deberíamos confundir esta importante fuente de tolerancia, por mucho que superficialmente pueda parecerse a cualquier otra forma de tolerancia.

El hombre que desea entrar en el sendero de la autorrealización, debe en primer lugar practicar estas virtudes en sí mismo antes de que pueda aceptarlas en otros como su derecho. De ahí que la metodología de las escuelas Sufi e india insiste, cada una quizás a su manera, en la tolerancia con los demás y también en la serenidad de la mente a nivel individual. ¿Cómo se alcanza la serenidad?

La compostura es necesaria porque la mente no regenerada no es, de hecho, una sola mente o un "yo". Está compuesta de un número de "yoes" confusos y a menudo antagonistas. En primer lugar estos deben focalizarse, integrarse, centralizarse, estabilizarse. Solo cuando esto se realiza puede la mente trabajar como una entidad capaz de abordar el trabajo más amplio de producir el Humano Ideal: el humano que yace escondido o más bien incipiente dentro de todos nosotros. Aquí es donde el maestro entra en escena. Él es el guía que capacitará al Buscador para encontrar su camino en la vida. Hay falsos maestros, así como hay malos orfebres. Pero la cognición interna, unida a la observación cuidadosa, le muestra a todo el mundo – excepto a los necios – cuál es el maestro para él.

Lejos de ser anticuados, anacrónicos, o puro palabrerío, los descubrimientos de las antiguas escuelas que hoy están representadas en el trabajo de los Sufis son el resultado de una investigación progresista e iluminada de la mente humana. Las elucubraciones metafísicas, acreciones absurdas, han rodeado una gran parte de la expresión Sufi, y han confundido, incluso tergiversado, las verdades de estas escuelas internas. Pero nada puede destruir su validez esencial.

VISITAS A CENTROS SUFIS

ALGUNOS ARTÍCULOS RECIENTES DE INVESTIGACIÓN ACERCA DE LOS SUFIS Y EL SUFISMO

por

Djaleddin Ansari y otros

Enseñanzas básicas de los Sufis

Djaleddin Ansari

Un famoso escritor contemporáneo ha dicho: "Para el Sufi, el Sufismo es más una ciencia que una 'excursión'". Los Sufis son conscientes de que el Camino Sufi es demasiado importante para ser algo que se disfrute o se sufra. Es algo para ser aprendido.

El mundo está lleno de gente que lee libros Sufis, o se encuentra con presuntos Sufis y como resultado imaginan que ellos también son Sufis. Asimismo hay tantos eruditos, periodistas e indagadores sinceros preguntándose si esta pantomima es realmente Sufismo, que el espectador ordinario queda fácilmente perplejo. Cuando se trata de las enseñanzas básicas de los Sufis, por lo tanto, debemos notar que la fundamental (si se puede expresar de esta manera) es que nadie puede aprender a ser un Sufi sin ser enseñado por un verdadero Sufi. ¿Es esto tan sorprendente? Quizá debamos ver lo que puede ocurrir con el cristianismo, por ejemplo, si se adopta al azar y de modo selectivo:

> La situación comenzó a descontrolarse cuando las tres hermanas Mc Cuin celebraron una sesión de lectura bíblica. Se desnudaron para regresar al Jardín del Edén, se embadurnaron con mostaza y robaron una furgoneta. Las jóvenes desnudas

fueron arrestadas y Doshline Mc Cuin, de 30 años, dijo desde la prisión en Lansing, Michigan: "Estábamos intoxicadas del Espíritu Santo."[1]

Ahora bien, podrás observar que esto no solo fue un asunto de una religión individual (aunque intrépida) de bricolaje. También se propagó para infectar a tres personas. Han habido casos en que tales sentimientos se han extendido aún más, llegando a involucrar a millones. Y, además, ten en cuenta que este proceso de mutua excitación es descrito por una de las participantes no por lo que es – un modo de obtener estímulo –, sino que se consideraba "drogada por el Espíritu Santo". Esto es exactamente lo que ocurre con algunas personas que se adhieren a los Sufis, o a cualquier otra cosa que puedan usar para autoestimularse. No debe confundirse con la actividad Sufi, del mismo modo que la anécdota mencionada no refleja al cristianismo.

Otra enseñanza básica de los Sufis es que, dondequiera que haya un legítimo Maestro Sufi, también habrá genuina y fuerte oposición a él. Debe admitirse que la historia muestra que esto es cierto. No hay ni uno de los grandes Maestros Sufis reconocidos que haya estado libre de la plaga de críticos y opositores. En el pasado, generalmente se han especializado (como ocurrió en Europa en la Edad Media) en acusar a los Sufis de herejía y oposición a la religión.

Los Sufis mismos han ideado una contramedida a esta continua oposición, algo que a menudo se confunde con un ejercicio espiritual. Se trata del frecuentemente citado "Sendero del Reproche" (*Rah-e-Malamat*). Siglos antes de que los maestros zen en Japón descubriesen que puedes desarmar a un oponente usando su fuerza contra él mismo, los Sufis hicieron lo propio con palabras y aspecto. Encajaba bien con su concepto de que lo que se denomina "realidad" es en cualquier caso comparativo, subjetivo. Así es como funciona:

alguien denigra a un Sufi. Él responde: "Todo lo que dices contra mí es cierto, y ni siquiera va lo suficientemente lejos. De hecho, en la naturaleza de las cosas, solo puedes tener una idea incompleta de lo malo que soy. Soy el único que conoce todos los defectos y fallos secretos que hay en mí, y por lo tanto soy un experto en mi iniquidad."

Aún nadie ha descubierto un retruque a eso. Visité a un grupo Sufi en la ciudad santa de La Meca, centro de estudiantes de todo el mundo islámico. Aquí estaban estudiando las obras y los dichos de Idries Shah, el notable guía espiritual afgano. Dije: "Alguna gente en Occidente, y varias personas con quienes me he encontrado en Oriente, discrepan de la obra de Sayed Idries..." El Sheikh que estaba a cargo de la reunión respondió de inmediato: "Eso es un poco tarde; es como si una ola dijese: 'No me gusta el Arca de Noé.' El arca está construida, funciona, está diseñada para desafiar a las olas. Tiene éxito. Lo que dice la 'ola' puede ser interesante; es esperable. Pero, ¿significativo? No." (2)

Las enseñanzas básicas de los Sufis con frecuencia son muy sorprendentes al contener elementos que no se encuentran en sistemas que dependen del adoctrinamiento o reclutamiento de "jugadores", emocionalistas; también encuentran expresión en áreas que son completamente irreconocibles como espirituales para observadores menos profundos. Pongámoslo de esta manera, condensando de algún modo las palabras de un Maestro Sufi a quien conocí en Siria, y que no quería tener nada que ver con los ampliamente anunciados "Sufis" de ese país:

"Ya que los elementos externos (barba, rosario, letanías, cuencos de mendigo, salas especiales de meditación, reuniones constantes, dependencia de cuentos milagrosos son apenas algunos ejemplos) son lo que atraen a la gente hacia los Sufis y otros místicos, se deduce que cualquiera que se concentre en tener y tratar tales cosas pueden establecerse a los ojos de los no regenerados como Sufis. Por el contrario, alguien que conoce la esencia de la experiencia Sufi y cómo engendrarla no puede consolidarse... y será considerado un fraude."

El seguimiento de esta clave me condujo a través de varios años de investigaciones, y reveló una (para mí) asombrosa situación. Cuando visité un país y mostré interés en sus Sufis, fui consciente de que despertaba cierta atención en gente que no eran agentes de la policía ni lo que se podría identificar como Sufis. Si me volvía amistoso o asiduo en mi interés con los presuntos Sufis, los otros desaparecían. Sin embargo, si rehuía a los supuestos Sufis y continuaba buscando personas que pudieran darme ideas sin "elementos externos", estas se acercaban. Finalmente, pude encontrar a los Sufis reales que estaban detrás de la fachada de imitadores e impostores.

Tal como uno de estos Sufis genuinos me dijo:

"Tenemos que estar seguros de que eres sincero. Tenemos que observarte para ver si las túnicas, barbas y excitación emocional y es *zikr* (repetición de fórmulas sagradas) son suficientes para ti. Si lo son, tenemos que dejarte solo, porque en tal caso habrías encontrado lo que buscabas: no los Sufis, sino una fuente de confort y sentido de importancia."

Le pregunté:

"¿Acaso no hay genuinas organizaciones de Sufis, o verdaderos Maestros Sufis que trabajan en público, con el aspecto que los superficiales imaginan que tiene el hombre religioso?"

Él dijo: "Oh, sí, ciertamente. Pero estos, que son pocos, pueden ser fácilmente verificados en cuanto a su condición genuina. El problema es que el discípulo nunca pondrá a prueba al maestro."

"¿Por qué no lo pondrá a prueba?"

"Porque no sabe cómo hacerlo. Si está previamente convencido de unirse a alguien, no deseará descubrir que está equivocado. Por ejemplo, el otro día le pregunté a alguien que cree ser un aspirante a Sufi por qué estaba siguiendo a cierto 'maestro' que es sin duda un psicópata autoengañado. Él dijo: 'Obviamente, sólo me está probando mediante la práctica del 'Sendero de Culpa.'"

"Resulta que, de hecho la prueba no está al nivel del 'Sendero de la Culpa'. Dejemos eso a un lado por el momento. Nunca comiences fijándote en el Sendero de Culpa. Eso está ahí, de cualquier modo, para desviar al profano. Observa, en cambio, si el 'maestro'....

1 Puede explicar lo que está haciendo mediante referencia a los clásicos.
2 Rehúsa seguir a un solo maestro clásico en exclusiva.
3 Puede actuar fuera de lo ritualístico, sin 'artilugios'.
4 Rehúsa envolverte en misterio y no tiene una aura mágica.
5 No produce atmósfera de 'poder' alrededor de él. Como lo antiguos han dicho correctamente: 'El fraude hace creer a la gente que él es un hombre de poder. El verdadero Sufi pasa mucho tiempo mostrándose muy normal'.
6 Puede trabajar 'en el mundo' y lograr el éxito en lo que parecen actividades mundanas, como hizo Khwaja Ahrar. Él se convirtió en millonario por su propio esfuerzo, pero nadie podía decir que no fuese el adepto supremo de la época.

"Estas son algunas de las cualificaciones y características del verdadero Maestro Sufi, ya sea visible o no."
Cuando volví a Europa después de ese viaje por Oriente, me puse en contacto con muchas personas de las que nadie sospecharía que eran Sufis o personas espirituales en modo alguno. Ahora los podía reconocer porque había aprendido las enseñanzas básicas que cubren mucho más campo que las necedades morbosas y a menudo vacías de aquellos a quienes

el mundo toma como gente religiosa, especialmente como Sufís.

Tales personas tienen una representación tan fuerte en Occidente que, en poco más de una semana, observé a los siguientes Sufís (sin la reputación) apareciendo en televisión, escribiendo o siendo entrevistados en los periódicos:

> Un director de orquesta, tres hombres de negocios, cinco magnates industriales, tres escritores, un cantante, dos políticos, un sacerdote cristiano y varios otros.

Por supuesto, la enseñanza más básica de todas entre los Sufís es que el maestro produce la enseñanza misma como consecuencia de su propia experiencia. Tan pronto como ha tenido la experiencia definitiva, puede ver desde ese punto de vista cómo traérsela a otros. Se ha convertido en un maestro. Ahora, si para traérsela a otros, tiene que hacer o decir cosas que no parecen ser espirituales o incluso relevantes para aquellos que no pueden en ningún caso juzgar, él siempre encontrará un modo de llevar la enseñanza a quienes están abiertos a la comprensión. No puede, por supuesto, llegar a todos, y están especialmente fuera de su alcance aquellos que acuden a él no por la enseñanza sino por algo a lo cual responden emocionalmente

Es tal maestro (el único genuino) el que sabrá qué es y qué no es relevante del vasto cuerpo de la tradición Sufí acumulada. La mayor parte de ello, por supuesto, son solo las latas vacías de la nutrición que anteriormente contenían. Me encontré con un interesante ejemplo de esto en un Maestro Sufí al que abordé para buscar una explicación de por qué ciertas ideas y prácticas perduraron durante siglos.

Aventuré la opinión de que para que una práctica o creencia haya durado siglos, debe de haber tenido – y seguramente sigue teniendo – algún valor para la cultura, o para el individuo, o algún efecto útil en las mentes de las personas.

"Bien", dijo él, "recientemente estuve en la India, visitando un palacio muy antiguo en la jungla. Gran parte del edificio se había derrumbado, y otras partes habían sido socavadas por la exótica vegetación. Pero, aquí y allá, pude ver ejemplos exquisitos de talento artístico en la obra de estuco moldeado, asombrosamente bien conservado.

"¿Por qué sobrevivieron estas piezas y no las otras? ¿Por qué otras partes se deterioraron hasta convertirse en polvo? Las partes intactas no realizan 'funciones' que no hayan sido intrínsecas a las partes que habían desaparecido. Además, gran cantidad de la cal procedente de las partes deterioradas estaba sirviendo como fertilizante..."

Esta es, por lo tanto, la voz del verdadero Sufi. El imitador intentará preservar todo. ¿Acaso no fue Idries Shah quien en algún lugar dijo: "Debemos hacer una distinción entre lo constructivo, lo nutritivo y la labor de museo"?

Ya que las enseñanzas básicas de los Sufis de hecho no atraen – es lo superficial, la multitud, los cánticos, las emociones, lo que atraen –, los verdaderos Sufis deben organizarse para:

1 Atraer a aquellos que han pasado más allá de lo básico como se entiende generalmente.

2 Hacer su contacto con otras personas de forma completamente diferente. Khwaja Ahrar, mencionado previamente, no solo hizo una fortuna colosal sino que también dirigía cierto número de organizaciones en comercio, agricultura y enseñanza, que atraían a la gente por virtud de su éxito y energía interna. Más tarde la gente, mediante contacto, descubría algo más dentro de tales estructuras. Y entonces eran capaces de percibir que había algo valioso, partícipe del espíritu, de la belleza, de lo divino. No ocurre, excepto raramente, del modo contrario.

Si entras en una de las librerías que se especializan en textos orientales o espirituales, hoy en día te encontrarás con una auténtica montaña de libros de Sufis y acerca de los Sufis. La mayoría de las personas no tienen noción alguna de cómo investigar este material. La familiarización con las enseñanzas básicas de la tradición viviente, sin embargo, le permite a uno distinguir lo verdadero de lo falso con bastante rapidez. En primer lugar, "verdadero" y "falso" no se refieren aquí a la intención, solo a la capacidad. Es decir, debemos reconocer que la mayoría de los escritores no son "locos o malos", sino que están tristes. Los eruditos y autoproclamados especialistas suelen buscar cosas que les atraen y las presentan como Sufismo. También desarrollan un fervor u hostilidad – muy poco Sufi – hacia aquellos textos que no cuadran con sus opiniones. De ahí que puedas desechar todas las obras que contienen polémica o ataques personales. También puedes dejar a un lado todos los intentos estrictamente "simbólicos" o "artísticos" de representar el Sufismo como una expresión plena o convincente a través de estos medios. Los símbolos y el arte en el Sufismo son instrumentos, no forman parte del arte ni del lenguaje, ni siquiera de la comunicación. Del mismo modo, puedes evitar todos los materiales que se centran en una sola figura clásica y sus obras o actos, ya que de cualquier modo estos pronto empalagarían o si no te condicionarían a convertirte en un mero adorador de ese individuo. Observa qué es lo que queda, y probablemente tendrás los auténticos materiales Sufis.

Las enseñanzas básicas Sufis, sin embargo, advierten contra la prematura estabilización de la opinión: "Por cada verdad que encuentras existe otra más profunda más allá: una que parece contradecir a la primera". Esta es una advertencia para no confiar en materiales escritos, por muy importantes que sean, si carecen de una fuente viviente de información e instrucción.

A este respecto, el siguiente diálogo me pareció de la mayor importancia cuando lo escuché en un círculo Sufi en Argelia:

"¿Cómo identifico a un verdadero maestro?"

"Las personas que hacen esta pregunta no encontrarán la respuesta mientras piensen de este modo."

"¿Cuál es el modo para encontrar la respuesta?"

"Intentar percibir internamente la esencia, la realidad, la verdad y el ser interno del maestro y de la enseñanza, en todas las cosas, no solo en la supuesta apariencia o función de enseñanza; no importa dónde esté o quién sea el maestro; casi se puede predecir que lo encontrarás donde no lo esperas."

"¿Y si cometo un error?"

"Sin duda cometerás un error si te falta sinceridad."

"¿Cuál es una señal de falta de sinceridad?"

"El primer signo es que quieres encontrar a alguien que sea aceptable o algo que te agrade, en lugar de querer encontrar la Verdad, cualquiera que sea, donde y cuandoquiera que fuese."

NOTAS

1 *Evening News* (Londres) 24 Abril 1980, pág. 9
2 El asombroso apoyo que Idries Shah tiene en los círculos académicos, religiosos y literarios (así como espirituales) de Oriente y Occidente está bien representado en un amplio rango de artículos, monografías y libros. Como ejemplo, el siguiente es indispensable: Prof. L.F.R. Williams. *Sufi Studies: East & West*, New York (Dutton) 1973 y Londres (The Octagon Press), una recopilación de algunos de estos documentos.

La reunión de sobremesa y otros asuntos

Abdul-Wahab Tirmizi, "TIRYAQI"

La tradición dice que, en tiempos muy antiguos, los Maestros Sufis tendían una tela a la vera de un camino, tal vez en una encrucijada, y colocaban cualquier alimento que la gente les hubiera dado para agasajar a los viajeros. Estas ofrendas en la mesa, naturalmente, se convirtieron en ocasiones para descansar y escuchar las palabras de los Sufis. Se dice que algunas de las más famosas *chaikhanas* (casas de té) y caravanserais surgieron de este modo.

Este hábito de ofrecer hospitalidad ha sido llevado hasta los tiempos modernos, y mientras que la importancia de la nutrición puede haber declinado en países donde la gente ya está bien alimentada, la naturaleza especial de la enseñanza que se lleva a cabo en las reuniones de sobremesa aún no ha sido reemplazada.

Para aquellos que son inconscientes del comportamiento altamente estructurado y, sin embargo, cuidadosamente calculado del Maestro Sufi en las reuniones de sobremesa (y eso incluye a la mayoría de los orientales que han asistido a ellas, así como a los occidentales), la totalidad de la operación no parece otra cosa que un anfitrión jovial entreteniendo a los invitados. El factor más importante, que normalmente se les escapa a los asistentes, es que la reunión de sobremesa es primordialmente una ocasión en la cual tiene lugar la enseñanza indirecta. Tomemos un ejemplo, que puede duplicarse, más o menos en cualquiera de las docenas de tales actos a través del mundo.

El maestro normalmente comenzará su charla después de que todos hayan comido. Durante la comida hablará quizás con los pocos huéspedes que han sido invitados porque tienen asuntos individuales que discutir. Una vez que estos han sido despachados, la audiencia se sienta confortablemente para escuchar el tema que haya sido escogido, y para beneficiarse de su exposición. Cualquier semejanza entre la reunión Sufi de este tipo y la reunión religiosa convencional debe señalarse. En esta última, se toma un texto o tema y se trata en términos religiosos y algunas veces didácticos. Las emociones y la mente lógica están ambas involucradas. En la reunión Sufi puede escogerse cualquier tipo de tema, con la intención de traer a la consciencia de los individuos un modo de pensar y examinar las cosas que no se encuentran disponibles en su experiencia ordinaria.

El maestro a menudo puede abarcar todo tipo de temas: las charlas de sobremesa de Rumi son un buen ejemplo de esto, ya que se ocupa de la cultura y problemas locales. Pero hay una sorprendente diferencia entre las reuniones Sufis de enseñanza y cualquier otra de la que tengamos registro. Con los Sufis, si te descubres aplicando en ti mismo las ideas expresadas, en general te das cuenta de que estás siendo subjetivo: en otras palabras, puedes encontrar exhortaciones morales o fórmulas para conducir tu vida en cualquier lugar. Por lo tanto, podemos hacer una distinción inmediata entre la enseñanza Sufi y el didacticismo. Igualmente, aquellos que buscan principios generales pronto se dan cuenta de cuán condicionados están o lo pedantes que son. El Sufi a menudo seguirá una línea de pensamiento y luego cambiará a la opinión en apariencia opuesta, simplemente para mostrar lo falso o incompleto que puede ser un único modo de pensamiento. Es imposible escapar a la sensación de que esta gente, al aplicar esta habilidad con tanto talento y de modo tan convincente, están haciendo algo que no se puede encontrar en ningún otro lugar.

Muchas personas, por supuesto, acuden a tales reuniones y no se benefician de ellas de la manera descrita anteriormente. Pero aquellos que han estado en contacto, incluso mediante los libros, con la actividad Sufi – especialmente en los últimos tiempos – pueden encontrar en los relatos de las acciones y palabras de los Maestros Sufis una base suficiente que les permita beneficiarse de cualquier reunión de sobremesa a la cual sean lo suficientemente afortunados de ser invitados. La prueba de si uno se ha beneficiado o si aún necesita algún estudio concentrado de los paradigmas publicados de este tipo de acontecimiento, es comprobar si los horizontes personales se han ampliado al seguir un nuevo e insólito punto de vista dado por un Sufi.

Algunos han sostenido que el mero hecho de asistir a tales reuniones desarrolla en el individuo capacidades que resultan, en el momento apropiado, en la iluminación. Hay una cierta historia sobre esto, repetida en círculos derviches.

> Érase una vez un derviche que se encontró a las puertas del Cielo, siguiendo a una larga hilera de personas. Cuando llegó su turno para ingresar por las puertas, se detuvo para ser identificado y puesto a prueba. El ángel a cargo preguntó: "¿Cuál es tu nombre?" El hombre se lo dio. Luego preguntó al ángel: "¿Entro porque tienes mi nombre en una lista?" "No", dijo el ángel, "entras porque respondes del modo adquirido por los discípulos de tal y tal maestro". "Pero", replicó el hombre perplejo, "ya que no soy un iluminado, ¿cómo es que puedo entrar en el Cielo?" "Esto es posible", respondió el ángel, "porque una vez que el vegetal

sancochado ha sido puesto en una olla, no es muy difícil terminar el proceso."

El Sheikh Hamdún de Damasco resumió el asunto para mí con las siguientes palabras:

"El propósito del estudio Sufi y el desarrollo del 'ser' es, entre otras cosas, el establecer y mantener un modo de pensamiento y percepción que evita la reaparición del pensamiento y la acción primitivos (incluyendo el predominio del mecanismo de premio/castigo y adoctrinamiento), en lugar de limitarse a tener aspiraciones secundarias, como sucede con todas las demás instituciones, por fundamentales o incluso vitales que puedan ser."

Encontrándole sentido a la literatura Sufi, a los expertos y paradojas.

Andrew C.C. Ellis

ANTES DE IR a Oriente Medio en una visita prolongada, buscando respuesta a ciertos problemas que había extraído de un concienzudo estudio de publicaciones acerca de los Sufis y el Sufismo, me propuse conocer a tantos predecesores – viajeros y estudiantes anteriores – como fuese posible.

Se trataba de una notable y variada recopilación de personas: llegué a esta conclusión al mirarlos desde el punto de vista de un sociólogo cualificado con cierto interés en la psicología. Esto no implica, sin embargo, que muchos de ellos se sintiesen muy "diferentes" unos de otros. En general, tendían a verse a través de los ojos de los comprometidos: ¿mostraba la otra persona preocupaciones similares?; ¿había él o ella visitado a las mismas personas?; ¿a quién aceptaba y a quién rechazaba?

Me parecía que estas actitudes dejaban algo que desear. Ese algo era que, para poder extraer materiales útiles del inmenso conjunto de literatura y acción Sufi actual, sería necesario suspender la opinión y ver los hechos (adoptando una frecuente advertencia Sufi). En el curso de los acontecimientos, vi que había un notable consenso entre los Sufis orientales en este tema. Ellos casi siempre hacían hincapié en que las personas que yo había conocido (a pesar de reclamar credenciales impresionantes como "discípulos de tal y tal") debían considerarse como "fracasados por el momento". Esta es la frase que indica a alguien que, en sus estudios espirituales, ha llegado sólo hasta el punto de buscar amigos y enemigos, siguiendo categorías limitadas, buscando certeza y "no el camino para encontrar la certeza".

Había observado algo similar en grupos que estudiaban Sufismo en Occidente. Muchos no progresaban precisamente porque tenían demasiada ansiedad por progresar. Además, estaban buscando apoyo social o respaldo de sus creencias y otras cosas que no son el alimento sobre la mesa Sufi en absoluto.

Por otra parte, había signos claros de que las ideas y el conocimiento Sufis estaban penetrando en Occidente, y que esto se estaba haciendo de una manera que engendraba una comprensión poderosa y una capacidad considerable, ubicada en algún lugar y dirigiendo el esfuerzo.

Mi visita a Oriente (a las áreas árabe, turca e iraní, así como al subcontinente indio) se debió a que en Occidente encontré representantes de un Sufismo que sólo podía vislumbrar vagamente a través de los documentos y comentarios que nos presentaban los especialistas, los orientalistas. Era aún menos visible en las palabras y comportamiento de un gran número de supuestos "Sufis" que florecen en Occidente y denuncian intensamente el tipo de enseñanza Sufi a la cual he aludido, y que parece la única realmente interesante. La otra, por desgracia, es apenas la recomposición de una especie de religiosidad medio cruda, de la cual probablemente ya haya bastante en Occidente. Nada en ello es nuevo, nada es en modo alguno superior al monacato cristiano de la Edad Media.

De modo curioso notamos (tanto yo como otros observadores) que los entusiastas esencialmente sinceros así como esencialmente extraviados, de hecho semimonjes del viejo y distorsionado molde, eran los que más atraían a los anticuados pensadores religiosos tradicionales de Occidente.

Poetas y científicos, hombres de negocio, amas de casa, triunfadores y personas ordinarias, eran quienes estaban interesados en lo que algunos de nosotros habíamos llegado a considerar como una importante e intrigante manifestación de verdadero conocimiento del Oriente. Los otros, los "especialistas" en religión y orientalismo, no lo podían o no lo querían ver.

Se me dieron facilidades para visitar y vivir entre Sufis orientales bajo condiciones bien definidas. En primer lugar, no le daría tratamiento "periodístico" a los materiales. No me centraría en el aspecto externo de las cosas y no intervendría en ninguna publicación de asuntos de cultura local, ya que como representante de otra cultura estos no me incumbían. No debía participar en actividades políticas, económicas o religiosas de ningún tipo; aparte de observar los ritos de mi propia religión, cualquiera que esta fuese. No debería identificar individuos y lugares. Acepté todas estas limitaciones no solo con resignación sino con alivio. Después de todo, cuando lees mucha sociología te das cuenta de que en realidad estás leyendo polémica. Cuando lees tanta antropología o literatura de viaje puedes ver que estás siendo expuesto a la opinión o exhibicionismo del autor. Estaba más que contento de ir, ver, sentir y recopilar datos.

También me complació descubrir, a mi regreso con los materiales, que el enfoque era bien recibido por colegas académicos. De modo que no puedo decir que haya sido un investigador martirizado, incomprendido y postergado.

El escrito de Abdul-Wahab Tirmizi ("La reunión de sobremesa y otros asuntos") proporciona una excelente introducción al tipo de materiales que yo estaba investigando. Su relato, que considero exacto en todos los aspectos, puede denominarse un ejemplo clásico de cómo algo (la reunión de sobremesa) puede estar accesible y a la vista de todos, pero puede desestimarse con facilidad como algo inconsecuente. Una y otra vez en Oriente Medio vi a los invitados y académicos occidentales cansinamente "aguardando a que terminara la charla de sobremesa" para poder preguntar acerca de rituales, preocupaciones personales, acerca de cualquier cosa bajo el sol excepto la sustancia de la propia reunión, ¡la cual, si se le hubiese prestado atención, habría hecho innecesarias sus preguntas!

Pero hay más: si no lo hubiese, tendría que dejar que el notable escrito de Tirmizi representase la totalidad de mi experiencia.

Un estudio de los grandes documentos representativos Sufis (por ejemplo *Revelación* de Hujwiri y *Recapitulación* de Attar) muestra que una parte muy importante de la enseñanza Sufi se centra en el examen del comportamiento, las palabras y actividades de los Maestros Sufis. Estas casi siempre se han confundido con hagiografías, propaganda externa piadosa, del estilo que fue usado en la Edad Media para impresionar a monjes y laicos por igual. La clave de su importancia esotérica, sin embargo – incluso para quienes no lo saben – se encuentra en que los propios Maestros Sufis, al pormenorizar estas informaciones, actúan como si ellos mismos fuesen observadores desinformados. En otras palabras, se han distanciado del material y lo presentan casi (aunque no del todo) a través de los ojos del estudiante. De este modo puede tener un profundo efecto enseñante, así como cuando un buen maestro en algún tema más profano adopta la postura del estudiante, aportando a la selección, el impacto y la proyección de sus materiales, la experiencia que su conocimiento hace posible.

Los materiales, por lo tanto, no son hagiografías; y los encontramos en uso, de una manera dinámica que seguramente desconcertaría por completo a un orientalista u otro erudito ignorante de este uso especializado, en grupos Sufis vivos. Sin embargo, si los materiales son simplemente leídos por supuestos estudiantes o maestros, y no forman parte de la calculada proyección de una escuela Sufi legítima, actuarán solo en el nivel inferior, produciendo resultados de bajo nivel, mera consumición de maravillas.

Esta notable aplicación del principio de que el "secreto se protege a sí mismo" por parte de los Sufis, es uno de los factores nuevos más impresionantes que tenemos que aprender en Occidente.

Los libros no son, como hemos señalado, hagiografías, sino que más allá de eso, los Sufis actuales están mostrando de muchos modos que sus "historias" y sus "colecciones de anécdotas" o "viajes" son de hecho documentos de enseñanza que pueden ser comprendidos solo por aquellos que dejan a un lado los placeres de la admiración y el sentimentalismo. Resumiendo, son parte de un sistema de estudio altamente sofisticado. Como dijo un Sufi, cuando le pregunté cómo se suponía que íbamos a comprender este hecho: "Después de todo, si proclamas ser ingeniero y contemplas maravillado la impresionante simetría de los engranajes y trinquetes, y construyes toda una especialidad alrededor de esto, y te diriges a nosotros pidiendo que te mostremos más rodamientos maravillosamente equilibrados: ¿cómo podemos, si somos ingenieros, entrar en el reino que ha encerrado en sus mentes, el reino donde estas cosas realmente funcionan con un propósito, operan como mecanismos?" No tenía respuesta, e imagino que otros eruditos tampoco la tienen.

Y sin embargo debe admitirse que los Sufis han estado intentando "convertirnos en ingenieros". Por esta razón, desde los años 60 han dado acceso, limitado pero valioso, a proyectos que dirigen en varios centros donde estas cosas son bien comprendidas. Se han seleccionado ciertos viajeros adecuados y los maestros de la tradición genuina los han animado a familiarizarse con los "engranajes y rodamientos" del sistema. También han permitido cierto nivel de publicación de estos materiales.

Así que aquí nos topamos con otra paradoja Sufi, que solo es desconcertante – como los Sufis nunca dejan de recordarnos – porque hemos olvidado lo que han dicho. La paradoja implica el hecho de que un libro escrito por un no Sufi (por ejemplo *Sufism*, del difunto Profesor Arberry), que se supone (y se cree) que transmite lo que los Sufis enseñan, no puede en ningún sentido ser un libro enseñante. Sin embargo, un libro escrito por un Sufi o patrocinado por una verdadera fuente Sufi (uno de tales es sin duda *Entre los derviches*, de O.M.Burke) es un libro del cual uno puede aprender, aunque parezca – y también actúe – como un libro de viajes con un gran contenido de entretenimiento.

Tal conocimiento ha conducido, por supuesto, a una profunda reexaminación de los libros escritos por Sufis y acerca de los Sufis y el Sufismo, que están disponibles en tantas lenguas, particularmente en inglés. También permite la republicación de textos y comentarios y todo tipo de otros materiales (tales como *A Dervish Textbook* y la colección *The World of the Sufi*) publicados originalmente por Octagon Press, ya que con los nuevos instrumentos de estudio suministrados por el nuevo conocimiento de antiguos procesos, las personas que entienden la forma en que trabajan pueden extraer materiales de instrucción realmente útiles. Puede señalarse que el Dr. R.E.Ornstein ha proporcionado un modo en el cual este material puede abordarse, en lo referido a la función cerebral; el Profesor L.Lewin ya ha publicado alusiones en esta línea [1], y hay otros materiales que aparecen de vez en cuando en revistas especializadas y monografías.

La familiaridad con los materiales y enfoques arriba mencionados explica cómo R.L.Thomson [2] ha sido capaz de relacionar la contribución Sufi a la ciencia contemporánea.

Implícitamente, por supuesto, otros materiales actuales publicados por especialistas ordinarios, eruditos orientalistas, los interesados en religión y los esoteristas, se considera que son inadecuados y que tocan solo la superficie, por muy profundos que pretendan ser. No es de extrañar que algunas autoridades convencionales – de otra manera respetables y bien establecidas con excelentes credenciales aparentes – se unan tan fácilmente a los celosos "monjes locos" de la franja lunática Sufi para atacar este enfoque, al que Shah ha apuntalado tanto con sus libros notables [3]. Lo que sin embargo resulta gratificante y sorprendente en su abundancia, es el hecho de que tantos eruditos [4] se hayan mostrado capaces de adaptarse al nuevo conocimiento que, de hecho, niega gran parte de su trabajo.

NOTAS

1 Lewin, L. Hon. Doc. en Ciencias. "Feature Book Review"; International Philosophical Quarterly, Vol. VX no. 3 págs. 353/64, Fordham University, Sept. 1975.

2 Thomson, R.L. Doc. en Ciencias. "Psychology & Science from the Ancient East"; The Brook Postgraduate Gazette, pág. 7 y ss. Londres, Vol. 2 no.1 Marzo 1973.

3 Ver los 8 volúmenes reimpresos de reseñas y discusiones cerca de la obra de Shah (The Octagon Press, Londres).

4 Ver Profesor L.F.R.Williams; Sufi Studies: East & West, Nueva York 1974 y Londres (The Octagon Press).

BIBLIOGRAFÍA ADICIONAL

Ornstein, R.E.; Herron, J. y Swencionis, C.: "Differential Right Hemisphere Involvement in Two Reading Tasks". Psychophysiological Research. Vol. 16 no. 4, pág. 398 y ss. 1979.

Deikman, A.J. "Sufism and Psychiatry", en The Journal of Nervous and Mental Disease, Vol. 165, no. 5, pág. 318 y ss. 1977.

Deikman, A.J. "Comentarios acerca del Informe Gap sobre Misticismo". The Journal of Nervous and mental Disease, Vol. 165, no. 3, pág. 213 y sig. 1977.

Aforismos de un Maestro Sufi

Hilmi Abbas Jamil

Los CULTOS Y sistemas de base estrecha siempre intentan reducir el rango de pensamiento y actividad. La gente que trabaja con sistemas no-cultistas, por ejemplo los educativos, también suelen desarrollar actitudes cultistas, reducidas. Por ejemplo, tenderán a concentrarse en solo uno o más aspectos de la tarea, los que más les agraden, y en ese punto reducirán su capacidad para aprender y progresar.

Los aforismos, cuando emanan de una fuente de conocimiento y enseñanza, no solo son entretenidos y sagaces: amplían la perspectiva, de modo que el individuo pueda ver mejor sus limitaciones previas y, de esto modo, superarlas.

En las escuelas Sufis actuales se utilizan varios aforismos que enfatizan e ilustran claramente este proceso. Los examinaremos uno por uno.

"*No existe algo así como 'casi un Sufi'*".

Esto se debe a que Sufi representa el producto, el resultado, y no el esfuerzo. El aforismo está destinado a recordarles a las personas que no pueden elegir partes de las prácticas o ideas Sufis e intentar aplicarlas sin entrar en un programa que, después de todo, está diseñado para desarrollar una habilidad: la habilidad de ser capaz de "hacer, ser y saber". El dicho también se utiliza como prueba. Las personas que piensan que eso significa que deberían obsesionarse con convertirse en Sufis no son aptas para el estudio Sufi mientras permanecen en ese estado mental o mantienen esa opinión.

> *"Imaginación e intelectualidad son el 'Sufismo' del ignorante".*

La frase alude a los dos instrumentos que de modo automático utilizan las personas cuando quieren abordar algo desde una base de ignorancia. El imaginador, por ejemplo, al enfrentarse con un deseo de riqueza, puede fantasear el modo en que la obtiene. El intelectual, ante una obra artística, puede intentar analizarla. Cada uno de estos tipos puede obtener algo de su esfuerzo: pero no obtendrán lo que realmente reside en el objeto de su acercamiento. El esfuerzo ha sido atenuado por el procedimiento usado.

De modo similar, cualquier biblioteca pública te suministrará libros escritos acerca del Sufismo y los Sufis, que están repletos de las imaginaciones o del automatismo mental de los escritores. Este es el "Sufismo del ignorante", donde ignorancia significa intentar describir algo acerca de lo cual uno realmente sabe muy poco.

> *"El Sufismo realmente es enseñanza: pero no todos los estudiantes son aprendices".*

Aquí vemos que el énfasis se coloca en el hecho de que la gente que imagina que están intentando aprender pueden muy bien estar tan solo intentando entretenerse sin saberlo. En todos los esfuerzos educativos hay gente así: como el "estudiante perenne", que aún está "estudiando" muchos años después de que debería haber aprendido. Aprender cómo aprender es aún más importante que el propio aprendizaje.

Sin el primero, el último puede existir, pero está fuera de alcance.

> "*La gente pregunta qué están haciendo los Sufis por el mundo. Harían mejor en preguntarse si, sin los Sufis, aún habría un mundo.*"

Esta es una oración ideal para expandir el contexto. Tanto si los Sufis son (o no) responsables de hacer que el mundo sea tolerable o de mantener su existencia, la gente que se cuestiona la utilidad Sufi raramente se ha detenido a pensar si podrían reconocer una operación Sufi en el mundo si se toparan con ella. Han estrechado su comprensión a una cruda visión de un mundo donde los Sufis deberían haber eliminado todas las cosas que los cuestionadores consideran objetables.

> "*No necesitas conocer el nombre, pedigrí o hábitos alimenticios de alguien que te está salvando de ahogarte.*"

La necesidad de abordar todo tipo de estudio únicamente a partir de cuestiones relevantes, y suprimir las irrelevancias, es inmediatamente evidente aquí. Este aforismo no necesita mucha explicación; pero necesita que se reflexione acerca de él. Las sociedades existentes ofrecen muy poca capacitación en el enfoque del aprendizaje necesario para maximizar su efecto.

> "*Cuando miré por vez primera a mi maestro, vi a un hombre. Más tarde no vi a un hombre: solo conocimiento.*"

Una vez más, el acercamiento desde el exterior. Si recuerdas cómo te afectaron las personas que conociste, tenderás a recordar superficialidades. La persona era impresionante o decepcionante, sonreía o fruncía el ceño, era rica o pobre, vieja o joven, agradable o desagradable. El maestro, por otra parte, no es un payaso de circo o una niñera. Él o ella es, para el estudiante, una fuente de aprendizaje.

> "*El Sufismo hace en veinte o treinta años lo que la humanidad hará en veinte o treinta mil.*"

Esto tiene la intención de ofrecer una sugerencia de perspectiva, para superar la impaciencia. También intenta indicar que los Sufis están apuntando a la maduración de toda la humanidad, no el desarrollo de un grupo exclusivo. La frase también se utiliza con propósitos de diagnóstico. Las personas que piensan que es un ejemplo de pretensiones arrogantes puede que estén etiquetándose a sí mismas como paranoicas.

> "*La metafísica puede enloquecer a la gente. Esto sería serio si todo lo demás no volviese aún más loca a la gente. El Sufismo, de hecho, vuelve sanos a muchos.*"

Es cierto que mucha gente que se interesa en temas espirituales es anormal. También lo es mucha gente a quienes les interesa la mermelada de fresa. Para establecer si los intereses metafísicos son indeseables, se deberían hacer estudios. En primer lugar debería establecerse el número de gente insana en otros campos. Luego debería evaluarse el número de metafísicos locos que estaban locos antes de convertirse en metafísicos. Y, por supuesto, debería establecerse cuidadosamente la definición de la locura. No hace mucho tiempo, la gente que pensaba que la tierra era redonda eran tomados por locos. Lo absurdo es a menudo algo a lo que la gente no puede dar crédito, no algo que sea realmente imposible.

De acuerdo a Arthur C. Clarke en 1973, está registrado que el Astrónomo Real Británico dijo en 1956: "Los viajes espaciales son una completa tontería".

Es por esto que ha surgido el siguiente aforismo en nuestra selección:

> "No es el conocimiento lo que destruye a los Sufis: es la estupidez."

La tarea Sufi está dedicada a hacer las preguntas correctas. Los Sufis, cuando enseñan, no lo hacen en base a doctrina o ignorancia: solo enseñan lo que saben. Esto significa que organizan sus enseñanzas para ayudar a llevar a la gente desde donde están a donde el Sufi ya ha estado. Es por esta razón que tienen la frase:

> "Los Sufis son personas que te ayudarán a hacer la pregunta con la misma frecuencia que proporcionan los medios para la respuesta correcta."

Esta tendencia a pensar en los Sufis como gente que reparan el daño hecho a la gente por la ignorancia y las suposiciones acerca de lo que puede y no puede hacerse o experimentarse ha originado que algunos digan, algunas veces en tono aprobador y otras en uno burlón, que el Sufismo es un hospital antes que cualquier otra cosa.

Un Sufi contemporáneo, al comentar sobre esto, ha afirmado:

> "Si el Sufismo es un hospital, el mundo ordinario es una morgue."

La vida en el mundo ordinario adiestra a la gente a vivir, trabajar, funcionar y aprender, solo de ciertas maneras directamente conectadas con una pequeña gama de ambiciones y deseos. Parte de este adiestramiento ayuda a viciar los dominios superiores de percepción, y la gente en el Sendero Sufi tiene que recobrar su sensibilidad hacia los dominios más sutiles de percepción. El que prueba, sabe, dicen, siguiendo al gran Sufi Jalaluddin Rumi. Pero a esto tenemos que añadir el aforismo que establece el problema actual:

"*Prueba algunas cosas y pierdes el poder para probar otras.*"

La experiencia de los Sufis, de hecho, conduce a una comprensión de la condición humana relacionada con lo que uno puede aprender y alcanzar. Aunque sea obvio para aquellos que lo saben, el aforismo resultante es, como todas las verdades, difícil de soportar para aquellos que no quieren aprender pero al mismo tiempo imaginan que sí:

"*El Camino Sufi puede ser difícil, pero ¿y si las otras soluciones son imposibles?*"

Tres formas de conocimiento de acuerdo a la escuela Naqshbandi ("diseñadores")[1]

Gustav Schneck

EL ESTADO CAÓTICO de la noción de *conocimiento* en la mayoría de las personas se ve en el hecho de que la palabra conocimiento significa todo tipo de cosas disparatadas. Existe el conocimiento que viene de la experiencia, el conocimiento de una teoría, el conocimiento de los hechos, etc. Una palabra, pero que describe varias condiciones y realidades diferentes.

El Sufi necesita establecer una distinción que otra gente puede que no considere necesaria, porque está abordando lo "refinado desde lo tosco" y necesita (como todos los especialistas) definiciones más precisas de las que se necesitan en niveles inferiores de comprensión.

Abordando la cuestión en los términos familiares para la gente ordinaria, la descripción Sufi es de tres "clases de conocimiento" que deben separarse, y la diferencia debe sentirse:

1 La descripción de algo, como en las palabras usadas para transmitir la idea de una fruta.
2 La sensación de algo, como cuando uno puede ver, sentir y oler una fruta.

3 La conexión perceptiva con algo, como cuando uno toma y prueba, come y absorbe una fruta.

Estas tres dimensiones de cognición se describen en un lenguaje más técnico como:

1 Conocimiento innegable (Ilm-al-Yaqin), que proviene del intelecto y nos dice que hay una fruta.
2 Ojo de la certeza (Ayn-al-Yaqin), que proviene del "ojo interior" y actúa como los sentidos, pero con relación a cosas más profundas; la "evaluación de una fruta".
3 La Verdad Perfecta (Haqq-al-Yaqin), que es la experiencia de la "Unión con la Verdad".

El equivalente de estas tres áreas en términos religiosos familiares es:

1 Aceptación de la divinidad como una afirmación; (= intelecto).
2 Sensación de que hay divinidad; (= emoción).
3 Percepción de la divinidad; (= comprensión: experiencia real).

De acuerdo al sendero Naqshbandi, las siguientes cuatro etapas de aspiración deben atravesarse para reajustar esa parte de uno mismo que tiene capacidad perceptiva:

1 Deseando cosas para uno mismo.
2 Deseando cosas para otros.
3 Deseando lo que debería desearse.
4 Estar libre del deseo.

El propósito del maestro es guiar al aprendiz desde una etapa a la siguiente. Los codiciosos permanecen en la etapa de desear cosas solo para ellos, y en muchos casos no pueden efectuar la transición a desear cosas para otros. Cuando alcanzan esta etapa (que puede suceder con los idealistas convencionales y los piadosos) todavía tienen que separarse del deseo de desear cosas para los demás con el objetivo de obtener placer, ya que esto es solo una manifestación de la Primera Etapa. Este es el punto donde el moralista convencional únicamente puede recomendar un servicio sin interés propio: generalmente no tendrá los medios para enseñarlo y, por lo tanto, la mayoría de los sistemas religiosos sufren de lo que admiten libremente que es vanidad. Su constante batalla contra esto, tanto si produce resultados como si no, absorbe energía y dura vidas enteras, como sabemos por los testimonios dejados por santos y otros que luchan contra "tentaciones" de todo tipo [2]. La Tercera Etapa, la de "desear lo que debe desearse", llega cuando se ha superado la barrera anterior. Señala el despertar del conocimiento, porque entonces se comprende que "lo que debe desearse" es más importante que el deseo mismo. Esto allana el camino para la Cuarta Etapa, cuando el individuo es capaz de desapegarse del deseo mismo. Ya que él (o ella) es ahora capaz de acceder a un estado de no-deseo, las acciones de una voluntad superior ("Hágase Tu Voluntad") pueden manifestarse.

Ciertos sistemas espirituales, que poseen una tradición en cuanto a la importancia desmesurada de esta etapa pero que evidentemente carecen de los medios para monitorear y ayudar al progreso hacia ella, se caracterizan por esforzarse por entrar y permanecer en un estado de "no deseo". El resultado es un gran número de gente en un estado quietista. No han alcanzado la etapa de capacidad para el desapego, sino el estado de incapacidad para hacer cualquier otra cosa; lo cual, en vez de espiritual, es posible describirlo como un condicionamiento a la apatía.

ESTE ESTADO SURGE PORQUE LAS ETAPAS ANTERIORES NO HAN SIDO ATRAVESADAS DE MODO SUCESIVO.

NOTAS

1 Anteriormente denominada *Silsilah-i-Kwajagan* (Sucesión de los Maestros)... es con toda probabilidad la más temprana de todas las Silsilahs místicas (Profesora M. Habib, en *Muslim Revivalist Movements*, Agra 1965, pág. IX).

2 Abstinencia o generosidad no son virtudes si las disfrutas o disfrutas padeciéndolas (Bahaudin Naqshband, primer maestro de la corriente Naqshbandi).

LOS SUFIS ACTUALES

por

Seyyed F. Hossain

Los Sufis actuales

Seyyed F. Hossain

SUMARIO

El incremento de información acerca de los Sufis y su conocimiento alienta a chiflados y estudiantes superficiales, además de proporcionar materiales valiosos para un estudio genuino.

Hay un gran número de emocionalistas imaginativos, así como numerosos eruditos áridos y sobreintelectualizados, con prestigio pero sin discernimiento Sufi. Muchos de los primeros se abalanzan sobre la información fragmentaria porque les atrae. No alcanzan a valorar que el estudio Sufi debe ser exhaustivo y dirigido desde su fuente autorizada, de otro modo es casi inútil. Los últimos suelen concentrarse sobre materiales fósiles, ignorantes del elemento vivo.

El anhelo de la experiencia religiosa entre la gente de formación cristiana, por ejemplo, es el origen de una búsqueda de excitación: que se confunde con espiritualidad debido a la falta de la necesaria distinción entre estos dos importantes factores en la mayoría de las culturas occidentales, así como en otras partes del mundo.

La adopción al azar de partes selectivas de la operación Sufi en Occidente es como un reflejo del mimetismo de la tecnología occidental entre los "cultos del cargamento" que se dan en comunidades científicamente subdesarrolladas, conocidas por los antropólogos occidentales. Ya que esta reacción superficial ocurre en lo que son por otra parte sociedades desarrolladas, los observadores en su mayoría no aciertan a analizarla correctamente. Creen que tal mentalidad no puede existir en sociedades modernas.

Un problema fundamental en Occidente, hasta hace poco, ha sido la ausencia de un centro autoritativo de estudios Sufis. En Oriente, por contraste, tanto los maestros legítimos como los imitadores han sido discernibles durante siglos. Como consecuencia, en Occidente (y en partes de Oriente donde la tradición ya no es operativa) cualquiera puede imaginarse que está llevando a cabo aprendizaje Sufi, sin que exista supervisión efectiva.

Los Sufis falsos e imaginarios se caracterizan por:

1. Una excesiva simplificación de ideas y una estrecha actitud hacia la literatura, estandarización de ejercicios y estudios.
2. Imitación de nombres, fórmulas, palabras y vestimentas; ritualismo; ausencia de salvaguardas contra el condicionamiento.
3. Pérdida de la comprensión de que la literatura, organizaciones y otros marcos de trabajo son instrumentales y sustituidos de modo periódico, con la consiguiente adherencia a elementos externos y la rápida adopción de formas fósiles.
4. Inconsciencia respecto a la inutilidad de la dilución y mezcla de estudios específicos con extrañas ideas no indicadas para esa época en particular, lugar y comunidad.
5. Incapacidad para observar la diferencia entre grupos sociales y grupos de aprendizaje; que en casos extremos conduce a colocar al grupo o individuo por encima del objetivo.

6. Búsqueda de atención no diagnosticada como tal; confundida con interés genuino.

7. Dificultad para distinguir entre la auténtica empresa Sufi y la falsa o imaginaria.

VENTAJAS DE LA POSICIÓN ACTUAL

A pesar de los inconvenientes que inevitablemente acompañan a la liberación general de conocimientos desconocidos, Idries Shah y otros han hecho un trabajo muy valioso al introducir el concepto y mantener la forma de la actividad Sufi – en pensamiento y acción – más adecuada al tiempo, lugar y gente. Incluso en el plano relativamente superficial de los asuntos literarios, psicológicos y científicos, estos esfuerzos han sido apreciados ampliamente.

Aunque los cultos han proliferado, la importante y coherente contribución de la legítima corriente Sufi ha crecido hasta tales proporciones que la brecha entre los Sufis y sus imitadores (a menudo inconscientes) se ha ampliado de manera satisfactoria. Esto ha significado que incluso los observadores relativamente inexpertos han sido cada vez más capaces de distinguir la diferencia entre ellos, siendo el equivalente de la experiencia tradicional en Oriente, donde esta brecha ha asegurado la viabilidad de la tradición auténtica al tiempo que deja a los imitadores con sus entretenimientos... cualquiera que sea su utilidad para ellos.

La existencia contemporánea de un foco central, *The Society for Sufi Studies*, significa que el trabajo adecuado puede continuar para aquellos que realmente lo desean.

LOS SUFIS DE HOY

Ha pasado casi una década y media desde que Ted Hughes, escribiendo en *The Listener*, describiese a los Sufis como "la mayor sociedad de hombres sensatos que jamás haya existido sobre la tierra". Estudiando ampliamente lo que se ha publicado sobre este tema durante este período y los cien años que le precedieron, estas palabras aparecen como un momento decisivo. Aquí hay un gran erudito que escribe en una revista literaria de gran importancia, no en una oscura revista cuasirreligiosa. Aquí hay un tema, en resumen, anteriormente tratado en gran medida por los maniáticos o académicos francamente desconcertados (incluso los orientalistas especializados han dicho a menudo que el Sufismo los confundía), llevado a la corriente central del pensamiento contemporáneo, en un importante medio, por un hombre con una inmensa audiencia. A partir de esta fecha se originó en el mundo occidental un enorme interés en el pensamiento y acción Sufi, con algunas buenas consecuencias... e inevitablemente unas cuantas adversas. [1]

Un escritor tras otro, después Hughes ha afirmado lo imposible que resulta ahora invocar las viejas y empobrecidas definiciones del Sufismo en obras de referencia ("un sistema místico entre los mahometanos caracterizado por ejercicios extáticos, una sublevación contra el formalismo del Islam...") [2] y otorgarles alguna credibilidad. Lo que realmente sucedió, para deleite de algunos y consternación de unos pocos intereses arraigados, fue que el último gran sistema psicológico antiguo estaba comenzando a encontrar su lugar en la arena del interés actual. El mismo Hughes fue tan lejos como para indicar las instrucciones que seguirían los investigadores posteriores al desenterrar el papel del Sufismo en la historia: "Muchos enigmas abandonados en el mundo, que parecían sugerir que una gran era espiritual en algún lugar del Oriente

Medio había perecido hacía mucho tiempo, dejando reliquias indescifrables y automatismos para turbar nuestra nostalgia, de repente cobraba vida".

Mientras esta evolución trascendental se estaba desarrollando en Gran Bretaña y los Estados Unidos, yo había sido invitado por el Sheikh Imdad Hussein El-Qadiri, el historiador Sufi, a viajar a través del Oriente Medio, Asia Central, India y Pakistán. Mi mandato fue consultar a las principales autoridades Sufis con miras a articular nuestra respuesta a la avalancha de atención que, según nos dimos cuenta, pronto nos afectaría. No había duda alguna de que esos cultos Sufis diluidos que ya operaban en Occidente recibirían una estocada debido a las revelaciones citadas anteriormente y otras posteriores. Como consecuencia, nos encontraríamos con raudales de buscadores de la verdad deseando rastrear el Sufismo a sus supuestas "fuentes" locales. También sabíamos que grupos miméticos, diseñados por error o engaño flagrante, aparecerían e intentarían involucrarse: lo que un respetable profesor estadounidense, con tendencia al lenguaje coloquial, ya había denominado en un artículo como "una parte de la acción". Sabíamos que las rigurosas demandas de la auténtica voz Sufi harían que mucha gente intentase sobrepasar la fuente de exposición autorizada; y que, a menos que fuésemos cuidadosos, los superficiales – pero diestros – producirían una o más formas de pseudosufismo adaptadas a los gustos occidentales pero bastante diferentes de lo real. Una nueva ola de interés rodearía las obras pedestres y a menudo inexactas de algunos eruditos tradicionalistas que habían escrito bastante acerca del Sufismo. Hasta entonces, por defecto, a menudo habían sido tomados como autoridades y no cederían su posición voluntariamente, por muy inadecuada que fuese, ya que la defendían como patrimonio propio.

Y había otra posible consecuencia al levantarse la tapadera de la historia privada Sufi, como el artículo de Ted Hughes demostraba abundantemente en otra parte: "Entre las desperdigadas hipótesis de místicos aficionados, teósofos y aficionados al ocultismo, a menudo uno se encuentra con referencias a 'la doctrina secreta', alguna hermandad misteriosa que se dice que posee las llaves de todo en Occidente, al margen del cristianismo, que toca lo oculto... todas estas cosas se originaron entre los Sufis, y representan filtraciones degeneradas y errantes de la doctrina..." Aunque obviamente sin esa intención, palabras como estas podían solo causar mayor incertidumbre en personas que habían estado conectadas infructuosamente con agrupaciones ocultas – y que solo en Occidente podrían ser millones – y quizás originar que un respetable número de ellos se embarcase en un intento de investigación de los Sufis. Nadie puede impedir el loable deseo de hombres y mujeres de buscar conocimiento; pero la gente en Occidente que no tenía tradición acerca del tipo de particularidades que son la especialización Sufi, que carecían de cierto tipo de disciplina o creían que no se necesitaba; quienes, por otra parte, aceptarían instrucciones pero solo en una forma o de una fuente que ellos mismos decidiesen: todos estaban a punto de descender sobre el mundo determinado y bien organizado de los Sufis y sus asuntos. Tampoco pasaría mucho tiempo antes de que investigadores infatigables, al devorar los libros disponibles acerca del Sufismo, descubriesen que estaban llenos de referencias al cristianismo esotérico: ciertamente, muchos Sufis en el pasado habían sido considerados cristianos secretos. A pesar de la afirmación "al margen del cristianismo" de Ted Hughes, esta época de duda y reflexión en los círculos cristianos indudablemente añadiría a la marea de seguidores (quizás innumerables) en búsqueda de la "auténtica verdad del cristianismo". Eso podría significar casi cualquier cantidad procedente de un total de cientos de millones de personas en el mundo occidental... y la consiguiente proliferación de cultos cristianos-Sufis.

Fui escogido para mi tarea por el Consejo Sufi debido a que durante casi veinte años (desde 1945) me había especializado en investigar y evaluar la potencialidad de las así llamadas actividades Sufis en Occidente, tanto en la vertiente práctica como académica. Yo estaba actuando en un nivel sociológico y no en uno de comprensión directa ("telepática"), únicamente porque habíamos sido incapaces de hacer cualquier contacto psíquico con tales personas en el Occidente del siglo XX. Para nosotros, por lo tanto, no existían estudios Sufis independientes Sufis en Europa y América en nuestro sentido de percepción directa. Solo había intentos de aficionado para tratar con el material de un modo intelectual o emocional, no de modo espiritual o de percepción superior. En un extremo del espectro se encontraba la teorización intensamente cerebral de los académicos y sus derivaciones. En el otro, los circos con autoproclamados maestros, vestimentas extravagantes y rituales aún más extravagantes. Algunos de los cultos, es cierto, habían sido lo suficientemente condescendientes como para denominarse "una revitalización" de la actividad Sufi. Pero, mientras es posible revitalizar, por ejemplo, una moda, no es posible revitalizar la actividad Sufi a menos que uno sepa a quién y qué revitalizar, cuándo, dónde y cómo. No habíamos encontrado rastro de este conocimiento entre estos autodenominados Sufis.

Nuestros pronósticos respecto a los probables desarrollos, hipertrofias e incomprensiones del Sufismo podían haberse basado en la presciencia: pero no fue necesario. La experiencia Sufi en el pasado, y las investigaciones antropológicas en la actualidad, indicaban de un modo suficientemente claro en el plano racional que todas las actividades "nuevas", o reintroducidas, sufren un proceso de deformación en aquellos círculos que carecen de los conocimientos básicos y la experiencia para prevenirlo. En Occidente esta deformación está reconocida, se denomina "culto del cargamento", pero en general se cree que es algo que ocurre tan solo en remotas culturas "nativas". De hecho, ocurre en todas partes. Es el castigo de la ignorancia. Idries Shah la ha denominado "ignorancia heróica", pero sigue siendo ignorancia.

Dado que no nos enfrentábamos con un fenómeno espiritual en tales expresiones, sino uno social, era posible tratar con él sólo en el nivel superficial. Pocas cosas son más embarazosas, por cierto, que encontrarse con líderes y miembros de grupos "Sufis" que carecen de la capacidad de comunicación primaria que consideramos inseparable de la participación en una escuela. Es como si siendo lingüista te encontrases con gente que se presenta como intérpretes, pero que resulta que no son capaces de hablar un segundo lenguaje en modo alguno. Mas debido al tabú contemporáneo de evitar ser descriptivo para no parecer críticos, esta parte del asunto generalmente no se da a conocer más allá de nuestros círculos.

El resultado de nuestras deliberaciones, llevadas a cabo en India y Pakistán, en Afganistán e Irán, Turquía y los países árabes, fue inequívoco. En primer lugar, estaba muy claro que en Occidente las únicas formas de "Sufismo" entonces conocidas eran derivaciones o imitaciones. Nos encontramos con el mismo tipo de fenómeno en Oriente; pero ahí también tenemos instituciones Sufis estables y de autoridad. Los verdaderos Sufis – o, al menos, sus líderes – son ampliamente conocidos por la prensa, las universidades y otros líderes de opinión. El resto (algunos de ellos autoproclamados "expertos Sufis", incluso en universidades) son algo así como una broma tolerada. Algunos de estos últimos se relacionan con sus equivalentes occidentales; pero, en general, las personas valiosas se mantienen alejadas de ellos. Cumplen la demanda de una expresión ligeramente extravagante o sobreintelectualizada por parte de la gente que por alguna razón no pueden entrar en el verdadero mundo Sufi.

Nuestro principal problema era que los crecientes vínculos entre los superficialistas orientales y sus homólogos occidentales podían volverse tan fuertes y numerosos, que la gente en general comenzase a confundir sus actividades con las de la genuina escuela Sufi. Lo malo, como indica la Ley de Gresham, puede expulsar lo bueno.

Pronto llegamos a un acuerdo respecto al modo de hacer una distinción fácilmente transmisible entre "ellos" y "nosotros". Decidimos dar a conocer, para beneficio de Occidente y de los imitadores orientales y sus colegas occidentales, el hecho de que la auténtica actividad Sufi no tenía una base estrecha y limitada como las espurias. Que se caracterizaba por la utilización de la más amplia variedad de métodos y formulaciones. Como todos los cultos, por supuesto, los autodenominados grupos Sufis superficiales e inadecuados dependían – y aún dependen – de una simplificación excesiva y una gama limitada de teorías y prácticas, en su mayoría copiadas de libros o derivadas de "maestros" bastante poco auténticos. Carecen de una tradición viva en el verdadero sentido Sufi.

Además de asumir ropas y nombres "orientales", algunos de estos círculos emplean solo uno o dos libros, que quizá originalmente procedían de maestros Sufis y estaban destinados para uso local. En vez de ver estos textos del modo que nosotros los vemos – y siempre hemos visto – como elementos externos, a menudo han llegado a considerarse como una especie de perenne escritura sagrada. Otros grupos buscan conectar el Sufismo con una o dos ramas de la metafísica o la religión común, haciendo una especie de mezcolanza interreligiosa que atrae a una amplia gama de personas. En vez de llegar a la raíz de las cosas, forman una plataforma en una etapa de expresión tardía: la ritualista.

Nuevos cultos tienden a surgir y florecer o deteriorarse; algunos de ellos más o menos reconocibles como derivados de materiales y expresiones Sufis secundarias, pero generalmente solo aprovechan el interés actual.

Simultáneamente con nuestros esfuerzos para dar a conocer la verdad sobre las facetas antiguas y también contemporáneas del Sufismo, decidimos alentar a ciertos Sufis bien informados y competentes a que dedicasen parte de su tiempo a Occidente, para controlar y representar los nuevos desarrollos de naturaleza más sana que allí se podían esperar. De vez en cuando autoridades locales orientales daban conferencias, escribían y aparecían en los medios de comunicación de Oriente y Occidente, de modo que la voz tradicional del Sufismo permaneciese representada en el nivel público para aquellos que realmente la querían, en vez de aquellos que solo buscaban estímulo emocional o circos. En esto fueron notablemente efectivos los especialistas Sufis Mahassini, Wasty, Yalman, Bokhari, Abbas y Qadiri [3], que contribuyeron ampliamente en este tema.

Tal fue el interés en los círculos educativos, literarios y psicológicos en Oriente y Occidente, que con el paso del tiempo comenzaron a aparecer volúmenes de documentos recopilados que ahora constituyen una importante fuente de verificación autorizada y fidedigna del verdadero esfuerzo Sufi. Estos están siendo ampliamente publicados en Occidente [4].

Como se había predicho, por supuesto, en Occidente han crecido los cultos y las confusiones, las incomprensiones y lo absurdo. También han influenciado a alguna gente en Oriente. Afortunadamente, en ningún caso la distorsión ha alcanzado las proporciones causadas por un proceso similar – y tan lamentado por sus autoridades – en el campo de los intereses hindú y budista. Lo particularmente interesante acerca de todo esto es que, a pesar de la legítima guía Sufi y la abundancia de materiales que ahora se ofrecen libremente en Occidente, existe una poderosa demanda de lo espurio y "amateur" por parte de los supuestos estudiantes, porque estos últimos son más atractivos para aquellos que quieren circo y no conocimiento. Los verdaderos Sufis contemporáneos se distinguen por su flexibilidad y la amplitud de sus intereses, tal como hicieron sus antepasados.

Antes de que prosigamos definiendo la naturaleza y acción de los Sufis verdaderos, está la cuestión de aquellos que se oponen a una comprensión más clara del pensamiento Sufi en su proyección contemporánea. Su motivación es casi siempre discernible. Entre ellos se incluye a: los académicos "amenazados" de segundo orden, que sufren el síndrome de uvas amargas al que ya nos hemos referido; los diversos cultos atrofiados, que no pueden aprender ni colapsar debido a una demanda popular; partes de la prensa sensacionalista, que buscan "revelaciones"; y – en número importante – los rechazados o desengañados que han intentado entrar en verdaderos grupos Sufis pero han sido despedidos o no han sido admitidos. En casos donde uno encuentra comentarios hostiles acerca del Sufismo actual, siempre es provechoso comprobar si la oposición surge de una u otra de tales fuentes.

La naturaleza y acción del Sufismo contemporáneo incluye el marco del aprendizaje literario y experiencia práctica para su proyección pública y para algunos de sus estudios específicos. Los aspectos del culto religioso y de la escuela esotérica, a menudo en una forma muy deteriorada, son por supuesto las facetas más familiares de la imagen registrada de los Sufis. Pero esto se debe solo a que, por la propia naturaleza de las cosas, estos aspectos han sido más visibles y han recibido mayor apoyo público y hostilidad, y han generado una mayor atracción. Un estudio de la literatura clásica muestra que las concomitantes más dramáticas y atrayentes de las escuelas Sufis (y quizás otras) son solo una pequeña parte del conjunto. También es ampliamente conocido por los Sufis, pero no por otros, que el Sufismo no solo tiene una vasta constelación de métodos, sino también que sus escuelas deben adoptar el marco de trabajo y la cara exterior que corresponden con la naturaleza y el estado de la cultura en la que están operando.

Esto no solo explica las muchas formas ("desconcertantes", por supuesto) del Sufismo a través de las épocas, sino también el habitual dicho Sufi: "¡Rehusamos convertir a un hombre perfectamente válido del siglo veinte en una réplica de segunda clase del siglo doce!"

La reivindicación por parte de Idries Shah de este núcleo esencial de conocimiento y versatilidad Sufi, es uno de los elementos más "clásicos" acerca de él. Aunque muchos de los aproximadamente 1500 cuentos que ha publicado, pueden verse como encuentros terapéuticos u otros encuentros psicológicos, la psicoterapia no es el objetivo ni el límite del Sufismo. Por otra parte, siguiendo la tesis de "la cola meneando al perro", la atracción que ejerce el Sufismo para aquellos que buscan estabilización mental probablemente se debe tan solo al hecho de que gente así se encuentran en todas partes; tal es la naturaleza de su aflicción. Los Sufis – y todos los demás – reciben su parte de desequilibrados. Estos, sin embargo, tenderán a "capturar" cualquier grupo meramente mimético y de hecho lo convertirán en un culto a la personalidad o en una operación presuntamente terapéutica o social. La distinción que hoy hacemos nosotros, entre grupos sociales y Sufis, es de la mayor importancia posible para comprender ambos tipos: el falso para evitarlo y el Sufi para beneficiarse de él.

Se considera aún un concepto revolucionario (a pesar de una gran cantidad de investigación sociológica moderna e ilustración de los hechos) cuando decimos que la gente conectada con grupos humanos, dejando a un lado sus objetivos declarados, pueden estar [1] buscando fundamentalmente atención o [2] respondiendo al instinto del rebaño, cuyo precio es adoptar los objetivos aparentes del grupo. Aunque este concepto pueda parecer simple – todos los importantes suelen parecerlo – con toda probabilidad está revolucionando el pensamiento contemporáneo en su función como analizador de los sistemas humanos. Un psicólogo, investigando en el campo de la sociología, recientemente comentó sobre este tema: "como herramienta analítica, hoy para nosotros este concepto se compara con el descubrimiento de que había una química escondida detrás de la alquimia, lo cual hizo posible la ciencia moderna".

Otro concepto Sufi: "el emocionalismo y la espiritualidad no son, y no pueden ser, la misma cosa", también se ve claramente como la reintroducción de un principio casi olvidado de la metafísica, antaño ampliamente aplicado en el pensamiento de Oriente Medio. Su abandono, debido a la popularización de los – así llamados – ejercicios espirituales, "rompió las barreras entre práctica efectiva y las ilusiones", lo cual tuvo el mismo efecto que se originaría si, por ejemplo, los tipógrafos de imprenta comenzasen a creer que ya que todas las letras son "solo letras", una podría usarse en lugar de otra. "Puede entretenerles" dice un importante pensador contemporáneo, "pero, ¿qué le ocurre al mensaje?"

El Sufismo es la cosa más simple y la más difícil del mundo. Es la más simple debido a su doctrina, que se puede resumir así:

> El humano ha perdido el contacto con la percepción de su verdadero potencial y de la Realidad objetiva, porque está lleno de imaginaciones y condicionamiento.

Es la más difícil debido a que:

Una de las consecuencias de la situación anterior es que el humano es casi incapaz, por sí solo, de superarla; no importa cómo lo intente. La personalidad secundaria lo mantiene cautivo.

Se han ideado métodos o – mejor dicho – los métodos se han ideado a sí mismos, y son utilizados por aquellos que saben cual funcionará, y cuándo. Estas personas a veces son conocidas como maestros, ya que poseen la visión panorámica que les falta a los demás (conocidos, a veces, como los estudiantes). El estudio Sufi nunca es repetitivo, nunca mecánico, debido a la percepción del maestro respecto a qué procedimiento responde mejor en cada caso. Los sistemas mecánicos difieren del Sufismo en esto: no toman en cuenta el hecho de que la subjetividad del hombre hará fracasar cualquier sistema mecánico. Si repites suficientes veces: "Soy mecánico", esta repetición te automatizará, por muy sublime que sea el intento. Además, tratar a todo el mundo como si él o ella fuesen exactamente lo mismo que todos los demás, en metafísica como en cualquier otra cosa, cuando no es verdad, es un signo de ignorancia, no de imparcialidad.

Para acercarse y reducir el efecto del factor de condicionamiento humano, el Maestro Sufi observa a su discípulo y prescribe el comportamiento, los estudios y las actividades que se corresponden con las necesidades. Un Maestro Sufi consideraría que el clamor por los ejercicios o prácticas estandarizados que demandan muchos aspirantes a estudiantes, y muchos de los así llamados maestros, bordea la insensatez. Como a menudo hemos observado en la práctica, casi la única similitud con nuestro modo Sufi de hacer las cosas que encontramos en la mayoría de los autodenominados grupos Sufis que han crecido por sí mismos, se debe a que han adoptado nuestra terminología. De ningún otro modo seríamos capaces de reconocer a la mayoría de tales entidades sociales como espirituales, esotéricas o religiosas. Incluso como proyecto psicológico, su única contribución podría ser el pretender ser espirituales. En este proceso, nadie negará que pueden alcanzar algunos resultados terapéuticos: pero eso podría lograrse más fácilmente, y como actividades Sufis no existe posibilidad alguna de resultado.

Un Sufi no es alguien que esté estudiando o crea en el Sufismo. Un Sufi, de acuerdo a la tradición Súfica, es el producto final: el resultado de la enseñanza Sufi. El modo en que a menudo se usa "Sufi", como una especie de buscador de la verdad, es un mal uso de un término técnico. Los Sufis, además, no tienen "líderes". Los Sufis son todos iguales por definición. Una diferencia muy importante entre conceptos Sufis y los de otras creencias que supuestamente se encuentran en el mismo campo, es que el hombre desarrollado o integrado que surge del estudio Sufi es de una variedad infinita. No existen dos Sufis iguales desde ninguna perspectiva que pueda ser evaluada por el no-Sufi. Aquellos que llevan a cabo ejercicios convencionalizados son conocidos como derviches, lo cual equivale aproximadamente a buscadores monacales. Para ellos, por ejemplo, la liturgia puede parecer importante. En la etapa Sufi no lo es. La mayoría de los Sufis pasan por la etapa derviche, pero tienen que graduarse más allá de esta, como muchos maestros clásicos han declarado con frecuencia.

Otra cosa que hasta tiempos recientes los Sufis genuinos no han manifestado de modo público y los imitadores no han advertido, es que los estudios Sufis pueden tomar casi cualquier forma. No están confinados en su aspecto a lo que la gente pueda imaginar. Este concepto, por cierto, es tan desconocido y fascinante que es probable que lo adopten los miméticos tan pronto como se publique este informe; por lo que, si estás interesado y encuentras a alguien que afirma estar siguiéndolo, ¡averigua mediante preguntas discretas si obtuvo la idea de aquí o si ya lo sabía antes! Y recuerda: si él la adopta meramente a partir de un artículo, no es un Sufi, ya que el principio está arraigado en la experiencia, no en las palabras.

El principal problema con la proyección de los principios generales del conocimiento Sufi es sin duda de grandes proporciones. Es improbable que una enseñanza que requiere una gran habilidad y grandes cualidades, como resultado de una paciencia infinita y un esfuerzo colosal, se recomiende a las personas que tienden a creer que el deseo de la verdad es un buen sustituto del esfuerzo. Personas de estas características, debemos admitirlo sinceramente, se encuentran ampliamente representadas entre quienes se interesan en asuntos esotéricos, así como en otras partes. En la actualidad no se considera aceptable, ni tan siquiera auténtico, señalar los requisitos para el aprendizaje que son inseparables del conocimiento Sufi. Como ilustración podemos observar un párrafo en un libro publicado por vez primera en 1961, donde se refiere a una operación de enseñanza Sufi en Gran Bretaña:

> Más de una vez el joven pensó que su mentor estaba medio loco. Lo llevó a dar grandes paseos, contándole que algún día podría decirle algo de valor, pero que debería tener paciencia. ¿Cuánta paciencia tuvo?... Escuchando el modo en que lo puso a prueba – respecto a paciencia, tacto, honestidad y pura resistencia – uno sentía que serían pocos los capaces de sostener el ritmo; al menos en el Reino Unido actual. [5]

Desde que decidimos mantener un flujo de información con respecto a la existencia contemporánea de una fuente consciente y legítima de enseñanza Sufi en el mundo, incluyendo Occidente, se ha producido una gran eclosión de interés, tanto del público general como de los ocultistas y el mundo académico. Cada uno ha intentado emplear esta información a su manera. Sería de gran valor si el fenómeno no fuese usado para apoyar preconceptos más limitados, sino en sus propios términos: como algo merecedor quizá de un estudio más objetivo. Si existe una sola cosa que valga la pena decir como información general es esta: la actividad Sufi tiene un propósito, está bien establecida y no es en sentido alguno experimental. El intento de utilizar parte de ella para propósitos más superficiales que los de su propia naturaleza solo producirá resultados correspondientemente decepcionantes. En otras palabras, si se utiliza como terapia, no actuará mejor que cualquier otra terapia subjetiva, como ocurre con el fenómeno placebo. Si se utiliza como disfraz para un grupo de poder o sistema social, proporcionará esas cosas pero no de modo más eficiente que cualquier otra decoración externa usada incorrectamente: no funcionará como Sufismo. Pero no se puede negar que donde hay genuina aspiración hacia la verdad, y cuando esta aspiración está dirigida hacia una fuente de la verdad, debe haber un resultado correspondientemente efectivo.

Con la primera exposición de autoridad de Idries Shah (*Los Sufis*, 1964) ha habido, por primera vez en los muchos siglos de investigación y publicación Sufi, una clarificación de lo que los Sufis han estado haciendo y lo que no han estado haciendo.

Este proceso ha sido inmensamente ayudado por la aceptación de los estudiosos, y otros, de nuestra revelación de que lo que antes se conocía – ante la ausencia de explicación – como sistemas sacrosantos de los Sufis son en realidad apenas fósiles. Sin embargo, fósiles que permiten rastrear información valiosa para aquellos que desean verificar los elementos que yacen más allá de ellos: el hecho de la actividad Sufi.

Dos factores han ayudado en este proceso de "separar la química de la alquimia". El primero ha sido la aparición de expertos Sufis orientales para presentar a la gente en Occidente y otras partes una voz unificada respecto a lo que constituye el Sufismo, y que su genuina voz actual está dirigida por Idries Shah. Esto ha sido necesario porque las personas están acostumbradas a mirar a una sola institución como el foco central de cualquier enseñanza o sistema educativo. El segundo factor ha sido el trabajo realizado por muchos expertos y comentaristas, y la difusión masiva de los materiales.

Tomando primero el segundo factor, hemos visto la venta de más de un millón de ejemplares de los libros de Idries Shah, en más de cien ediciones a través de todo el mundo. La aclamación de los críticos y la aceptación del público en general de los materiales en varios niveles ha sido excepcionalmente fuerte.

En el campo de los especialistas, han habido numerosas reseñas y artículos en la prensa orientalista y un gran entusiasmo del mundo religioso y científico. Los materiales Sufis han sido aclamados por los psicólogos debido a que señalan nuevas sendas (aunque de hecho son algunas de las más antiguas), y por los círculos espirituales como profundos documentos de experiencia religiosa; ello significa que finalmente el mensaje de que tales ramas de exposición son extrapolaciones de un cuerpo central de conocimiento objetivo ha penetrado ahora en más círculos que nunca.

Los siguientes extractos, reproducciones y comentarios procedentes de todo el mundo indican que los estudios Sufis finalmente han salido de los estrechos confines dentro de los cuales las mentes menores han intentado limitarlos durante siglos.

Esto no significa que los cultistas no continuarán representando la actividad Sufi como un culto, o como ejercicios y rituales emocionales. Pero sí significa que esas personas serán cada vez menos escuchadas; y que la actividad genuina continuará aumentando. Lo que la revista *New Society* ha denominado: "Los modos alternativos de aprendizaje, desconocidos por Occidente" [6] se encuentran ahora sobre una base firme y efectiva.

RESEÑAS Y COMENTARIOS ACERCA DE TEMAS SUFIS PROCEDENTES DE UNA VARIEDAD DE PAÍSES Y MEDIOS DE COMUNICACIÓN

ADIL ASKARI. *Sufi Studies: East and West*. Extracto: "Habría sido una tarea relativamente sencilla para Idries Shah permanecer dentro del contexto oriental y devocional de la enseñanza tradicional islámica Sufi, rodeado por discípulos afanosos, ensamblando la rica herencia del sistema, tal como hizo el mismo Jalaluddin Rumi en su propia época. Él prefirió concentrarse en la publicación, primero, de los materiales característicos en su campo, para que el mundo académico y el público profano informado, en cualquier especialidad, pudiesen familiarizarse con la relación entre el ancestral pensamiento Sufi y los apremiantes intereses actuales". *Theoria to Theory*, Vol. 10, 1976, págs. 249-254. Cambridge.

AFGHANISTAN NEWS. Artículo acerca de *Los Sufis* de Idries Shah, poniendo énfasis en la importancia del libro y su autenticidad, con una nota acerca del trasfondo afgano de Shah, Vol. 7, no. 81, mayo 1964, Kabul, Afganistán.

AMERICAN SCHOLAR, THE. Artículo-reseña señalando que los eruditos, no familiarizados con los materiales Sufis, finalmente los aceptan como valiosos en sus campos tradicionales, Vol. 39, no. 2, primavera 1970 USA.

ARAB WORLD, WHO'S WHO IN THE. Historia familiar y publicaciones de Idries Shah (ver Shah), con la afirmación de su maestría en el pensamiento Sufi y documentación acerca de su genealogía. Edición 1971-72, pág. 1493, Beirut, Líbano.

ARGENTINISCHE TAGEBLATT. Informe acerca de la semana del Libro Sufi, celebrada en conjunción con el Año Internacional del Libro de la UNESCO, 25 noviembre 1972, Buenos Aires.

DERVISH, BASHIR M. "Idries Shah ..." Programa del abuelo de Shah para el desarrollo Sufi; difusión de ideas valiosas para Occidente a través de un nuevo método; atraso en la proyección de ideas tradicionales por parte de Oriente Medio comparado con la fórmula promovida por Shah; las numerosas autoridades orientales que aceptan el papel e importancia de Shah: desde Egipto hasta La Meca y de Siria a la India. *Islamic Culture*, Vol. L, no.4, Octubre 1976, Hyderabad, India.

GUARDIAN, THE. "Considera el Elefante", discusión-reseña de *La exploración dérmica*. Pone énfasis en el fuerte apoyo a los materiales Sufis por parte de críticos eminentes y la creciente utilización de los libros en antropología, sociología, estudios medievales y obras sobre literaturas orientales. 26 Noviembre 1970, Londres y Manchester.

MORENO, ARTHUR. "Una mente sin parangón" enfatiza la síntesis de sabiduría oriental y occidental en un marco Sufi que cita una aceleración de la capacidad de aprendizaje, donde un curso de tres semanas en dirección empresarial produce resultados que superan a personas con estudios de cinco años: y de modo similar en tecnología y ciencia. En *Blitz*, 9 Marzo 1974, Bombay, India.

NEW YORK TIMES BOOK REVIEW, THE. "Libros por Idries Shah". Amplio artículo acerca de los libros, su trasfondo e influencia. Se refiere a la utilización del cuento enseñante y su uso entre los Sufis. 7 Mayo 1971, New York.

OBSERVER, THE. "Algún tipo de Pastel". Debate-reseña de *El camino del Sufi, Las ocurrencias del increíble Mulá Nasrudin* y *Reflexiones*. Alude a la nueva información aplicable, por ejemplo, a: la literatura romántica, la atmósfera de la literatura y las escuelas de los Sufis en

Occidente hoy; el papel de los relatos de Nasrudin en el aprendizaje; el efecto interno de los dichos en *Reflexiones*, 19 Enero 1969, Londres.

THOMSON, R.L. *Psychology and Science from the Ancient East.* En esta publicación científica se compara al antiguo y el más reciente énfasis de la actividad Sufi con el pensamiento c o n t e m p o r á n e o . El autor pregunta: "¿Cuál es el origen de este material que puede prefigurar el trabajo que hoy necesita instrumentación sofisticada para discernir y probar?" Cita investigación en los varios sistemas tradicionales (tales como I-Ching, Zen, Yoga y Sufismo), y concluye que "entre todos estos la metáfora y método Sufi es no solo el que corresponde con el nuevo conocimiento, sino que tal vez están incluso adelantados al trabajo científico actual". Vol. 2 no. 1, Marzo 1973, Londres.

TIMES LITERARY SUPPLEMENT, THE. Reseña de *Pensadores de Oriente*. Acerca de la contribución Sufi al pensamiento humano y al aprendizaje. "Sus métodos de instrucción, aunque contrarios a los cánones incuestionados durante siglos, ahora se ve que anticipan, o extrapolan, las conclusiones sugeridas por los modernos descubrimientos psicológicos." 7 Mayo 1971, Londres.

VANRENEN, D. Idries Shah, artículo sobre el programa de televisión acerca de Shah (One Pair of Eyes), su vida doméstica e ideas sobre varios temas. *Argus*, 2 Noviembre 1972, Cape Town, Sudáfrica.

WILLIAMS, PROF. L.F.RUSHBROOK. Contribución acerca de *El monasterio mágico*, señala que el libro ilustra "la manera en la cual la práctica Sufi, con su devastadora actitud crítica hacia el aprendizaje puramente académico y su continua búsqueda socrática de la verdad a cualquier costo, ejerce una poderosa atracción en muchas personas reflexivas en Occidente". *Asian Affairs*, Octubre 1972, Londres (Journal of the Royal Central Asian Society).

NOTAS

1. Ted Hughes, en *The Listener,* 29 Octubre 1964, en la reseña de *Shamanism* de Mircea Eliade y *The Sufis* de Idries Shah (ISF Publishing, Londres).
2. Después de todo, ¿qué significa "místico mahometano panteísta"? (*Concise Oxford Dictionary*). Probablemente lo mismo que "místico panteísta mahometano" (Chamber Dictionary).
3. Profesor Z. El-Mahasini, en *Asda* (Beirut), Julio 1971; Profesor Nayyar Wasty, en *Jamhur* (Lahore, Pakistán), Enero 1973; Profesor A. E. Yalman, en *Bayram* (Estambul) 22 Agosto 1971; Doctor A. A. Bokhari, en *The Kabul Times* (Afganistán) 4 Marzo 1973; Su Excelencia S. K. Abbas, en *Al-Sahafa* (Jartúm, Sudán) 4 Diciembre 1972; Sheikh I. H. El-Qadiri, Introducción a *The Secret Garden* de Shabistari (traducción de Johnson Pasha) Londres 1969 (The Octagon Press) y New York, 1974.
4. Profesor L.F.Rushbrook Williams (editor), *Sufi Studies: East & West*, New York 1973 y Londres 1974 (The Octagon Press); Profesor L. Lewin, (editor) *The Elephant in the Dark*, New York 1975; R.W.Davidson (editor) *Documents on Contemporary* Dervish Communities, Londres 1966 (The Octagon Press).
5. A. Daraul, *Secret Societies*, Londres 1961.
6. Lisa Alther en *New Society*, 15 Junio 1978, pág. 610 y ss.

EN UN MONASTERIO SUFI
Y OTROS DOCUMENTOS

En un monasterio Sufi....
Conversaciones con un derviche

Najib Siddiqi

¿Cómo es la sensación de saber cosas que otras personas no saben?

Depende de las cosas y su función real, así como tu asociación con lo que estas cosas parecen significar. Por ejemplo, si no te gustan los hongos, y luego descubres que una variedad de ellos tiene propiedades antibióticas, puede que cambies tu actitud hacia los hongos o puede que rechaces los antibióticos. Y puedo ofrecerte otra analogía, siguiendo esta línea:

Un hombre visita otro mundo. Allí ve gente que está cubierta con pieles, unos más que otros. Cuanto más mérito adquieren, más pieles obtienen. Esto trastorna sus preconceptos, que sostienen que el pelaje es más primitivo que la desnudez. Pero es capaz de comprender cuando se le señala que el amor humano por las pieles es una reminiscencia de un recuerdo lejano de este estado.

Estas personas también practican ejercicios físicos y mentales que les otorgan poderes de supervivencia durante largos viajes interestelares y agudizan su capacidad receptiva a los mensajes transmitidos.

Además, le temen a la muerte, ya que lo que llamamos muerte es una sanción utilizada por su administración controladora para castigar a los infractores. El efecto es suspender su progreso y hacerles comenzar de nuevo.

El hombre se da cuenta, aunque a duras penas, de que las posturas de "yoga" y ejercicios, aunque sean de alguna utilidad en el mundo, están diseñados con un propósito cósmico mucho más importante que no puede desempeñarse sin otros elementos: por ejemplo, "la nave espacial" y tecnología de la cual son una extrapolación.

Además llega a ver, aunque esta vez de un modo algo vago, que la muerte no es lo que le dijeron que era.

Espero que así veas cómo las cosas pueden ser diferentes, pero cómo nos resulta difícil entenderlas en referencia a otra forma de ser que no sea la nuestra.

Y el intentar adoptar costumbres e ideas de otro "mundo" de forma fragmentaria, no sirve para nada... y puede ser muy erróneo. Por ejemplo, matarte o dejarte crecer un pelaje. O incluso buscar dones espirituales sin saber lo suficiente.

PERSONAS A LAS QUE LOS SUFIS NO ALIENTAN...

¿Me podrías decir qué tipo de acercamiento detestarían o rechazarían los Sufis?

Esta es una carta típica que nos da todas las indicaciones acerca de un candidato poco prometedor, que está intentando obtener algo para sí mismo sin la conciencia de servicio, o de los requisitos de la gente a la que está intentando acercarse.

> No he leído tu libro, pero entiendo que eres una autoridad, de modo que iré directo al grano. Quiero encontrarme con derviches, estudiarlos y beneficiarme de lo que tienen. Por favor, hazme

saber a vuelta de correo: (a) direcciones de maestros fidedignos; (b) sus comunidades donde pueda quedarme; (c) quién podría adiestrarme en danza derviche; (d) dónde podría observar actividades derviches, antes de tomar parte o en vez de esto; (e) cómo puedo darme cuenta de quién es genuino y que no me explotará.

Una copia de esta carta me fue enviada por el Sufi que la recibió. Junto a ella había una copia de su respuesta: "No soy capaz de responder a ninguno de tus puntos excepto para decir que, examinándolos, ¡ningún derviche o Sufi aceptaría tenerte cerca!"

CONTRARIO A LA CREENCIA POPULAR

Existen dos clases de creencia popular:

1 Creencias erróneas de individuos y grupos, en general debido a información inadecuada, fácilmente subsanable mediante exposición a los verdaderos hechos suministrados por expertos.
2 Creencias erróneas, a menudo mantenidas por expertos y autoridades de varias clases, y perpetuadas con frecuencia en organizaciones humanas e instituciones, y que la experiencia contemporánea y hasta cierto punto la investigación, muestran que han influenciado muchos de nuestros modos de trabajo y pensamiento a pesar de ser entera o parcialmente erróneas...

Debido a ambas (1) y (2), es evidente que debe encontrarse la verdad antes de que los errores históricos puedan ser corregidos...

Vanidad e imitación

Fares De Logres

La importancia de reemplazar la vanidad con el deseo de aprender no está mejor ilustrada que en la tendencia humana normal a tratar de aprender sin la capacitación básica que solo puede obtenerse de las personas que son especialistas, no meros proponentes, en esta área.

Durante siglos, y en todas las escuelas espirituales y de otro tipo, la vanidad ha sido considerada un mal, algo que debe superarse. Es un elemento tan poderoso, que aquellos que intentan superarla por sí mismos – sin el conocimiento técnico – se convierten en víctimas de la vanidad. Como se ha dicho, "los ciegos intentan guiar a los ciegos". La panoplia con la que se rodean supuestos "maestros" y personas "bondadosas", son manifestaciones de esa vanidad: mientras que cualquier aparente ostentación en la que se encuentre a un auténtico especialista no es manifestación de vanidad, ya que esta no lo toca.

Los aspirantes al conocimiento superior nunca ponen a prueba estas simples verdades, ya que se encuentran excluidos, a través de su propia vanidad, de ser capaces de llevar a cabo las pruebas más sencillas que les mostrarían si el hombre (o mujer) con el cual están tratando se ve afectado por la pompa o es indiferente a ella.

Es por esta razón que han surgido dichos crípticos. La gente ya no sabe lo que se quiere decir mediante las palabras: "se encontrará a una persona real en medio del lujo, mientras una falsa puede hallarse regodeándose en la pobreza". La apariencia ha expulsado a la realidad.

En Occidente nos encontramos con maestros religiosos que se deleitan en placeres carnales, pero imaginan que estas cosas no los afectan. En Oriente nos encontramos con personas supuestamente austeras, y por lo tanto "santas", solo porque se abstienen de ciertos alimentos o adoptan contorsiones corporales; o (como en Occidente) son capaces de entonar ciertos sonidos o llevar a cabo ciertos rituales.

Debido a que existe una vaga percepción de estos hechos, algunas personas han declarado que por lo tanto no existe realidad ni valor alguno en las actividades espirituales. Ellos, nuevamente, son engañados por su inmaduro deseo de explicaciones a toda costa. En este caso, el costo es demasiado alto: es el costo de la verdad.

En ninguna parte la vanidad está tan bien marcada como en la observación supuestamente diligente y virtuosa de las normas y el comportamiento de la tradición. Debido a que cierta persona hizo o dijo algo, ya que cierto grupo de gente siguió cierto sendero, se cree que estas cosas – cuando se siguen o racionalizan ciegamente – confieren santidad, que son mejores que otras, que constituyen "un Camino". Pocas cosas están más alejadas de la verdad. Lo cierto, por supuesto, es que la vanidad trae imitación. La imitación no es un camino a la verdad.

¿Por qué la imitación no es un camino a la verdad? Simplemente porque donde existe la verdad, y alguien conoce el camino a esa verdad, el "camino" es el camino proporcionado por esa persona. Conducirte a ti mismo (u otros) de un lugar a otro no se realiza siguiendo el camino que ha sido adoptado por otros, en diferentes lugares y bajo diversas circunstancias. Este es el gran secreto de la vida espiritual: aquel que sabe puede hacer; y aquel que no, es difícil que sepa si sigue algo que fue desarrollado con un propósito específico. [1]

La humildad, el reverso de la vanidad, es expresada por esa persona que está preparada para ver que la forma de alcanzar un objetivo sólo puede ser mediante ese camino que, tradicionalmente, es iniciado por esa persona que conoce el objetivo y tiene la capacidad de recorrer el Sendero.

Es por esta razón que, a través de los siglos, ha habido series sucesivas de maestros verdaderos. Ellos siempre indican un sendero de algún modo (o completamente) diferente al que esperan los tradicionalistas. Tales maestros casi siempre han sido atacados e incomprendidos por motivos de vanidad. Solo la ausencia de vanidad por parte de la audiencia puede convertirse en la llave que abre este hecho al observador y al aspirante a aprendiz.

Entonces, ¿por qué perdura la tradición (en su peor sentido)?

Porque el ser humano, en su papel habitual, siempre buscará aquello que lo adula. Es autohalagador pensar que uno está siguiendo el "sendero correcto", que uno está haciendo, pensando y experimentando aquellas cosas que han sido sentidas, pensadas y realizadas por los grandes del pasado. Esto puede parecer un hecho simple. Sin embargo es un gran secreto.

NOTAS

1 El Sheikh Idries Shah, en nuestra época, es el primero en haber señalado esta "doctrina de la sustitución", tal como él la ha denominado. Sería antinatural si muchas personas no se sintiesen amenazadas por ello, y por ende no adoptasen una postura amenazadora al enfrentarlo.

Sufís a lo largo de dos siglos

Valentino de Mezquita

JALALUDDIN RUMI (mediados del siglo XIII) se caracteriza por el *Mathnavi*, su gran obra mística, que ha llegado a todas las sucesivas generaciones, estimada por su contenido y sus ideas. De este modo, Rumi se aseguró de que su obra trascendiese el culto que fue creado por sus seguidores y centrado alrededor de la ejecución mecánica y simplificada de sus movimientos de "danza". Hizo bien en dejar el *Mathnavi*. Sus seguidores, más de 700 años después de su muerte, mantienen el culto, girando de forma absurda, olvidando sus recomendaciones acerca de las limitaciones de la poesía y del formato de la danza.

Así como Rumi había rescatado de lo absurdo los conceptos de comprensión paralela y de simbolismo, clarificándolos como marcos de trabajo psicológico y espiritual en el siglo XIII, Bahauddin Naqshband, en el siglo XIV, barrió aún más acreciones. Con él (su nombre significa "El Diseñador"), el énfasis se centró en la realidad, no en la apariencia. Por ende insistió en que sus seguidores usaran la ropa ordinaria del área en la que se encontraban, prohibiendo el culto del atuendo extravagante. Asimismo instituyó – o reintrodujo – la ejecución silenciosa de ejercicios y la necesidad de preparación para prepararse: la base sólida para la comprensión, no la atracción de pronunciamientos misteriosos.

A partir de ese siglo, los Maestros (así fueron conocidos alternativamente los Naqshbandi) determinan el carácter y método de impacto de ideas Sufis en el resto del mundo. El Sufismo habría de retener su tradición literaria a través de poetas clásicos como Saadi y Jami, de finales del siglo XV; se puso énfasis en factores tales como la importancia del humor y la necesidad de estar intermitentemente en el mundo así como fuera de él, para combatir el cultismo que, de modo simplista, hacía que imitadores y fanáticos se adhiriesen a una única fórmula en un intento inútil de garantizarse el paraíso.

Fue esta capacidad de distinguir las acreciones de lo esencial, y prescribir los necesarios procedimientos en vez de suministrar diversión, lo que hizo que los Diseñadores fueran aceptados como la única "Orden" cuyos maestros estaban autorizados para iniciar miembros en todas las otras órdenes de Sufis; quienes de este modo aceptaron que sus diferencias externas eran secundarias.

Lo que los Sufis no quieren que sepamos

Edwin Clitheroe

Los Sufis, como todos en el "negocio de la comunicación", tanto si es de índole religioso, psicológico u otro, se esfuerzan mucho, me parece, en enfatizar la importancia del saber, del conocimiento.

Esto está bien, todos queremos saber más. Pero la extraña paradoja es que parece existir el claro indicio de una tendencia entre los Sufis a que no sepamos ciertas cosas.

En un principio me acerqué al Sufismo para reunir información acerca de él e intentar comprenderlo, "saber" acerca de sus objetivos y métodos.

Pronto me di cuenta, sin embargo, que un estudiante externo, por muy devoto o ilustrado académicamente que fuere, tiene tantas posibilidades de hacer esto como de que un caníbal pueda comprender los objetivos y habilidades de un neurocirujano. Visualiza la dificultad que tendría nuestro amigo caníbal al intentar abordar lo que el doctor estaba haciendo, por qué estaba haciéndolo y cuál debería ser el resultado...

El caníbal – o el erudito – puede sentirse seguro de que él puede, si se le dan las oportunidades, entender o experimentar "de qué se trata todo".

Pero cada uno tiene que aprender que su preparación, su propio acopio de información, por muy adecuado que sea para sus presentes necesidades culturales, puede muy bien ser inadecuado para la tarea.

LAS SOLUCIONES SUFIS A ESTE PROBLEMA, Y EL DETERIORO DE LAS SOLUCIONES...

Entonces los Sufis tienen que establecer, aparentemente siempre lo han tenido que hacer, una fase intermedia ("Aprendiendo cómo aprender", Idries Shah). Al caníbal, por decirlo de algún modo, hay que apartarlo de su principal interés y reenfocarlo en el arte médico...

Es esta fase la que, al ser adoptada y manejada mecánicamente por manos cada vez menos aptas, ha dejado las fuertes huellas que la gente, erróneamente, imagina que son "Sufismo". En tales casos, los medios se han convertido en un fin, oscureciendo la meta e impidiendo el éxito.

Estos medios han incluido el formalismo religioso, las empresas comunitarias, organizaciones, abarcando desde la caballería al comercio, y extendiéndose a expresiones literarias y artísticas.

El indicador del potencial Súfico en un aspirante a estudiante es relativo a su capacidad para reconocer la irrelevancia del formato o de acercarse a una fuente continua de la tradición auténtica, incluso si tiene un rostro muy diferente al que se había acostumbrado (pero no demasiado) de modo asociativo.

CONDICIONAMIENTO Y CONVERSIÓN

Los Sufis, virtualmente en solitario, son los que a través de los siglos han advertido que el colapso emocional (que conduce al "síndrome de conversión"), adoctrinamiento y condicionamiento produce personas y comunidades devotas y religiosas, pero no necesariamente algún progreso o actividad espirituales.

Aquellos que sienten que es improbable que tal afirmación sea cierta, solo tienen que leer la literatura devocional de muchas creencias "espirituales" a la luz del actual conocimiento acerca de la manipulación de la mente; y pueden verificar el asunto por sí mismos.

Es solo entre 1950 y 1980 – un período de tiempo casi increíblemente corto en términos del efecto literario o el espacio que se necesita para comunicar conocimiento general – que los hechos conocidos y publicados hace siglos por los Sufis, han llegado a ser conocidos por el resto de nosotros. Y nuestras culturas aún no están adaptadas de ninguna manera a estos hechos.

¿QUÉ ES LO QUE LOS SUFIS NO QUIEREN QUE SEPAMOS, Y POR QUÉ?

La clave reside en la frase Sufi que se remonta a tiempos antiguos y que dice: "Los ignorantes son mejores que aquellos que no usan su conocimiento". Teórico o incompleto, el conocimiento tiene funciones y características insospechadas por aquellos para quienes "conocimiento" significa una especialización limitada. Los Sufis afirman que la gente debería tener una amplia variedad de conocimiento y experiencia porque, obviamente, comprenden que un poco de conocimiento es una cosa peligrosa. Aquellos que siguen una línea estrecha tienen más probabilidades de pensar que saben más de lo que saben. Los Sufis, además, quieren que no sepamos cosas que perturben el proceso de desarrollo ya que se le puede dar un grado de importancia desfavorable en el ritmo o sucesión de aprendizaje equivocado. "No es lo que sabes, sino cuándo lo sabes; no es cuánto sabes, sino cómo puedes usarlo; no es lo que crees que sabes, sino lo que realmente sabes."

Quienes encuentren estas afirmaciones desconcertantes solo tienen que observar las vidas, pensamientos y acciones de la gente que afirman saber mucho, o que se cree que son entendidos, para comprender lo que significan estas palabras.

TRES IMPORTANTES CONSIDERACIONES

Un riguroso escrutinio de los factores comunes en la enorme multiplicidad de dichos, hechos y vidas de los Maestros Sufis, arroja aquí una pieza de información valiosa. Surgen tres importantes consideraciones.

PRIMERA. La impaciencia impide el aprendizaje. En el peor de los casos, origina una preocupación con el pensamiento: "¿Por qué no estoy progresando?", que efectivamente bloquea ese progreso. Es por esta razón que los principiantes están obligados a abandonar esta actitud.

SEGUNDA. Las ideas preconcebidas (una de las cuales es la anterior: "Debería aprender a un ritmo establecido por mí, de un modo que yo lo perciba, y de acuerdo a un criterio que yo acepte") incrementan el efecto del bloqueo.

TERCERA. La división de la atención, que también se encuentra en preconceptos e impaciencia, bloquea el aprendizaje.

Solo cuando un maestro tiene éxito en hacer que al aprendiz reenfoque y evite estos tres patrones de hábito, se puede reanudar el aprendizaje.

A este escritor se le ha permitido observar la filtración y rechazo de no menos de 132.000 solicitudes de enseñanza Sufi, extendiéndose a través de más de quince años, donde las tres manifestaciones aquí mencionadas fueron la causa principal del fracaso en progresar. Lo que realmente había ocurrido era que los individuos en cuestión prefirieron la impaciencia, los preconceptos y la atención dividida a otros modos de enfoque. Una forma manifiesta de las tres actitudes era el abordaje como un cultista, o como si se tratase de un organismo religioso o una fuente de estímulo emocional.

TRES PRINCIPIOS DOMINANTES

Destiladas de las experiencias arriba mencionadas, es posible aislar tres actitudes mentales muy importantes que permiten a un estudiante acercarse y beneficiarse del conocimiento Sufi:

1 Pocas ideas son erróneas, pero mucha gente (muy a menudo incluyendo a los devotos y a los "especialistas ignorantes" en el campo Sufi) han distorsionado tanto las ideas hasta invalidar el valor superior que para ellos puedan tener. La gente, muy a menudo, imagina que pueden tomar una idea y mejorarla. De hecho, esto no puede hacerse con una idea realmente fundamental. El verdadero progreso se realiza mediante la reexperimentación de la idea y luego llegando a sus raíces.

2 La percepción Sufi y la realidad más allá se encuentran constante, perenne y permanentemente en acción en los

asuntos de este mundo. Intentar encontrarle sentido a la vida humana, individual o colectivamente, sin comprender este elemento, está destinado a conducir al tipo de desastre en el que tantas personas se encuentran con mucha frecuencia.

3 En un sentido, el efecto beneficioso de los verdaderos Sufis (no los autoproclamados) en este mundo es inmenso. En otro, el éxito final de este esfuerzo requiere una contribución mayor de aquellos que son simpatizantes, incluso aunque sean menos perceptivos de lo que podrían ser.

Sin embargo, el conocimiento que los Sufis sí quieren que tengamos es que la fijación en los elementos externos puede proporcionar satisfacciones placenteras, pero estas pueden muy bien constituir barreras al progreso.

Uno de los grandes Sufis clásicos, Tustari (fallecido en 896 d.c), tenía un compañero llamado Abdur Rahman ibn Ahmad. Un día este declaró que cuando se lavaba las manos antes de la oración, el agua se convertía en plata y oro. Tustari dijo:

"Ten cuidado con lo que haces; porque a los niños se les dan juguetes para que jueguen".

Este testimonio (procedente del *Kitab al-Luma* de Sarraj) merece una reflexión muy especial.

La religión como repetición o experiencia

Hafiz Jamal

A LAS PERSONAS en Occidente a menudo les resulta difícil entender el valor del pensamiento y la acción religiosa en el sentido que lo hacen las personas en Oriente. Esto se debe a que el tipo de pensamiento occidental, que ahora se lo encuentra en todo el mundo, opera mediante la lógica "este o aquel", y de modo muy selectivo.

La doctrina tácita mediante la cual trabaja este tipo de mente plantea "o estamos tratando con religión o con no-religión. Si tratamos con grupos sociales o psicología, no puede ser religiosa en el sentido espiritual". La mentalidad este o aquel también tiende a decir: "La religión es buena y toma prioridad sobre otros asuntos"; o, "la religión es irrelevante: otras cosas tienen prioridad".

Si estas cosas fuesen sacadas siempre a la luz y tratadas con cierta lucidez, no existirían tantas confusiones como existen. Pero lo que de hecho ocurre es que tienes que analizar una conversación, una conferencia, un artículo, etc. para poder determinar cuáles son sus suposiciones no expresadas, antes de que puedas ver con exactitud de qué están hablando realmente las personas.

Este problema, por extraño que parezca, rara vez – o nunca – molesta a las personas que mantienen las conversaciones o escriben o leen los artículos, o escuchan las conferencias. Es por esto que, al señalar los supuestos que subyacen al pensamiento en tales casos, es tan fácil causar sorpresa y algunas veces enfado.

En varias sociedades orientales, por el contrario, normalmente no se hacen el mismo tipo de distinciones. Para la mayoría de las personas en Occidente, a quienes uno ha estudiado durante un cuarto de siglo y cuyos libros y otras producciones pueden examinarse, la religión es algo de una naturaleza más bien homogénea, en el sentido que una persona religiosa a menudo se supone que es:

1 Virtualmente incapaz de hacer algo erróneo.
2 Está siempre haciendo o pensando el mismo tipo de cosas.

Por supuesto que dicha persona no se reconocerá necesariamente en esta descripción, ya que no se ha hecho un esfuerzo evidente para comunicárselo. En la modalidad oriental de pensamiento, el énfasis del mérito no radica en ser incapaz de hacer algo, sino en ser capaz de hacerlo o no hacerlo. Si bien las personas de las que hablamos afirmarían que esta idea también es suya, la observación no confirma que realmente la crean o actúen según ella. En segundo lugar, la actividad religiosa en Oriente está más marcada por el reconocimiento de la religión como algo que tiene todo tipo de fases. Con esto quiero decir que el requisito religioso es que el individuo y el grupo deberán actuar de acuerdo a las circunstancias y no de acuerdo a la mecanicidad, o al dogma como en general se denomina.

Al ilustrar el primer caso, encontramos que en Occidente se elogia a las personas por su servicio constante e irreflexivo a ciertas creencias: sean o no aplicables a las circunstancias. Si bien se presta un poco de atención al tema de que las personas pueden hacer cosas que van en contra de su naturaleza y que son "buenas" cosas para hacer, esto se cataloga bajo el título de "luchando con la tentación".

El punto de vista oriental acerca de esto es algo más sofisticado. Postula una tercera clase de acción: una que se lleva a cabo no porque la persona no pueda evitar hacerlo pues está adoctrinada ni porque sepa que es bueno, pero realmente preferiría hacerlo de otra manera, sino porque tiene una comprensión de que ello es lo correcto.

La concepción de la existencia de este tercer rango superior en la conciencia humana es la que ha sido suprimida en la mayor parte del pensamiento occidental que conocemos. Por lo tanto, puede sorprendernos poco que los sistemas de creencias que generalmente se obtienen en Occidente sean considerados por muchos en Oriente como que suponen que el ser humano debe estabilizarse a un nivel demasiado bajo a la luz de sus capacidades, tal como se conocen en otros lugares.

Ampliando el segundo caso, constantemente encontramos que el pensamiento y las actividades religiosas en las comunidades de tipo occidental son cada vez más "irrelevantes" para las personas fuera de esos círculos. Creo que la tan lamentada disminución de la conciencia religiosa en Occidente se debe a esta causa: a la brecha entre lo que podría hacerse como respuesta a una situación y lo que la gente está intentando hacer para seguir con fidelidad un sendero o una "política partidaria".

Esta última forma de convencionalismo es, por supuesto, la que genera hipocresía. Una vez que conoces lo que la comunidad ha sido adiestrada a considerar como las palabras o acciones aparentes de una "buena persona", todo lo que tienes que hacer es imitarlas, tanto si tienen algún efecto bueno como si no.

Este tema, es cierto, ha sido explorado de modo exhaustivo en la literatura occidental de ficción, donde la lucha entre lo que las personas han considerado que es correcto y lo que otros creen que es erróneo ha sido durante muchos años parte del capital con el que comercian los escritores imaginativos. Pero casi siempre se nos deja con un interrogante. La exploración de este tema aún no ha conducido a la gente, al menos en un grado apreciable, a preguntarse si la conducta humana, y sus necesidades entre gente diferente y en momentos diferentes, no debería examinarse en fases. Es decir, el asunto en su conjunto se considera un acertijo. La gente ha asumido que hay un conflicto de voluntades, de doctrina, de actitud ante la vida, y en general lo han dejado ahí.

En Oriente, la respuesta a esta situación ha sido más a menudo la búsqueda de caminos para comprender no solo lo que se supone que es "bueno", sino cuándo, dónde y cómo hacer este bien, escoger el curso "adecuado", sobre unas bases más elevadas que las de una comunidad que ha aceptado ciertas cosas como siempre buenas y ciertas otras como siempre malas. Una comunidad que, además, ha aceptado que ciertas cosas siempre tienen que hacerse o pensarse rutinariamente, o como prioridades, sin esforzarse por comprender qué cosas de entre acaso una amplia variedad de posibles cosas "buenas", se aplica a un caso particular.

Este tipo de pensamiento, cuando lo he debatido en círculos occidentales, de ordinario ha engendrado la respuesta de que estoy hablando de ocultismo o que se trata de un "asunto de sentido común", por lo que respecta a cuándo y cómo se utilizan ciertas formas de bondad o justicia, ciertos pensamientos o acciones. Una vez más, la experiencia de hecho no muestra que la gente actúe de este modo en absoluto, incluso aunque puedan imaginar que lo hacen.

Hay una forma hacia este tipo de pensamiento más sofisticado, el cual no requiere que adoptemos modos "orientales" de pensamiento. Solo tenemos que afrontar los descubrimientos y observaciones relativamente recientes de la psicología occidental para ver que si nos encontramos con una comunidad condicionada, tenemos una "consciencia" individual y colectiva. Y esta "consciencia", esta respuesta a lo que es bueno y lo que es malo y cuándo tiene uno que actuar en cierta dirección, es subjetiva e implantada, no objetiva. Puede ir en contra – y con frecuencia lo hace – de los intereses de otros individuos y grupos, y puede denominarse "religiosa" solo en el sentido antropológico de que una religión de este tipo es un fenómeno social.

Las personas que han leído algo de la literatura Sufi pueden reconocer más fácilmente lo que he estado diciendo, porque este punto a menudo se expone ahí. Una de las ventajas de adherirse a este tema, incluso a través de los resultados de científicos sociales, es que nos permite (1) postular algo superior en la modalidad de comprensión religiosa; y (2) reconocer el deterioro cuando este invade grupos espirituales que originalmente eran superiores. Cuando la doctrina se torna inflexible, cuando la práctica y el ritual adquieren prioridad sobre el objetivo o comprensión, nos encontramos ante un sistema deteriorado. En esta época, con miles de cultos imitativos surgiendo y reclamando – aunque sea de modo temporal – la atención de personas más o menos sinceras, tal criterio es muy útil.

Actividad y conocimiento interno y externo

Hafiz Jamal

TODAS LAS FORMULACIONES sociorreligiosas, sistemas de vida basados en preceptos y creencias, tienen un aspecto interno y otro externo. Algunas personas están tan satisfechas con el aspecto externo que no pueden – y a menudo, para mantener su equilibrio psicológico, no deben – imaginar algo diferente a lo literal o inmediato. Algunas veces a estas personas se las denomina "literalistas" o "fundamentalistas", y tanto su comportamiento como su abundancia se comprenden bien (aunque a menudo se olvida) en todas las civilizaciones humanas. Su aversión a examinar ideas, comportamientos o actividades más allá de su experiencia personal y la de su círculo inmediato es descriptiva de su propia mentalidad, no de lo que está siendo examinado. Un caballo dice: "El alimento es hierba, no hay otro alimento que la hierba. Si lo hay, no es bueno ni necesario. ¿Qué les ocurre a esos que quieren complicar o trastornar la vida?" Sin duda conoces al menos a una persona que razona de modo similar. Como podemos ver fácilmente, esta persona se está describiendo a sí misma y sus preferencias, no descubriendo lo que hay allí realmente. Hay otros alimentos además del pasto, tanto si todos los buscan como si no. Negar su existencia coloca a uno, no entre una élite, sino de modo visible entre los fanáticos. La visibilidad es más o menos grande de acuerdo al grado de análisis con el que se observe a la víctima.

La afirmación de aquellos que desean, por así decirlo, buscar nutrición adicional, es que la formulación externa no es solo un alivio y un medio de apoyo: potencialmente es un camino hacia una mayor comprensión, hacia lo interno. Por supuesto, si se considera como la totalidad de la historia, puede inhibir – no alentar – la comprensión interna. Sin embargo, el hecho de que la formulación sociorreligiosa, externa, simplificada (el sistema o modo de vida como a menudo se le denomina), pueda proporcionar satisfacciones aceptables para un gran número y variedad de gente significa que también "se protege a sí misma", mediante este mismo hecho, de la manipulación indebida por parte de personas de subjetividad excesiva. La estabilidad social es posible para un gran número de personas y proporciona un refugio y estándares útiles y satisfacciones para estas gentes. Quienes no alcanzan a observar esta función válida de la formulación externa, a menudo acusan a tales personas de ser superficiales. Socialmente sería más satisfactorio que estuviesen complacidos de que sea tan fácil contentar a tal número de gente quienes, si estuviesen alborotados, no contribuirían en modo alguno a la tranquilidad humana en general.

Los sistemas o formulaciones sociorreligiosas con éxito son fácilmente identificables. Deben contener cierto número relativamente pequeño de preceptos básicos que sean de una amplia aplicabilidad; deben resultar atractivos para el orgullo personal o de grupo (aunque nieguen abiertamente esto); deben permitir extremos de estímulo intelectual y emocional para absorber las demandas mentales y físicas del espectro de participantes.

El hecho de que muchas personas intelectuales y emocionales resistan un análisis externo de los sistemas a los que adhieren, y la sofisticación con la que evitan tal análisis, subrayan la validez de tal afirmación.

Para estos participantes. el sistema proporciona apoyo social y psicológico al igual que una tablilla sostiene un miembro roto. Sin este, el individuo debería replantearse los roles de su intelecto y emoción, debería decidir convertirse en una individualidad en el sentido de tener como objetivo una vida sin el apoyo de un rebaño de gente o una masa de ideas; de hecho, debería enfrentarse con decisiones para las cuales carece totalmente de preparación.

Las personas que dicen que creen poder comprender algo reflexionando sobre ello o experimentándolo, en el campo que estamos examinando, difícilmente aceptarán esto. Si se juzga por el modo de actuación, es más probable que estas creencias se interpongan para preservar el status quo: para impedir la comprensión, ya que se teme (a menudo irracionalmente) que la comprensión puede implicar compromisos que la poderosa mente que funciona en base al intelecto y las emociones es reacia a investigar.

Sin embargo, las actividades intelectuales y emocionales, en las proporciones mínimas necesarias, pueden ser utilizadas para provocar la comprensión. No son una extensión de ella.

Las actividades y experiencias, así como las hipótesis de trabajo en esta tradición, están organizadas de tal manera que ayudan a uno a alinearse con la potencialidad para la comprensión. La comprensión no está estandarizada: no le llega a todo el mundo del mismo modo, al mismo tiempo, incluso por medio de las mismas fórmulas. Lo intrincado de esta operación es el fundamento y origen de la institución del Maestro o Guía.

Puede decirse que todos los esfuerzos en esta tradición están diseñados para alentar al humano a comprenderse a sí mismo. Esto no es afirmar que se ponga énfasis en la comprensión efímera o parcial, o en un vago sentido de semicomprensión. Es mejor describir estos últimos como apenas agitaciones preliminares. Sobrevalorarlos, en general, es destruir su utilidad para el individuo que lo hace.

Conversaciones con un Maestro Sufi

Aziza al-Akbari

¿Puede usted decir, a partir de una carta, los siguientes pasos que un estudiante debería tomar, o las cosas que lo detienen en el progreso espiritual?

Ciertamente puedes. Por supuesto que la gran mayoría de cartas no tienen nada que ver con las cosas espirituales en modo alguno. En general están llenas de opiniones, suposiciones y decisiones que muestran claramente que quien escribe busca la espiritualidad dentro de un contexto de un nivel muy inferior.

¿Podría ser más específico sobre esto?

Sí. Tomemos esta carta. El escritor ha decidido vivir una "vida sencilla", ha adoptado toda clase de oraciones y técnicas, y escribe para preguntar qué debería añadirse a todo esto para completar, por decirlo de algún modo, su progreso religioso.

¿Significa esto que la gente escoge ciertas ideas y prácticas y luego quiere añadir algo a estas, sin darse cuenta de que las bases mismas de su pensamiento pueden estar equivocadas?

Exactamente. Esto está muy claro cuando se recibe una carta "chiflada", porque tú y yo quizás estamos de acuerdo en que los procesos obviamente estúpidos no son espirituales. Pero, cuando la gente invoca prácticas e ideas que en general se consideran piadosas o buenas por sí mismas, la función bloqueadora de la obsesión, o lo que podríamos denominar el efecto idólatra de sobrevalorar símbolos o instrumentos, no es evidente al instante. Volviendo a tu pregunta original, cualquiera podría ver de inmediato qué es lo que está reteniendo al estudiante si de modo general se comprendiese que las cosas secundarias – meros tótems, conceptos inútiles, formas de entretenimiento – no son espirituales en ningún sentido. Los Sufis han sido execrados por los literalistas debido a esta insistencia en que los elementos secundarios no son primarios.

¿Un ejemplo de este problema?

La gran mujer Sufi Rabia, llevando una lámpara y diciendo que quería "Quemar la Ka'ba (el lugar más sagrado del Islam), si se interponía en el camino del adorador hacia Dios".

Entonces las consideraciones secundarias se vuelven primarias. ¿Cómo surge esta condición?

Dos tendencias, que algunas veces actúan al unísono, causan esta situación. La primera es que todas las personas tienen un anhelo hacia lo divino, como habrás leído en los escritos de Rumi. Esto hace que la gente adopte cualquier cosa que imaginen ser divina o de origen divino. Han olvidado que el anhelo por sí solo no es suficiente. La segunda es que muchas personas notan, dentro de ellas, el origen divino o conexión de ciertas ideas o prácticas. Esto los lleva a suponer que estos pensamientos o acciones deben aplicarse necesariamente a ellos o a todo el mundo o en todo momento. Han confundido el contenedor y su "aroma a almizcle", con "el almizcle mismo".

> *Pero, ¿pude ser cierto que todo en el mundo tiene una conexión divina? ¿Sin duda tales cosas son de una naturaleza totalmente "diferente"?*

Por el contrario; debido al principio "*Al-mujazu qantarat al-Haqiqa*" (Lo aparente es el puente hacia lo Real) hay muchas cosas que conducen a lo Real. Este, ciertamente, es el propósito de la presencia del Maestro Sufi y la naturaleza de su trabajo. Es la distinción entre irrelevancia y relevancia lo que marca la empresa Sufí.

> *¿De modo que las proyecciones en apariencia divergentes de varios grupos Sufis y "órdenes" marcan la diferencia entre diferentes personas y épocas, poniendo énfasis en qué actividades son relevantes en qué momento, para guiar a las personas a la Verdad?*

Esto es así. Igualmente, por supuesto, este conocimiento te da la oportunidad para discernir, en muchos supuestos grupos y personas "Sufis", la desafortunada naturaleza imitativa de sus actividades e ideas. Ellos, por supuesto, no pertenecen al mundo espiritual, sino a alguna clase de circo.

> *¿Denominaría falso a este tipo de persona o grupo imitativo?*

Preferiría denominarlo "inútil para propósitos espirituales". Para algunas personas, "falso" puede parecer que implica un engaño deliberado; mientras que aquí la falsedad a menudo surge debido a la absoluta falta de información y percepción.

> *¿Conecta esta observación con la afirmación de Idries Shah respecto a que "hay incluso más discípulos falsos que falsos maestros"?*

En efecto. El hecho, por supuesto, es que donde hay una demanda por parte de los "estudiantes" de algo que es ofrecido por los "maestros", siempre existe una abundancia de "maestros" y "estudiantes" que de hecho no están llevando a cabo ninguna actividad real de enseñanza o aprendizaje. Esto ocurre en todas las comunidades humanas.

> *Sin duda esto significa que hay dos tipos de actividad "espiritual": una que es solo emocional y otra que es real. Si esto es así, es posible que la gente piense que usted está afirmando que todos menos usted están equivocados.*

Ciertamente hay dos tipos; puede incluso que haya más de dos. Pero no somos nosotros, sino los hechos, los que indican la existencia de los dos. Piensa en una analogía: supón que la gente realizase danzas de la fertilidad para asegurarse buenas cosechas y que alguien llegase y dijese que la fertilidad no se produce mediante la danza, y además que algo por completo diferente era responsable de las buenas cosechas. ¿Acaso no se encontraría entonces con muchas personas que pensarían que esta nueva sugerencia era inaceptable y que el recién llegado estaba reclamando toda clase de prerrogativas para sí, lo cual no era inherente en la declaración de los hechos?

¿Entonces usted no va tan lejos como para decir que el ofrecimiento de esta información le da derecho a una consideración especial o ascendencia para usted, o su organización personal o grupal?

Me temo que estás confundiendo ascendencia de liderazgo – la actividad socioemocional – con la función. Esto se ilustra mejor usando otra analogía. Supongamos que yo y quizá mi organización llegásemos a una comunidad donde el arte o la aritmética fuesen desconocidos, o conocidos de modo erróneo. Demostraríamos estas cosas, totalmente aparte de cualquier actividad que declarase ser la misma o reivindicase importancia o superioridad. La gente sería entonces capaz de estudiar con nosotros y no habría necesidad alguna de liderazgo o jerarquía. Lo que demostrásemos o contribuyésemos sería percibido y utilizado, y se comprendería que su función era educacional y operativa. Esta, realmente, es la diferencia esencial entre algo aprendido para ser utilizado y algo experimentado para ser disfrutado.

¿Acaso no deberíamos disfrutar algo que se utiliza? ¿Por qué la gente debe siempre aprender cosas para ser utilizadas?

No hay razón por la cual algo que se utiliza no deba disfrutarse. Lo que es inútil es cuando algo se disfruta y se piensa que es algo más, o algo distinto a lo que se disfruta. Además, no hay razón por la cual la gente deba siempre aprender cosas que tienen que ser utilizadas. El punto es que hay cosas para ser empleadas, y a las personas se les debería permitir saber cuáles son utilizables, de modo que puedan beneficiarse de este uso.

¿Cuál es, entonces, el verdadero carácter de la gente que reivindica, o para quiénes se reivindica, que son los más importantes exponentes o representantes de la espiritualidad?

Hay aquí dos preguntas. Tomándolas en orden, el supuesto Sufi que dice o implica que él es supremo, no es Sufi en modo alguno. En cuanto a la segunda pregunta, las personas para quienes se reivindican cosas por parte de otros no pueden ser clasificadas o descritas en base a eso, ya que la descripción se origina en otros; y la reivindicación describe a otros, no a la persona que está siendo descrita.

¿Cómo sabe uno si un maestro o una organización tienen plena autoridad?

No es un asunto de describir *cómo* sabe uno, ya que esto no se puede describir. Se trata de afirmar que la gente siempre sabe.

Entonces, ¿por qué siguen a personas o cultos espurios o ineficaces?

Por la misma razón que la gente compra falsas rebajas ofrecidas por estafadores. La razón es que ellos saben, internamente, que la oferta es falsa. Su propia falsedad interna responde y encuentran su afinidad.

¿No significa esto que usted está diciendo que nadie puede ser atrapado por cosas falsas, ya que cada persona atrapada es ella misma deshonesta?

No, no significa eso en absoluto.

Entonces, ¿qué puede significar?

No solo no significa lo que imaginas, sino que de un modo evidente, significa que hay una parte verdadera y una parte falsa en todos. Quien proyecta la parte falsa percibirá a través de su propia falsedad, y será capaz de percibir solamente lo falso.

¿Cómo pueden las personas extender la verdadera parte de sí mismas hacia lo Real?

Aquellos que no tienen que preguntar, pueden hacerlo. Para aquellos que tienen que preguntar, la escuela Sufi les da instrucciones acerca de los métodos para superar su propia falsedad. Muchas personas, por supuesto, pueden aprender esto fuera de una escuela Sufi.

Pero, ¿cómo sabe alguien cuándo él o ella pueden beneficiarse del contacto con una escuela Sufi?

No se trata de "cómo", ya que no existe un "cómo" que pueda expresarse con palabras. Pero la percepción llega a través de esa parte de uno que observa la propia falsedad. Las personas siempre están intentando encontrar la sinceridad. Deberían dedicarle igual atención a la percepción de la falsedad, para que puedan evitarla instantáneamente.

ALGUNOS DOCUMENTOS RECIENTES SOBRE LOS SUFIS Y EL SUFISMO

Brent, Peter: The Classical Masters
Pendlebury, David: Sanai y el Sufismo en el siglo XX en Occidente
Chand, Pandit Kishan: El Yoga y los Sufis.
Deikman, A.J.: Sufismo y psiquiatría
Lewin, L.: Estudios Sufis / Oriente y Occidente
   (Todo ello reimpreso en *The World of the Sufi*, Londres 2019, ISF Publishing)
Shah, Idries: Cristianismo, Islam y los Sufis
Sánchez, Ismael: Misticismo cristiano y los Sufis
El Qadiri, Sheikh Imdad Hussein: Pensamiento Sufi
Foster, William: Sufi Studies Today
   (Todo lo anterior reimpreso en *The Elephant in the Dark*, Ed. L.Lewin, Nueva York 1976)
Kolinski, Boris: Cómo nos ven ellos
Archer-Forbes, A.: Ritual derviche
Fisher, Raoul: Misticismo social
Samuelson, Arthur: El festival de los derviches
Faris, A.L.M.: El Camino Sufi
Butterfield, A.C.: El patrón de los Sufis
(Todo lo anterior reimpreso en *The Diffusion of Sufi Ideas in the West*, Ed. L. Lewin para el Institute for Research on the Dissemination of Human Knowledge, Boulder, 1972)
Shaw, Julian (corresponsal de *The Times*): El monasterio Abshar
Brook-White, S.: Asamblea derviche en Occidente
Burke, O.M.: Viajes y estancia con los derviches
Hallaji, J.: Estudio de técnicas especializadas en Asia Central
Daraul, A.: Una organización Sufi en Gran Bretaña
Martin, D.: Informe de la Hermandad Sarmoun
   (Todo lo anterior reimpreso en *Documents on Contemporary Dervish Communities,* ed. por R.W.Davidson, Londres 1966, The Octagon Press)

Abdullah, A.: El sistema de enseñanza "El Dedo Señalador"
Aksu, G.: Preparación del estudiante
Foster, Williams.: Técnicas de enseñanza
Grant, John: Lo conocido y lo desconocido en los estudios
Khan-Urff, R.: Aprendiendo mediante contacto
Simac, R.: En un círculo Naqshbandi
   (Todo lo anterior reimpreso en Abdullah, A. y otros, *New Research on Current Philosophical Systems*, Londres 1968, The Octagon Press)

Un pedido

Si disfrutaste este libro, por favor deja una reseña en Goodreads y Amazon (o donde quiera que hayas comprado el libro).

Las reseñas son el mejor amigo de un escritor.

Para estar al tanto de las novedades acerca de nuestros próximos lanzamientos o noticias de la Idries Shah Foundation, apúntate a nuestra lista de correo:

 http://bit.ly/ISFlist

Y para seguirnos en las redes sociales, usa cualquiera de los siguientes enlaces:

 https://twitter.com/IdriesShahES

 https://www.facebook.com/IdriesShah

 http://www.youtube.com/idriesshah999

 http://www.pinterest.com/idriesshah/

 http://bit.ly/ISgoodreads

 http://fundacionidriesshah.tumblr.com

 https://www.instagram.com/idriesshah/

http://idriesshahfoundation.org/es

www.ingramcontent.com/pod-product-compliance
Lightning Source LLC
Chambersburg PA
CBHW031356160426
42813CB00082B/333